传释

中国家族办公室手册

贾良屿 / 著

中信出版集团 | 北京

图书在版编目（CIP）数据

传释：中国家族办公室手册 / 贾良屿著 . -- 北京：中信出版社，2021.3（2023.9重印）

ISBN 978-7-5217-2808-8

Ⅰ. ①传… Ⅱ. ①贾… Ⅲ. ①家族—私营企业—企业管理—研究—中国 Ⅳ. ① F279.245

中国版本图书馆 CIP 数据核字（2021）第 031583 号

传释——中国家族办公室手册

著　　者：贾良屿
出版发行：中信出版集团股份有限公司
（北京市朝阳区东三环北路27号嘉铭中心　邮编　100020）
承 印 者：北京诚信伟业印刷有限公司

开　　本：787mm × 1092mm　1/16　　印　　张：21　　字　　数：283 千字
版　　次：2021 年 3 月第 1 版　　印　　次：2023 年 9 月第 2 次印刷
书　　号：ISBN 978-7-5217-2808-8
定　　价：79.00 元

序言

良屿是我的小师妹。她潜心从事家族办公室相关工作，已有七八年时间了。家族办公室的相关理论研究和实践工作在经济转型升级时期的中国，有着重要的意义。

从国民经济整体运行的角度看，中国经济从高速增长转向高质量增长是历史的必然，而经济结构调整、供给侧结构性改革也是当下的必然选择。在外部不确定性加大的背景下，企业生产服务追求创新、品质、品牌迫在眉睫。我们正处于中华民族伟大复兴的关键时期，内外环境的错综复杂，是所有企业和家庭共同面对的机遇和挑战。

从微观角度看，越来越多的企业正在参与全球化竞争，面临国际标准的全面合规要求。与此同时，改革开放后“崛起”的一大批企业家还经历着从一代到二代进行交接传承的关键时期。这些都对企业家提出了更多的要求。美国在淘金时代由“草莽大亨”主导，而到了镀金时代，精神贵族就纷纷登台了。在今天的中国，具备创业精神且能传递正能量、热心于公益、具有社会责任的企业家，远比那些只知套取政策红利、拼大胆破底线的企业家走得更远。通过系统性方法帮助企业家做好选择，为企业的产业升级、管理权和所有权的平稳交接提供助力，是海外家族办公室的重要职能，也是社会对中国家族办公室的期待。

中国金融市场正经历着“打破刚兑”、强化风险定价能力、丰富工具种类的重要考验。专业的力量和价值空前彰显。经验丰富、自信满满的一代企业家比海外投资人要求更多掌控力，更多地参与了投资决策。进行中长期投资、投资未来是家族资金的独特优势。但中国的家族财富管理、财产保护和传承，与保险业的对外开放，家族信托法规、登记制度的完善，新《个人所得税法》的颁布以及CRS（共同申报准则）的全面推行相互交织，对家族成员和从业人员有很高的要求。

目前国内私人银行业只有短短10年的成长。虽然有几家规模在国际领先的服务机构，但整个业务模式还需要多站在客户角度，构建更加一致的利益驱动。前几年的私人银行业务，很多着力于概念的宣导。市场应当鼓励探索者，随着客户的成长，良币终将驱逐劣币。中国有悠久的家风文化，当代中国人的家庭关系与海外也有巨大的差异。学术气需要与烟火气结合，国际经验需要和中国文化结合。中国家族办公室需要找到并把握文化的正确方向，顺应和助力文化的正面重塑。

在众多问题中梳理出一条线索，提供看得懂、用得上、可执行的方法，既以实践案例为参考，又具备一定的前瞻性，小师妹的这本书对此是一个不错的尝试。积跬步，行千里；积小流，成江海。我期待这本书的读者能从中受益，能参与中国财富管理、家族办公室行业的建设，成为未来影响全球经济发展的力量。

张晓慧

前言

在搭建一家商业银行总行家族办公室（Family Office，FO）的过程中，我接触过欧洲、美国、新加坡、韩国，以及我国台湾和香港的财富家族。无论是太古集团的施怀雅家族、美国石油大亨洛克菲勒家族，还是华人世界的郭鹤年等，都不约而同地选择设立不同形式的家族办公室。作为比普通大众早富裕三四十年、近百年甚至几百年的家族，它们的家族办公室也呈现出一种演进式变化，一方面是人性的自然选择，另一方面是文化、社会差异的体现。显然，这是一个很有趣的议题。

中国高净值和超高净值人群数量不断攀升，已成为带动亚太地区乃至全球财富增长的有力引擎。截至 2019 年年底，中国高净值人群总量达 132 万人，较 2018 年增长近 6.6%，占亚太地区的近 20%。[①] 2020 年，中国上榜福布斯十亿美元富豪人数达 491 人，财富净值总额近 1.57 万亿美元（约合 11 万亿元人民币），10 年复合增长率分别为 8.8% 和 10.8%。中国百万亿规模的财富管理市场备受全球瞩目，中国的家族办公室也是一门值得深挖的生意。

随着工作的不断深入，学习的东西越来越多，我逐渐有了一些

① 资料来源：凯捷，《2020 年世界财富报告》。

自己的体会。家族办公室领域涉及的业务范畴非常广，包括投资、保险、信托、法律、税务、治理、慈善、传承、教育和移民等。国内的家族办公室起步较晚，从业者都是从零开始。形成书稿是将所学、所用梳理总结并形成体系的最好方法。中国企业家非常需要既吸收借鉴国外先进经验和研究前沿，又适合中国国情、可操作性强的家族办公室。

在与企业家朋友的接触中，我有一个切身体会：家族办公室领域具有广阔的发展前景，能切实地帮他们解决问题。写《传释——中国家族办公室手册》一书是为了抛砖引玉，也是为中国财富管理行业建设添砖加瓦。

希望我的工作经验和研究思考能够在这些问题上为大家提供一些思路：作为一名家族成员，当我想成立一个家族办公室时，可以从哪些方面入手？在这些方面有哪些成熟的理论和实践经验可供参考？有哪几种方案可供选择，利弊如何？

有一位商界巨擘曾经在自传中说，商业企业就像一家米其林三星餐厅，一般人看到的是最终呈现的精彩创意、优质食材，乃至高雅氛围，而企业家看到的还有厨房里的忙碌——没有那么光鲜亮丽，却更真实全面。类似的，家族办公室在世人眼中也相当神秘：家族办公室的历史最早可以追溯到 19 世纪帮助美国大亨，如约翰 · D. 洛克菲勒和 J. P. 摩根等管理财富的机构，而在更宏观的视角上，可以追溯到中世纪的十字军东征。美国家族办公室 FOX（Family Office Exchange）的高管就曾经说过："我们是投资界最重要的一部分，但大多数人从未听说过。"巨大的影响力和颇具传奇色彩的背景让所有了解家族办公室的人都肃然起敬，而其背后的运作逻辑是既接地气又高效清晰的。本书尝试为大家还原这一"神秘"领域的真实面貌。

第一章介绍了家族办公室的定义、成因，以及国内家族办公室的发展状况和境内外几个简单范本。第二章在介绍家族办公室职能时结合意大利商界的无冕之王阿涅利家族和美剧《亿万》（*Billions*）

中创富一代的案例，提出了精神传承、企业传承和财富传承的整体框架，奠定了家族办公室的立身之“道”，并就家族办公室的人员设置、工作流程和系统搭建给出了实操性建议。第三章针对家族和企业的二元结构，以李锦记家族和李嘉诚家族为范本，从三圈模型、组织架构和家族契约 3 个层面介绍了“家族企业治理”这一家族办公室的核心工作机制。该机制是保障“家”“业”长青之“法”。后面九章介绍了家族企业传承的具体工具和环节，是传承之“术”。其中，第四至第六章阐述了与家族办公室相关的法律问题：先剖析了家族的法律风险，然后分别就大额保单、境内家族信托和境外家族信托进行了分析。第七、八章分析了税务问题，即境内外税务新规下高净值客户的筹划要点。第九章结合盖茨家族办公室瀑布投资(Cascade Investment)、龙湖家族办公室和耶鲁大学基金会等案例，介绍了全球资产配置问题。第十章结合李嘉诚家族、阿涅利家族的案例，从融资角度剖析家族扩张的路径选择。第十一、十二章结合万向鲁氏和台塑王氏等案例，从慈善和继承人培养两个方面介绍了精神传承的安排。

我深深理解，企业家朋友并不是学者，不可能在理论上做过多纠缠。因此本书的写作，虽然涉及专业领域的大部分核心理论，但都力求简明并彼此关联，尽可能多地引用案例，给读者以感性认识。当然，对于那些单纯对家族办公室这间“餐厅”的“厨房”感兴趣的朋友，本书也能满足其好奇心。

感谢在我书稿写作过程中给予建议和指导的长辈，鼓励我在工作之余去做系统性梳理；感谢民生银行的领导同事，给我机会让我成长，可以与领域内最优秀的前辈们一起探索、讨论、执行、合作；感谢行业里各个领域的前辈和朋友的指导、支持和帮助。是大家的共同努力塑造了这个行业持续良性发展的可能性，如同《流浪地球》里射向木星的三束火焰，守望相助点亮希望。

最感谢的，还是一路走来支持我、信任我的企业家，是他们对曾经忐忑的我说“小贾老师，我们一起学习、一起尝试吧”，是他们把几千万、几亿甚至几十亿元的资金安排交给曾经青涩的我。信任的力量真的无限大。他们对经济运行、企业经营和为人处世的判断，他们言传身教的人生智慧，是我职业生涯中最宝贵的财富。

中国家族企业传承在路上，巨幅画卷才刚刚展开。能够见证传奇，为助力中国企业家“家”“业”长青尽一份绵薄之力，实在是我的人生之幸。

第一章

认识家族办公室

何谓家族办公室

家族办公室在西方国家应用广泛，是许多顶尖巨富的“COO”（首席运营官），它最早起源于罗马时期的家族主管以及中世纪时期的总管家。1882 年，约翰 · D. 洛克菲勒建立了世界上第一个现代意义上的家族办公室。

现代家族办公室

现代意义上的家族办公室的定义有很多，其中比较常见的一种是：家族办公室是助力家族财富不断传承给家族后代，守护家族宪章，守护家族和谐与成员身心健康，提供全面、中立、私密服务的专业机构。

就资金门槛而言，美国证券交易委员会认为，设立家族办公室的家族的可投资金融资产至少要在 1 亿美元以上。

家族办公室与家族通常接触的金融业务相比，有更强的私人化、定制化、综合性、专业性要求。与私人银行相比，家族办公室的成员往往与家族“羁绊”更久，获得的信任更深，是家族的朋友和大管家，对家族事务有着相当大的话语权和影响力。国内最早的一批金融家就接触过境外来华的犹太、欧美私人银行家，他们所做的就是为其所服务的家族寻找投资机会，打理政商事宜。这种深切的信任关系、敏锐的投资眼光、开阔的投资视野和隐秘的操作手法正是家族办公室的标配。

为什么要设立家族办公室

纵观过去 30 年的福布斯排行榜，曾经上榜的家族有 300 多个，而一直在榜单上的仅有100个左右。30年的时间其实可能只传承了一代人，那么在这一代的传承中，为什么有些家族可以一直站在时代的潮头，有一些却被甩在后面呢？这一定是因为前者做对了一些事情。

要想了解它们做对了什么，我们就要了解对于一个财富家族来说，有哪些主要因素会影响家族财富的稳健和积累。最大限度地借鉴和复制其经验，富豪家族也能尽可能地实现基业长青。家族办公室正是可以借鉴这些经验，管理跨期不确定性的机构。

传统金融机构服务家族的困境

传统金融机构难以满足富豪客户的诉求，主要体现在以下4个方面：

第一，利益冲突。很多金融机构与客户的利益并不统一。例如，银行考虑的是每季度财报是否盈利，而家族考虑的是财富的代代相传。很多时候，客户能得到什么样的服务，是由其客户经理而非机制来保证的。

第二，精力分配问题。金融机构人员考核指标复杂，在为大客户提供服务的同时，往往还面临很多大大小小的指标。至于能有多少时间精力来服务客户，有时连从业人员自己也不知道。国内私人银行业务面临人员素质要求高与业绩难衡量、薪酬低的矛盾。

第三，私密性要求。家族选择家族办公室的原因之一是为了保密。10年前瑞银前职员布拉德利·比肯菲尔德（Bradley Birkenfeld）向美国国税局揭露了瑞银帮助美国富人在海外隐瞒资产信息的事件。瑞银最终向美国政府支付了7.8亿美元的罚金，并提交了数千名美国客户的资料。这直接引发了瑞士私人银行业的“大地震”。

第四，整体筹划。在单独考虑移民、税务、法律、投资时，相关专业人士往往只从自己专业或业务操作的角度考虑问题，而这样设计的方案对家族整体利益而言往往并不是最优选择。对资产进行整体筹划和大类资产配置十分有必要，这是单独讨论产品所无法解决的。

家族办公室作为家族的专属大管家，只服务于有限的甚至一两个家族，可以比较好地规避上述问题。对于暂时无法成立家族办公室的客户来说，在与机构的合作中也应特别注意以上几个方面的问题。

家族办公室的特殊形态

需求的特殊性决定了家族办公室的产生时点，也塑造了其形态。家族办公室具有独立性。家族办公室需要实现广泛的服务整合，提供专业、有深度以及更妥帖的服务，是为家族的多样化需求提供整体解决方案的机构。

家族办公室的服务是建立在对家族整体情况的深入了解的基础上的，这使它们提供的每一项服务与其他机构相比都更具针对性，从而能提供高度整合化的解决方案。

家族办公室是大管家而非家佣随从，是幕僚而非家政服务员。英国著名的高富诺集团，为西敏寺公爵家族服务了300多年，几乎被视为该家族的一分子。如果一个家族能找到一家值得信任的家族办公室，并与之建立长久的合作关系，那么在为家族的几代人提供服务后，该家族办公室将会和源远流长的家族传统一样，成为该家族的一笔宝贵财富。

单一家族办公室和多家族办公室

如前所述，家族办公室是舶来品。从国际经验看，最早出现的是服务单一家族的单一家族办公室（Single Family Office，SFO），之后出现了同时服务多个家族的多家族办公室（Multi Family Office，MFO）。

单一家族办公室

单一家族办公室是服务某个家族的专门性工作室。考虑到相关项目的门槛往往较高，聘用专业人士所需支付的工资也相当高，通常家族资产在5亿美元以上的家族才能独立运营一家单一家族办公室。根据美国证券交易委员会的统计，美国活跃着2 500～3 000家单一家族办公室，管理着约1.2万亿美元的资产；在欧洲则有约1 500个单一家族办公室。

根据业务类型的多寡，单一家族办公室一般分为3种。

精简型单一家族办公室，主要承担家族记账、税务处理以及行政管理等事务，且大多数工作人员需要兼职。例如，财务工作由公司CFO（首席财务官）及财务部负责，行政管理工作由董事长办公室主任负责。实质的投资、咨询职能主要采用外包形式，由外部私人银行、基金公司、咨询公司等承担，筛选外部机构产品进行投资。

混合型单一家族办公室，聘请全职员工或者任用家族成员承担部分战略性职能，根据家族偏好将非战略性职能外包。混合型单一家族办公室管理的资产规模约为1～5亿美元。对于中国某些家族在实体公司以外设立的控股公司、投资公司、投资基金或其他法人主体，我们可以将其看作混合型单一家族办公室发展的早期形态。

全能型单一家族办公室覆盖围绕家族需求展开的大部分职能，最大限度地保障家族控制、安全和隐私。全职雇员承担全部职能，包括投资、风险管理、法律、税务、家族治理、家族教育、传承规划、慈善管理、艺术品收藏、安保管理、娱乐旅行、全球物业管理、管家服务等。在确保投资顶层设计的前提下，可以将部分资产类别的投资外包给其他专业机构，例如风险投资、私募股权投资、对冲基金等。

通常全能型单一家族办公室管理的资产规模超过 10 亿美元。此时，家族可投资金融资产的大部分由家族办公室管理。

多家族办公室

随着单一家族办公室的涌现，各大家族发现其业务诉求有相当多的共性，凝结几个家族的力量可以获得更好的规模效应，因此就出现了同时服务多个家族的多家族办公室，后者往往在某类业务领域有着特别突出的能力，能够同时兼顾家族客户的某几个主要诉求。另外，多家族办公室能够有效降低参与门槛。

多家族办公室主要有 3 类来源：第一类是由单一家族办公室接纳其他家族客户后转变而来；第二类是私人银行为了更好地服务大客户而设立；第三类是由专业人士创办。

2020 年全球规模最大的多家族办公室是总部设在瑞士的汇丰银行家族办公室，管理着 297 个家族约1 236亿美元的资产（平均每个家族约 4.2 亿美元）。管理的家族客户平均资产规模最大的多家族办公室是总部设在日内瓦的 1875 Finance，管理着 3 个家族约 54 亿美元的资产（平均每个家族约 17 亿美元）。总部位于西雅图的 McCutchen Group 管理着 4 个家族约 52 亿美元的资产，以平均每个家族约 13 亿美元的资产规模位列第二。

值得注意的是，多家族办公室并不意味着规模一定比单一家族办公室大，事实上，许多单一家族办公室都是行业中的巨型公司。例如，戴尔公司创始人迈克尔·戴尔的单一家族办公室 MSD Capital 管理的资产规模约为 120 亿美元，雇用了大约 80 名全职员工，比很多多家族办公室的规模还大。再如，乔治·索罗斯2012年因监管原因，将其他投资者的基金全部退回，把享有盛名的对冲基金SFM（Soros Fund Management）变更为单一家族办公室，管理约250亿美元的家族资产。

海外家族办公室

家族企业在全球有非常大的影响力，美国75%的GDP（国内生产总值）是由家族企业创造的，85%的就业机会是由家族企业提供的。《财富》世界500强中，37%是家族企业。

老牌家族办公室

欧洲存在大量老牌独立家族办公室。苏格兰皇家银行历来服务英国皇室和大量贵族。瑞银集团、瑞士信贷等私人银行的服务其实也延伸了家族办公室的概念，因此家族办公室有时会被视为一种高端、典型的私人银行服务。

在华尔街，典型的单一家族办公室有上文提到的索罗斯的SFM和私募大佬马克·罗文的RWN Management。多家族办公室更显贵族世家风范，典型的有贝西默信托，其创办人是钢铁巨头卡内基钢铁公司的合伙人之一亨利·菲普斯（Henry Phipps），他退出企业经营后专注于投资，使贝西默信托由单一家族办公室发展成如今为全球2 400多个家族客户提供服务的大型多家族办公室，管理着超过1 000亿美元的资产，其中近70%采用全权委托模式。

海外家族办公室有几百年的历史，伴随着家族的演进而变化，整体业务模式已经相当成熟。但老牌家族办公室要解决的问题与我国家族办公室不同，形态也有所差异。

海外新富的家族办公室

相比之下，海外新富的家族办公室对我国家族办公室有更大的借鉴意义。

ICONIQ Capital

2000 年以来美国企业的科技创新和几次大的 IPO（首次公开募股）让大量财富聚集到硅谷。一些创始人频现报端，使硅谷的不少家族办公室浮出水面。其中最有名的是 ICONIQ Capital。

ICONIQ Capital 成立于 2011 年，是全能型多家族办公室，业务包括金融投资、地产投资、税务规划以及客户婚姻和子女教育问题的解决。

ICONIQ Capital 的客户主要是脸书、推特、领英的创始团队，以扎克伯格为中心，所以也被称为“小扎的朋友圈”。很多 ICONIQ Capital 的客户或被投资的公司，都是为了成为这个圈子的一分子，而非单纯为了赚钱或融资。

不是什么人都有资格成为 ICONIQ Capital 的客户。同样，如果 ICONIQ Capital 要投资哪家公司，其 CEO（首席执行官）也很难拒绝和硅谷大佬共进晚餐的诱惑。为了进这个圈子，不少私募大佬［如 KKR（科尔伯格·克拉维斯·罗伯茨的英文缩写）的创始人亨利·克拉维斯、得州太平洋集团的创始人大卫·邦德曼］和地产大佬（如李嘉诚和有“美国的李嘉诚”之称的山姆·泽尔）也纷纷出资入伙。

在投资模式上，ICONIQ Capital 既有自己独立做投资决策的基金（资产管理规模为 14 亿美元），也做类似于财务顾问的业务，给客户提供投资建议，由客户决定投不投（间接管理的资产规模约为76亿美元）。在投资策略上，ICONIQ Capital 配置了很多直投项目，很像风险投资基金。其曝光过的投资案有30多个，从A轮到Pre-IPO都出手过，包括中国的阿里巴巴和有“印度的阿里巴巴”之称的电商Flipkart。

ICONIQ Capital 的管理人是戴夫士·马坎（Divesh Makan），其以前在高盛和摩根士丹利做私人理财顾问，是沃顿商学院的MBA（工商管理硕士）。他的特长之一是提前发掘未来的亿万富翁，脸书刚成立不久他就认识了扎克伯格，后来在脸书IPO前夕用自己和扎克伯格的关系做踏板，与摩根士丹利和平分手，另起炉灶。他极其注重隐私，很少在公开场合发言，也非常注重自己和客户之间亦商亦友的信任关系。

Zygna 创始人马克·平卡斯以前也是ICONIQ Capital 的客户，不过后来转到了由布朗大学捐赠基金前主席管理的多家族办公室七桥顾问（Seven Bridges Advisors），该多家族办公室的投资策略比较偏向多资产配置，较多投资VC（风险投资）/PE（私募股权）一类的另类资产。

谷歌系家族办公室有联合创始人谢尔盖·布林的Bayshore Global Management 和前CEO、Alphabet现董事长埃里克·施密特的Hillspire，它们也有与ICONIQ Capital 类似的风格。

从家族办公室的功能和宗旨看，家族类型决定家族办公室的类型。比如，做酒店管理的家族和做艺术收藏的家族，其家族办公室的功能和结构一定不同。海外有一种说法，“你见过一个家族办公室，那你就只见过一个家族办公室”，指的就是每个家族办公室都有自己的特点。

同时，很多望族都不在公众视野内，其核心的家族办公室架构非常低调，注意保密。一些出名的家族办公室通常是由于其客户比较受媒体关注，或者因做慈善较多而曝光。总的来说，家族办公室是高度个性化的机构，按需而设。即使亲自拜访，很多家族办公室也不可能透露其核心架构。

根据《2020 中国私人银行发展报告》的数据，目前国内超过70%的私人银行客户财富来源于实业企业，5.52%来源于继承，另有12.95%和8.2%的高净值人群，分别通过金融投资和高水平的薪酬实现了财富累积，如图1－1所示。60%以上的创一代企业家为60后或70后，面临着不同程度的传承压力。这一比例在超高净值人群中更高，2019年“新财富500富人榜”中，78.2%的上榜企业家年龄超过50岁。规模庞大的富裕人群对传承规划、企业顶层设计、家族治理以及包括家族信托、家族办公室在内的传承工具等的需求与日俱增。①

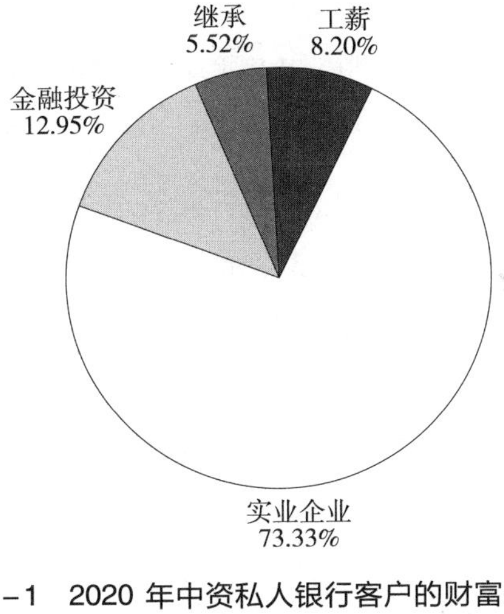

图1－1　2020年中资私人银行客户的财富来源

中国民营企业中有85%属于家族企业，而民营企业对国民经济的作用可以用“五六七八九”来概括，即贡献了50%以上的税收，60%以上的国内生产总值，70%以上的技术创新成果，80%以上的

① 资料来源：中国银行业协会、清华大学五道口金融学院，《2020 中国私人银行发展报告》。

城镇劳动就业，90% 以上的企业数量。[①] 2020 年中国高净值人群平均年龄如图 1 –2 所示。

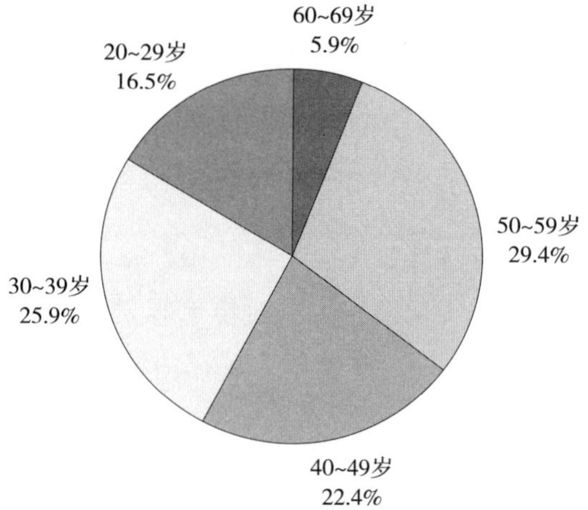

图 1 –2　2020 年中国高净值人群平均年龄

资料来源：福布斯中国、平安银行私人银行，《2020 中国家族办公室白皮书》。

福布斯中国、平安银行私人银行联合发布的《2020 中国家族办公室白皮书》显示，中国 52. 3% 的高净值人群是第一代创业者，23. 3% 为家族企业继承者，20. 9% 为家族支持的创业者。

改革开放 40 多年，创富一代纷纷进入 50 + 、60 + 的年龄阶段。家族企业交好班，关乎未来几十年国家经济的平稳运行。家族办公室的产生是时代的必然。

因时而动，相时而生。中国历史上不乏人才辈出的世家，中国人也不缺审时度势的眼光和彼此亲厚的亲情，相信很快就能够见到相对成熟的中国家族办公室模式和令人称道的大家族。

① http：//www. xinhuanet. com/politics/leaders/2018-11/01/c_1123649488. htm.

第二章

中国式家族办公室

近年来，随着中国家族办公室概念的火热，各种机构包括私人银行、财富管理机构、保险公司、律师事务所、会计师事务所等开始抢滩和布局家族办公室。什么才是适合中国国情的家族办公室发展路径？这是本书要深入探讨的话题。

家族成员面临的特殊挑战

玛莎拉蒂、法拉利、尤文图斯俱乐部、《经济学人》杂志等，这些响当当的名字，全部来自意大利一个富可敌国的家族——阿涅利家族。这个家族2016年的收入高达当年意大利全国GDP的8%。而在21世纪初第5代继承人接班的时候，他面对的是债务高企，经营困难，父辈相继去世，母亲将自己告上法庭，年仅27岁就要接下整个家族企业的巨大挑战。在他的带领下家族实现了资产的数倍增值。

从《亿万》看有钱任性

身为有钱人，家族成员当然也有许多人所没有的便利。美剧《亿万》里亿万富翁鲍比·阿克塞尔罗德（Bobby Axelrod）有很多朋友。鲍比身边强大的服务团队其实就是一个初具雏形的家族办公室。剧集一开篇就为我们展示了美国亿万富翁的生活方式：家里掌勺的是米其林大厨，少年时喜欢的乐队演出，可以坐上私人飞机提前看排练，想吃费城的汉堡，可以立刻空运到康涅狄格州的办公室（顺便说一下，这个州是纽约的后花园，因为很多对冲基金公司在这里注册和办公而产生了全球最富裕的小镇之一格林尼治）。可以说，在生活品质上，男主角鲍比从不亏待自己，有一群专业人士和顶级工具随时待命满足他的一切愿望。剧集的矛盾从“购置豪宅”开始，买了这种顶级炫富资产就会被监管部门盯上，甚至进入是否是不合规投资的漫长抗争。最终鲍比选择了买，这纯属意气之争。至于这场“战役”是否有价值，我们不予置评，重要的是在这场角力中，我们可以跟随摄像机更好地了解亿万富翁鲍比如何在人间游乐场“纵横捭阖”。

在事业上，亿万富翁拥有其他人难以匹敌的优势。对于对冲基金操盘最宝贵的资源——“信息”，鲍比坐着不动就有一大批相关人士送上门来。他还拥有其他人没有的高层、直接的信息通道，从而可以用傲视群雄的卓越眼光去做出准确的判断。

独特的资源、优势和不同于常人面临的问题和挑战，使家族成员面临不同于常人的情况。家族办公室可以管理跨期不确定性，通过系统性设计，为更好地发挥家族优势和规避家族可能面临的风险进行整体性规划。用制度和机制有效地控制和避免外部突发状况和单一决策人情绪冲动、身体和婚姻状况等因素给整个家族带来的不可逆转的损失。帮助家族成员应对独特挑战，就是家族办公室的意义之所在。

国内家族对家族办公室的特殊需求

身处消费升级浪潮之中，中国富豪群体对各种生活品质类服务的要求很高。与国外大部分财富家族已经进入守富、传富阶段不同，中国富豪创富的动力还很强，对企业的事业心和控制欲还较强。他们特定的需求偏好正在塑造中国家族办公室和超高净值客户服务机构的最终形态。2011—2020 年中国 10 亿美元富豪人数如

图2－1所示。2011—2020 年中国 10 亿美元富豪财富净值总额如图 2－2 所示。

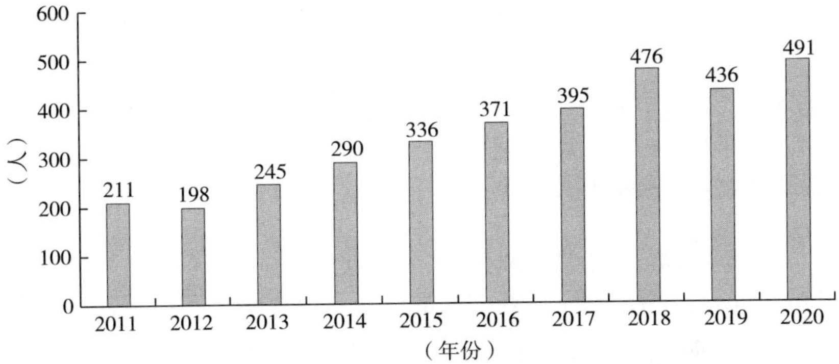

图 2－1　2011—2020 中国 10 亿美元富豪人数

资料来源：福布斯中国。

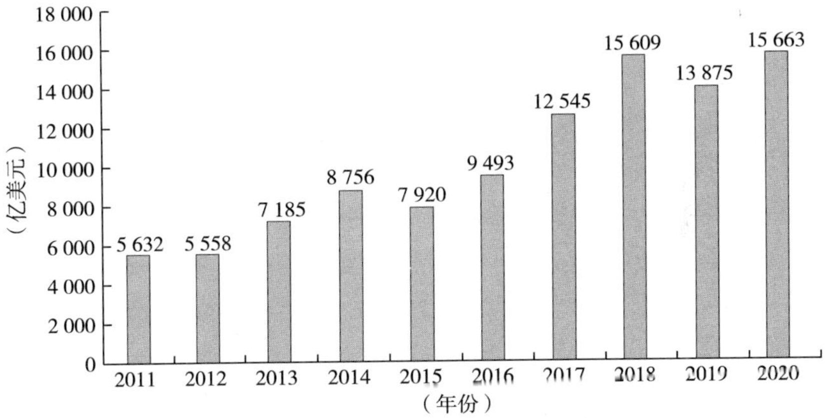

图 2－2　2011—2020 年中国 10 亿美元富豪财富净值总额

资料来源：福布斯中国。

文化匹配

总体而言，中国家族成员关系基于威权的家长制，而西方家族则基于沟通的民主制；中国家族更多地表现出集体主义，而西方家族则更多地表现出个体主义；中国家族对待姻亲的态度也与西方有所不同。中国对于私人财富的政治或社会态度也在一定程度上影响着家族的行为。文化差异将对家族办公室的决策权分配产生巨大影响，而文化上的匹配在相当长时间内将是外资家族办公室面临的主要课题。

投融资一体化需求明显

中国有七成以上的富豪家族有企业在经营，并打算持续经营。在拿出一部分资金做财富传承的同时，个人资产与企业资产的分离、企业融资的供给、股票质押等资产质押的便捷性是国内富豪非常关注的领域。

期待投资有更专业的表现

比如，希望能通过专业机构获取更优质的投资项目、更高的投资回报以及专门的交易服务或者咨询服务等，传统的粗放式服务很难让人满意。

全球化视角

一方面，产业结构的升级意味着中国相当一部分生产环节、产品乃至产业要外移。另一方面，很多二代继承人受过海外教育或有过海外工作生活经历，对企业的升级有自己的看法。这必然会要求家族办公室帮助协调两代人的观念，并扬长避短，建立更高效通达的企业和财富安排。

治理结构设计

随着国内行业集中度的提升，对职业经理人群体的需求日益壮大。而目前，在国内寻找合适的职业经理人还相当困难，职业经理人要在一个关系错综复杂的家族企业中，得到各个家族成员的认可似乎更加困难。职业经理人很可能缺乏一份担当，缺乏一种企业主人翁精神。“永远把自己当成职业经理人，不会把自己当成企业的主人。”最重要的是，家族要设法避免职业经理人为了追求短期利益，做出损害家族企业长久发展的事情。在国家经济急速发展的过程中，缺乏有效的法律来制约本土职业经理人可能做出的不道德行为。国内家族企业的掌舵人更愿意在自己的管理体系范围内，让职业经理人去发挥优势，而不是让他们去经营一套体系或搭建一个平台。

这与国外的情况不同，美国 80% 的 CEO 都是从公司内部提升上去的。而尽可能选用家族成员接班，是我国企业家家族传承的重要特点。中国家族与职业经理人的关系还远未成熟，有自己的一些特点，如包括师徒关系等，家族办公室的治理结构还需要进一步本土化。

家族办公室本土化

对照前文对单一家族办公室与多家族办公室的介绍，我们可以发现，中国富豪家族的家族办公室大多处在精简型和混合型阶段，比较初级。根据福布斯中国的调研，目前中国仅有 20.9% 的企业家使用家族办公室服务，剩下 79.1% 的高净值人群给出的仍未使用家族办公室服务的主要原因是“对家族办公室了解较少”。美国新富的家族办公室对我们的借鉴意义更多，可以让我们对家族办公室有更清晰的认识。但我们还要更多地基于国内的法律、税负要求。最重要的是，中国式家族办公室需要适应中国特有的家族文化，找到自己的模式，解决自己的问题。2008—2019 年中国高净值人群数量及在亚太地区的占比如图 2 - 3 所示。2008—2018 年各国财富增长情况如图 2 - 4 所示。2016—2020 年中国富豪榜总财富变化如图 2 - 5 所示。

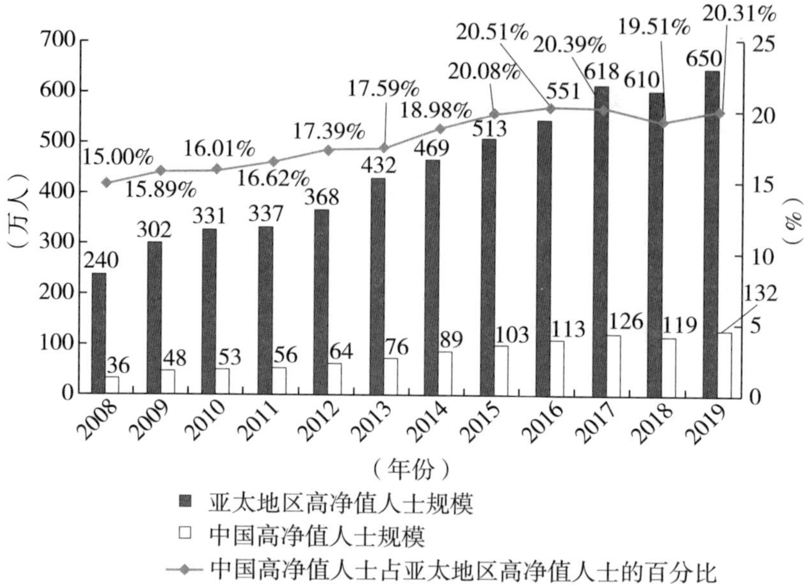

图 2-3　2008—2019 年中国高净值人群数量及在亚太地区的占比

资料来源：凯捷，《2020 年世界财富报告》。

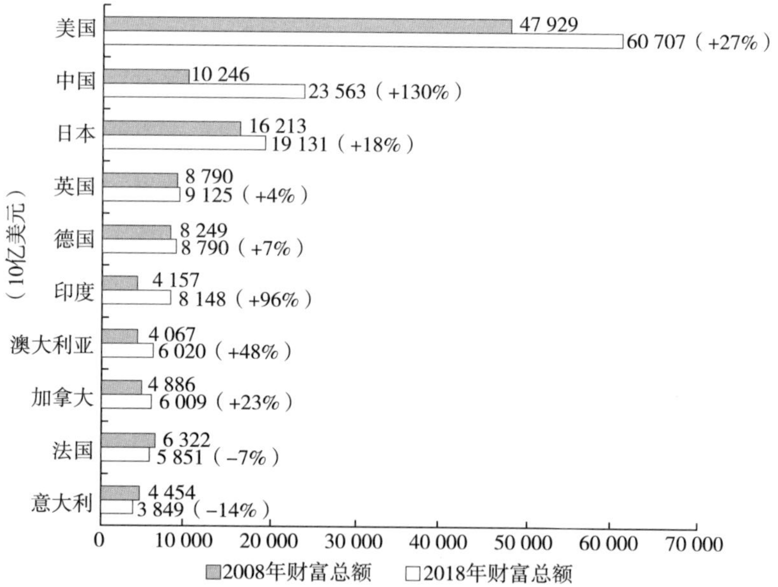

图 2-4　2008—2018 年各国财富增长情况

资料来源：新世界财富，《2019 年全球财富迁移报告》。

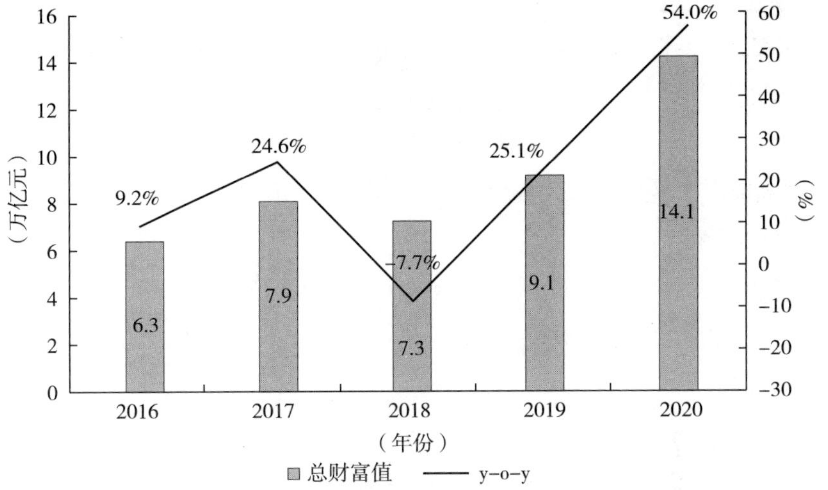

图 2 –5　2016—2020 年中国富豪榜总财富值变化

资料来源：福布斯中国、平安银行私人银行，《2020 中国家族办公室白皮书》。

根据福布斯中国的调查，目前国内的家族办公室总数为 2 000 ~ 3 000 家，国内超高净值客户规模预计在 10 万左右。虽然金字塔尖的优质客户仍然“屈指可数”，福布斯中国发布的 2019 年国内财富值在 10 亿美元以上的富豪人数在 400 位左右，但目前国内家族办公室市场呈现的是“机构总量远远小于客户总量”的状态，国内家族办公室能够获取客户的空间仍然很大。

从国际视野来看，目前中国家族办公室的形态，更多的是一种智库型家族办公室。智库型指的是中国家族办公室的专业服务人员基本上是具有不同专业背景的人士，大部分是临时组合来为家族办公室的特定客户提供定制化服务的。国内“以家族办公室之名，行金融产品销售之实”的现象依然严重。境内家族办公室资产规模分布如图 2 –6 所示。境内家族办公室的设立目的如图 2 –7 所示。家族办公室的 5 种类型见表 2 –1。

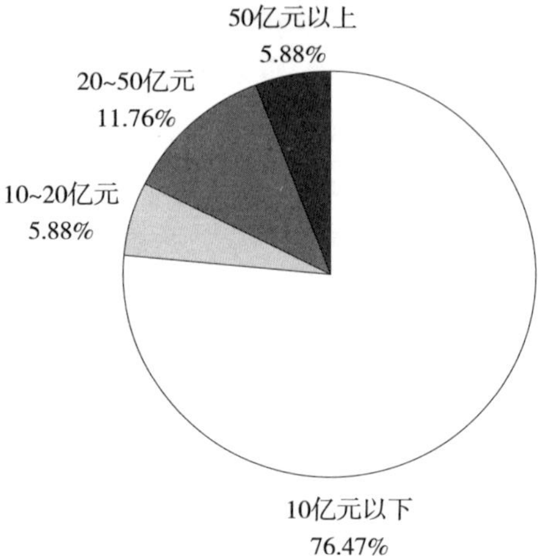

图2－6　境内家族办公室资产规模分布

资料来源：2020 中国银行业协会私人银行业务专业委员会常委单位高净值客户调研问卷。

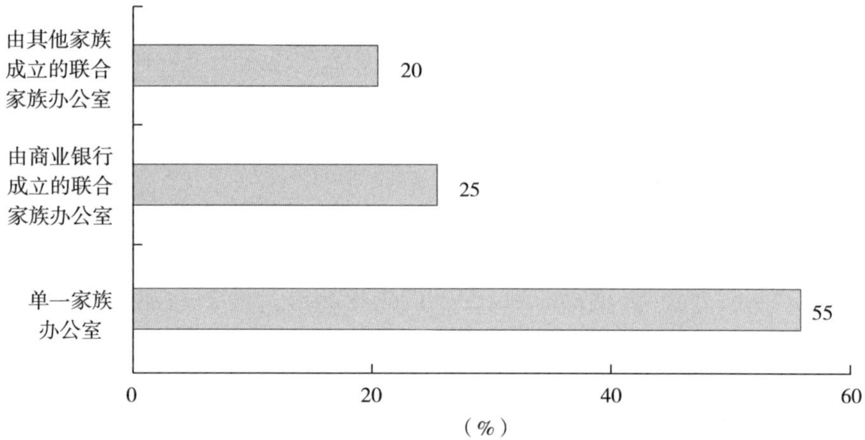

图2－7　境内家族办公室的设立目的

资料来源：2020 中国银行业协会私人银行业务专业委员会常委单位高净值客户调研问卷。

表2－1　家族办公室的5种类型

发展阶段	类型	含义	与家族和企业的相对位置	举例
家族企业主导	内置型	家族办公室为企业的内设部门	与家族的距离为零	三星秘书室
	外设型	家族办公室与家族企业平行，为独立的法人实体	介于家族和企业之间	戴尔家族办公室 美的何氏家族/盈峰资本 南丰陈氏家族/南丰投资
	分离型	家族办公室与家族企业相分离	与家族的距离为零	皮特卡恩家族信托 龙湖地产蔡氏家族信托
家族办公室主导	一体型	家族办公室成为新的家族企业	与企业的距离为零	洛克菲勒/Rockefeller & Co 斯科特家族/SandAire 恒隆陈氏家族/恩荣金融
	投股型	家族办公室控股多家家族企业	介于家族和企业之间	欧尚穆里耶兹家族协会 菲亚特阿涅利家族/EXOR

在当前国内政治、经济、金融、法律环境下，构建自身核心价值，同时开放平台，打开触角，整合各类有效资源，形成中心化的万物互联，并为客户与专家赋能，用最好的方式解决本土化问题，最大化客户利益才是国内家族办公室的出路。例如，中国客户认为他们目前在业务管理中面临的主要风险包括地区、行业政策风险（48.3%）、企业所处行业整体低迷或竞争加剧（38.3%）和企业转型过程艰难（36.7%）。26.7%的企业家还表示，国际环境变化使得国内的商业环境存在一定的不确定性（见图2－8）。因此，针对本土客户的需求，以下3个方面的问题是重中之重。

第一，从财富增长角度看，在高端财富管理服务、高端个人或家族基金融资服务、高端家族资本市场服务、高端家族治理服务4

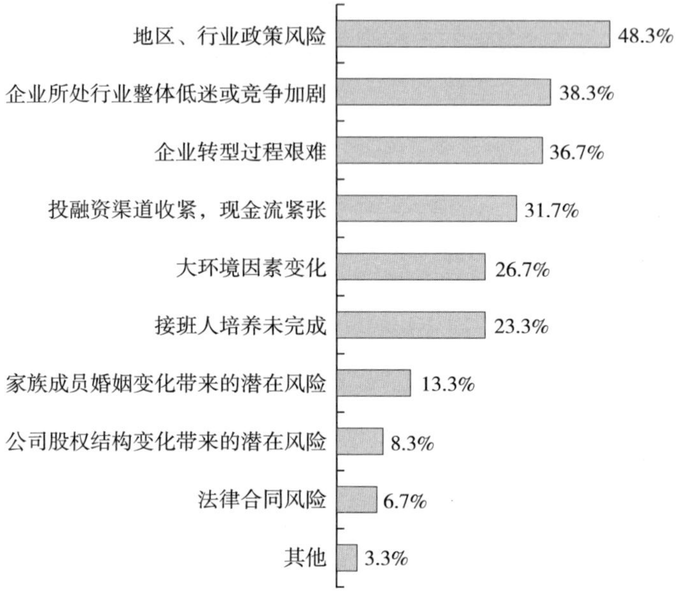

图2-8 中国家族在管理业务过程中面临的主要风险

资料来源：福布斯中国。

个方面，发挥集合优势，在资产管理方面形成不可替代的核心竞争力，使客户得到财富管理、融资、投行与咨询等跨板块团队紧密合作所提供的高品质服务。

第二，发挥管家角色，在法务、商务、财务、税务、学务、时务六“务”方面招标顶级合作机构及专家资源，替客户甄选出最优级别的专家团队，并定期进行评估和淘汰，由客户决定谁去谁留。

第三，为企业家赋能。多家族办公室效仿瑞银集团、花旗银行等国际领先机构，每年组织一到两次大型客户交流活动，在分享最新投资趋势、宏观环境判断的同时，使企业家彼此相互交流、沟通各自的困惑与思考，形成网络，从而交换资源。单一家族办公室的CIO或者掌门人，也应当与其他家族办公室保持市场信息等方面分享的通畅，保持敏锐度。

家族办公室的职责

家族对家族办公室的期待很多。根据福布斯中国与平安银行私人银行的《2020 中国家族办公室白皮书》，中国已使用家族办公室的参与者表示，目前国内家族办公室提供的服务集中在以下几个方面：专业的资产配置、运营服务和风险控制，家族宪章的顶层法律架构设计，家族价值观的建立与维护，法律、税务、财会等专项服务，遗产规划和身份规划等，具体如图 2－9 所示。

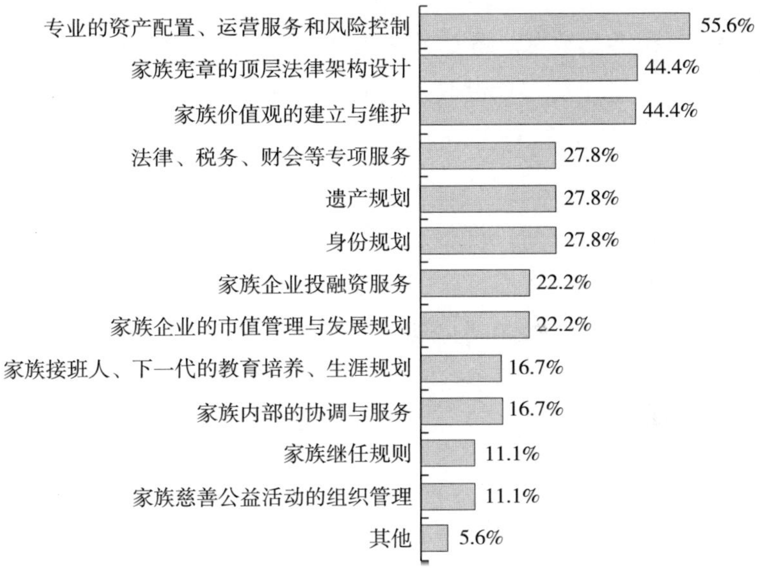

图 2－9　国内家族办公室提供的服务

资料来源：福布斯中国、平安银行私人银行，《2020 中国家族办公室白皮书》。

正如世界上没有两片完全相同的叶子，世界上也没有两个情况完全一样的家族，自然也就没有两个完全一样的家族办公室。富豪家族要想在了解“整片森林”之后建好自己的家族办公室，就需要在 3 个方面下功夫。

资产管理——财富传承

家族办公室的首要任务是财富的保值增值。对于极度富有的家族来说，资产的有效管理是首要工作，要管理一份规模庞大且需永续经营的家产，除了有完善的资产配置外，还要有专有化、定制化的产品或投资机会。目前，国内一些富豪家族的小型家族办公室只有投资职能——由 3~4 名资深的专业投资人、投行家为家族十几亿元左右的资产做全球配置。

2019 年，剑桥咨询发布了一份报告称，家族办公室的寿命通常比大学校友基金会要久，更适宜绑定 VC/PE 来获得更高的收益。因此，家族办公室在具有稳健收益的投资标的外，若将 40% 的投资分配给 VC/PE，则将获得更高的收益。坎普登财富研究的数据显示，2019 年年底国际家族办公室投资 VC/PE 的平均资金比例在 25% 左右。反观中国，一方面，许多我们耳熟能详的企业家已经在寻找这样的投资标的；另一方面，国内具备长期投资价值的 VC/PE 是有限的，因此全球配置显得尤其必要。

国内主要家族财富传承工具如图 2-10 所示。

在财富传承上，国内在大额保单、婚前协议、家族信托等工具的运用上很多具有盲目性。曾经有位企业家朋友梳理了十几年来购买的 20 多只保险，满满两页纸，居然全部是年金类产品，完全不具备他以为的债务隔离功能，真令人哭笑不得。在家族企业与家族资产权利界限问题上，很多企业家对于企业与家族资产权利的风险隔离意识还略显薄弱，在福布斯中国的调查中，只有 13.0% 的参与者表示已经将家族的私人资产与企业资产相分离，具体如图 2-11 所示。

在财富传承的关键问题的考量上，资产隔离是非常重要的因素。财富传承安排各关键词提及率如图 2-12 所示。

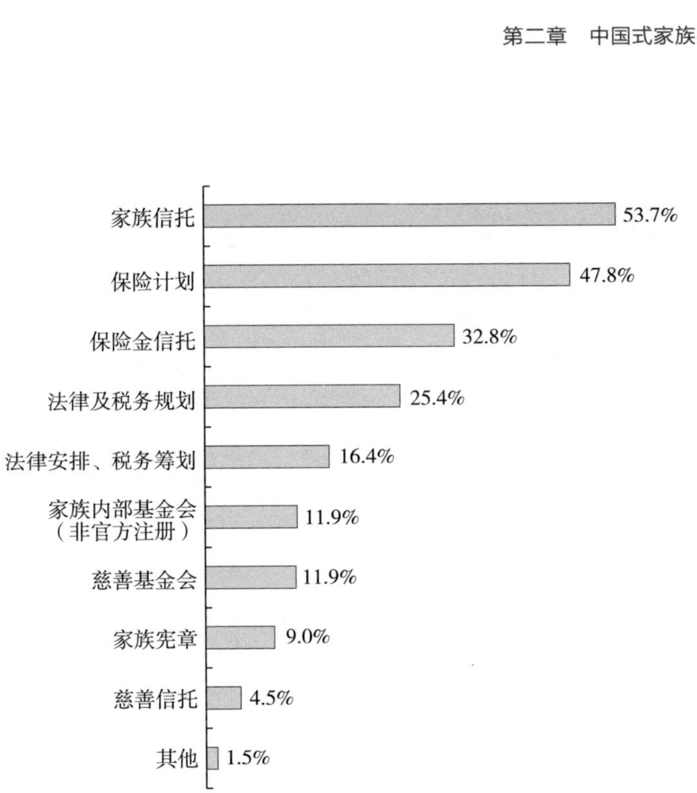

图2－10　国内主要家族财富传承工具

资料来源：福布斯中国、平安银行私人银行，《2020中国家族办公室白皮书》。

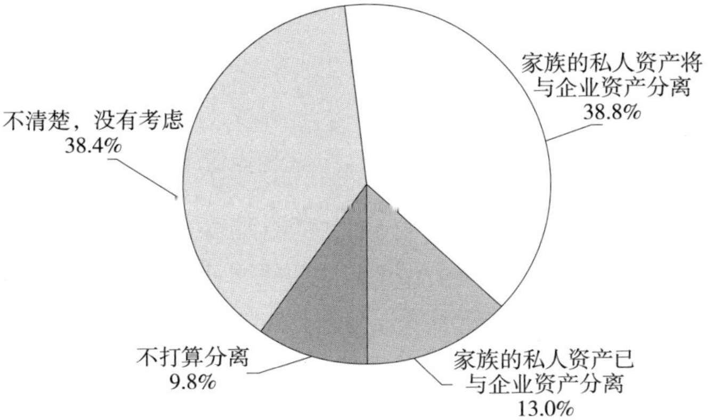

图2－11　私人资产已/将与企业资产分离细分

资料来源：福布斯中国、平安银行私人银行，《2020中国家族办公室白皮书》。

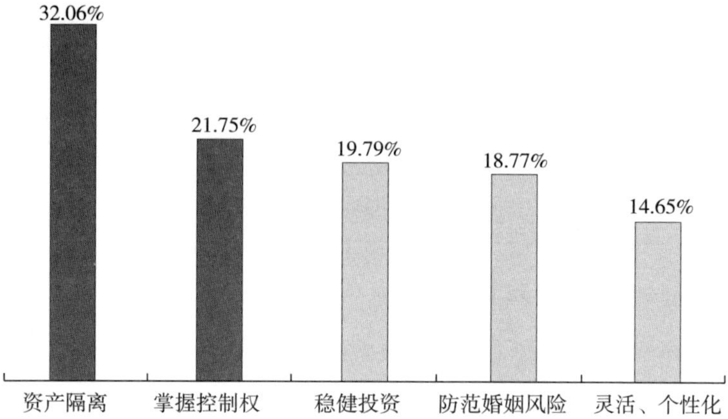

图 2－12　财富传承安排各关键词提及率

随着国内个税改革和 CRS 的推行，反避税条款和税务居民的认定与财富人群息息相关。

基础扎实才能积跬步以致千里，全方位、立体式、跨周期地设计好每种工具的合同条款，才能系统性地加强家庭和企业的稳定性。

权杖交接——企业传承

依旧以《亿万》中鲍比所在的阿克塞尔罗德家族为例，权杖的交接需要能力、威望、治理结构乃至社会关系等各个方面的辅助，由谁来接班、能不能接好班是一个至关重要的问题。剧中鲍比选择了培养善于大数据分析的年轻天才泰勒，这位据说师从诺贝尔奖获得者法玛的后辈，显然在编剧的眼中代表了未来。可惜忠诚和能力难以两全，留住外部接班人并不容易，自立门户的泰勒估计要在第四季里与鲍比厮杀一番了。家族继承人培养问题如图 2－13 所示。

对照国内企业，企业传承大致有子承父业、另立门户两种模式。前者如新希望集团，由刘畅成功从父亲刘永好手中接棒，在陈春花

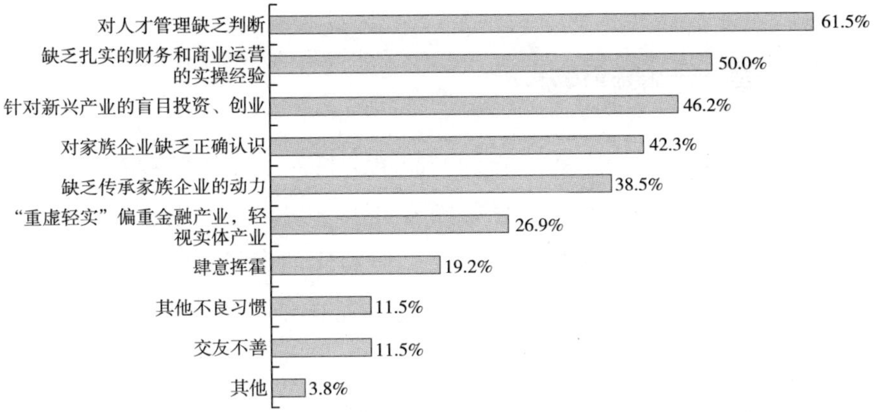

图 2－13　家族继承人培养问题

资料来源：福布斯中国、平安银行私人银行，《2020 中国家族办公室白皮书》。

的辅助下推进着公司的转型和创新，从部门经理到公司总经理，如今刘畅已经是整个集团的董事长。但福布斯中国的调查显示，参与调研的中国企业家中 61.5% 表示，目前最令人担心的家族继承人培养问题是继承人对人才管理缺乏判断。后者如美的集团，何剑锋创立云锋基金，专注投资，公司由职业经理人方洪波管理。这些案例都已经非常成功。还有更多的企业，如王思聪在万达集团外成立普思投资等，是还在路上探索的企业传承案例。

华人世界企业传承最为平稳的成功案例可能是，李嘉诚把长子引入公司、帮助次子设立投资公司，至今已经有 30 多年了。在这个过程中经历了步步为营的筹划，信托架构也是一层叠一层，效果非常明显，如今李嘉诚已经开始培养孙女做企业经营了。

企业现代治理机制如何建立，聘请的职业经理人如何激励和制衡，所有权结构如何支持子女继承所需的控制权，家族成员之间的治理关系是否需要设计、如何设计，都需要有计划、有步骤地加以安排。“行”于此，“质”于魂，使财富成为有可持续创造力的财富。总的来说，传承安排实践越久，效果越好，因此权杖交接宜早不宜迟。

家风祠堂——精神传承

这里以鲍比的两个儿子为例，简单剖析一下家族精神在传承中的作用。在剧集第一季中，兄弟俩不过五六岁，边吃饭边讨论托马斯·杰斐逊，看得出来是很聪明的。但鲍比的妻子劳拉（Lara）曾经断言，一旦鲍比破产，两个孩子连普通孩子的生存技能都没有，根本无法活下去。

为了锻炼生存技能，两个孩子被送到了野外训练营，但是他们几乎一天都没坚持完。这里涉及一个欧美的常用隐喻："Are your campers happy?"字面意思是："你们家送去露营的孩子开心吗？"其实指的是，费用昂贵的野外训练营（豪门生活的隐喻，富有的家庭会提供超额便利，但也有超高的预期、不同寻常的磨炼和未来可能的过人素质）并不是每个孩子都能享受的。

劳拉是一名性格强硬的女性，有面对一切挑战与危机的勇气和韧性。可惜作为"街头智慧"的代表，她对付对手的方法都有点儿不高明。她曾经尝试创业但漏洞百出，显示出她的经济独立能力非常有限。后期劳拉跟鲍比的婚姻也亮起了红灯，不再是鲍比的稳定器。

虽然亿万富翁有一些风险点（如不知人间疾苦、缺乏生存能力、不懂感恩），但企业家对行业、社会的深刻认识可以对子女产生很大的影响。在更长的时间里，他们不畏困难开拓进取的创业精神，则成为家族永葆活力的基因。

中国人在骨血中就镌刻着勤劳朴素的基因。即使是含着金汤匙长大，大部分人也都不希望成为"不学无术"、"混吃等死"的人。实际上，突破父辈的光环、至少不给父辈丢脸，是我所接触的大部分"二代"坚定的自我要求。

"达则兼济天下"也是中国文化的一部分。万向集团在家族二代成员鲁伟鼎的主持下已经将包括承德露露在内的 3 家公司全部"装人”慈善信托。企业家慈善安排规模越来越大。马云的教育基金给很多偏远地区的教师队伍提供了支持。

传承服务的基本规则之一是为客户提供定制化的法律架构服务，同时也可以起到传承家族文化的作用。家族宪章是中国企业家最青睐的传承家族文化的形式（35.3%），其次为家族慈善基金会（32.9%）和家族文化出版刊物（20.0%）。[①]

家族传承历来与国家的命运、社会的发展密不可分，源远流长的中华文化和绵延不绝的家国精神是我们的独特文化符号。

家族办公室的要点

如前所述，家族办公室是一种综合性、体制化安排家族传承、公司治理、成员关系和家人生活成长的机构，从职能上看也十分广泛，想要纲举目张、有条不紊，就需要把握目标，厘清要点。有了清楚的方向，家族再根据自身的具体情况选择哪些业务“自建”、哪些业务外包，哪些事情先做、哪些事情后做。

法律实体

考虑到亚洲富豪对隐私要求较高的特点，通常选用的家族办公室法律实体有 3 种。

家族信托

详见第五、六章。有的家族信托兼具投资、传承功能，是全部家族事务的实施载体，还有一种专门被用于行使表决权的信托，即表决权信托。在表决权信托中，受托人所持有的表决权与受益人所

① 资料来源：福布斯中国、平安银行私人银行，《2020 中国家族办公室白皮书》。

享有的股份所有权相互分离。受托表决权具有独立性，受托人在受托期间行使表决权不受原股东的干预，信托制度给予受托人极大的权力空间。这使表决权信托成为获取公司控制权的重要法律手段。这种在英美法系中产生的特殊制度，正在被大陆法系的一些国家和地区如日本所认可和引进。

控股公司

有的家族直接将所有上市、未上市公司的控股母公司作为家族办公室的载体，方便对全部资产进行统筹规划。韩国的三星、LG 都采用了这种模式。在德国、意大利等国家，基于税收优惠，采用这种架构的家族企业也有很多。

投资公司

国内很多家族办公室在架构上与一般的投资公司并没有区别，专门注册的家族办公室的牌照与一般投资公司的区别也并不明显。一些国家，如新加坡，对家族办公室会有专门的税收、移民政策。

有的家族办公室是家族族长或某个家族成员作为所有人，有的则是家族成员和非家族成员的管理人员（顾问）共同所有。

人员配置

优质的人员配置是家族办公室的核心竞争力所在，我们依旧以《亿万》为例。鲍比所“拥有”的财富最具价值的部分还包括他手下的员工。他们不是从耶鲁大学，就是从斯坦福大学或沃顿商学院毕业的，并且这些人如果一段时间内不能为他赚钱就要卷铺盖走人。能够进入鲍比核心团队的有以下几个人。

第一，律师巴赫（Orin Bach），能力卓绝，可以同时提出 127 项联合诉讼帮鲍比争取利益；资历深厚，对鲍比不同行动可能出现的结果预测得都非常准确；专业严谨，即使鲍比的太太向他寻求可能有损鲍比利益的建议时，也能直接告知对方鲍比的利益是他的第一考量。

第二，神秘助手霍尔（Hall），他仿佛是一个隐形人，但对华盛顿的内部信息了解得很清楚。

第三，投资总监瓦格纳（Mike Wagner）。像所有的财务大管家一样，他是鲍比可以完全信任的人。不仅如此，他还是投资者关系总监。在相当一部分个人事务上，鲍比也会听取瓦格纳的意见。鲍比曾经称他是“驯兽师”，而称其他的投资经理为“猛兽”。我们可以认为他是一个组织所有专才的角色，是站在鲍比身边总揽全局的人，是一个通才式的人物。

第四，“绩效教练”或“心理医生”温蒂（Wendy），她在鲍比身边的作用类似于人力总监——不是走流程，而是协助鲍比激发斗志。类似于瓦格纳，温蒂可以影响鲍比对专才的一些态度，但她更多的是仅就自己的专业领域提供建议，这意味着她依然是一个专才式人物。

可以看到，最终留在亿万富翁身边的，都是能力卓越、与老板彼此信任的人。在这一点上中外皆然。

即使是跟美国联邦高级检察官对抗，这个小团队也足足较量了三季，有攻有守。现实中家族办公室当然不能做违法的事，但采用通才 + 专才的模式，集合各个领域的顶级专家，提供顶级服务，正是家族办公室的要义所在。

工作制度

在工作流程上，家族办公室需要评估家族的目的、愿景、可能面对的风险与挑战，并制定相应的对策：

- 制定家族发展愿景和目标。

- 制定家族治理框架。
- 理顺家族治理和股权结构。
- 建立家族办公室组织。
- 招募负责人和团队。
- 制定第三方供应商筛选标准。
- 明确家族风险偏好。
- 明确家族投资战略。
- 明确家族投资决策机制。

除此之外，家族办公室还需要在风险控制上做一些制度性安排。

严格的私密性

关于所有涉及家族成员个人信息、投资、公司控制权等的环节，家族办公室都应设计严密的流程，签订保密协议，严控信息接触人群。

从国内高净值客户的情况看，胡润百富榜中上榜的前 100 个家族中，已有 60 余个选择成立自己的单一家族办公室。而目前对此媒体大多没有提及，公众普遍并不了解。

把握优质投资机会

家族办公室应当为家族获取优于普通投资者的投资机会。以新希望家族为例，其本身就是红岭资本的股东，能够得到与农业产业链相关的优质投资机会。字节跳动、美团、碧桂园等公司都有自己的投资公司，也都基于各自母公司的信息、产业优势掌握着大量其他机构所没有的投资标的。

家族办公室相对于企业家个人更为专业的决策机制、团队，以及相对于传统金融机构更加高效的决策流程，也使其能够更好地把握这些投资机会。

整体性的规划

吉姆·柯林斯在《基业长青》中曾说：“伟大公司的创办人是造钟，而非报时。”即使有些企业家对百年企业没有太多执念，希望家族成员一直幸福也是每个企业家的心愿。家族办公室一方面应紧扣家族当下需求，另一方面也应常常思考家族战略、顶层设计。

研究国际上成熟家族办公室的案例，可以看到大量精巧的设计——不是为了设立而设立的家族宪章、家族大会，而是经过实践检验的最优工具。这些是家族治理的主要内容，我们将在下一章做进一步阐述。

身份筹划

之所以把身份筹划作为家族办公室的设计要点，是因为不同的国籍身份适用的法律、税收环境不同，而这是家族办公室一切安排的起点。国际化的视野、身份和事业，是当今以中国企业家为代表的高净值人群非常关注的内容。关于是否跨国经营，如何进行全球资产配置，是否选择海外身份，是非常重要的议题，因人而异，需要个性化考量和设计。

获取海外身份有获得永久居住权和入籍两种方式，获取成本不，福利也有所差异。大部分国家会要求，在申请永久居住权的过程中，申请人每年要去目的国居住几个月等，这对申请人生活的影响是比较大的。入籍则是改变很多价值判断基准的重大选择。可以说，身份的选择是富豪家族筹划的起点。

基于国籍、税收居民产生的法律和税务问题影响深远，通过法律语言、法律工具加以保护和厘清，是海外富豪家族的日常标配，也应为国内富豪家族所掌握。

具体到身份获取方式，不同国家的投资移民金额和项目差异很大，机构的选择将直接影响成功率。对于家族子女海外就读学校的选择和申请，关于与招生官的沟通甚至得到重量级推荐信，买海外“学区房”，陪读、寄宿或者选择当地家庭，乃至毕业后在外生活和工作，家族办公室都可以提供支持。

第三章

家族治理

前面介绍了家族办公室的概念和职能，而一切职能的实现都需要机制的落实。每个家族都有其致富的本业，可能是贸易、不动产开发，也可能是投资。二代是否具备同一代一样的企业控制力，还是需要逐渐培养？家族企业未来将会遇到所有权和经营权是否分离的问题，是通过职业经理人管理还是由家族成员管理？家族企业股权如何分配？这些是家族传承中最重要的家族企业治理问题。

本章着重介绍家族办公室的行动准则（或治理规则），主要从3个层面加以分析：家族企业的三圈模型、家族成员之间的组织架构和一些常见的契约（工具）。

家族、企业二元结构

显而易见，家族企业要面临的是家族和企业两个层面的传承、凝聚，是一种二元结构。家族治理，一方面涵盖家族成员关系的管理，也称狭义的家族治理，另一方面要明确家族对家族企业的影响方式和程度问题，是家族企业治理的范畴。

家族治理

狭义的家族治理目的就是希望家族成员能够达成共识，整个家族能够在统一的价值观下继续前进。简单来说，小家庭依靠潜移默化，大家族依靠制度规范。如果家庭成员少，只有夫妻和一两个孩子，那么非正式的交流沟通就很重要，比如吃晚餐时的交流，共同参与一些活动，等等。而对于一个家族，中国人传统的祭祖是一个很好的凝聚家族力量的活动，家族成员也可以共同参加一些社会活动等。作为一个大家长，企业家潜移默化，言传身教，能对家族成员尤其是子女产生非常大的影响。虽然这看起来是老生常谈，但是不少企业家都没能重视这一点并真正做到。一些人赚到钱，行为上就松懈下来，追求物质享受，破坏家庭关系，这些都不利于企业和家族的长远发展。

家族企业治理，是基于家族亲情与财富交织的特殊性的。家族成员在多大程度上影响家族财富和家族企业，决策方式如何，往往会影响家族企业的运营。大家族人口众多，潜移默化的力量不足以让大家团结起来，达成一致。所以，大家族要依靠制度来规范，大家通过遵循一套准则来处理家族事务，解决家族成员之间的争端。这些准则需要依靠一些机制，如家族委员会、家族宪章等来发挥作用。机制的建立必须与家族所在地的文化相一致，并且要与时俱进，不能仅凭企业家个人意志行事。

家族与企业的治理架构相互交织、相互影响，是“家”“业”传承的特殊所在。国际上一般称家族传承、企业控制的筹划为双层设计。

传承家族资本

一个家族要传承，首先应注意保持家族的一些关键品质、资源和能量。在家族四大资本的界定框架下，家族办公室可以对家族所拥有的全部财富有一个全方位的认识，进而在充分了解家族状况的基础上合理运用不同的工具，来实现家族财富的保护、管理与传承。

金融资本

家族办公室从整体上进行家族财富的集中化管理，将分布于多家银行、证券公司、保险公司、信托公司的家族金融资产汇集到一张家族财务报表中，通过遴选及监督投资经理，实行有效的投资绩效考核，来实现家族金融资产的优化配置。家族财务的风险管理、税务筹划、信贷管理、外汇管理等日常需求，也是家族办公室处理的内容。

家族资本

家族办公室承担了守护家族资本的职能，不仅包括家族宪章制定、家族大会组织等重要的家族治理工作以及家族旅行与仪式（婚丧嫁娶等）的组织筹办，还包括档案管理、礼宾服务、管家服务、安保服务等家族日常事务。当然，对于在全球拥有多处住宅、拥有艺术品收藏、私人飞机和游艇的家族而言，其衣食住行都有赖于家族办公室进行有效管理。选拔及管理训练有素、值得信赖的贴身工作人员（如管家、司机、厨师、勤务人员、保镖）是财富家族面临的一个挑战。

人力资本

家族办公室要强化家族的人力资本，通过对不同年龄段家族成员的持续教育，提升其能力与素质。对下一代的培养和传承规划是家族办公室工作的重点。家族办公室对下一代家族成员的正式大学教育、实习和工作都需要进行系统规划，并结合战略目标、家族结构、产业特征、地域布局等因素进行具有前瞻性的传承设计。

社会资本

家族办公室还要负责家族慈善资金的规划和慈善活动的管理，家族社交活动及家族声誉等社会资本的保值增值。重要的关系网络需要家族在家族办公室的帮助下进行持续的浇灌和系统的管理。

三圈模型与人的诉求

家族中长期的继承和传承筹划应是家族领袖提前考虑的问题。在设计治理结构的过程中，权利分配和利益均衡是重中之重。家族资产的所有权属于家族创始人和家族成员。家族办公室作为服务富有家族的特殊形式，有区别于一般公司的组织架构和治理规则，即有其特有的行动准则。

在家族企业中有 3 类人员，即家族成员、企业经营者和所有者。家族、企业相交织，意味着 3 类人员有所重叠，形成 7 个区域。家族企业中担任不同角色的成员的诉求和观点往往不同，而时常有人同时担任不同的角色。盖尔西克在《家族企业的繁衍》一书中最早提出这一理论，并将之命名为家族企业的“三圈模型”，如图 3－1 所示。

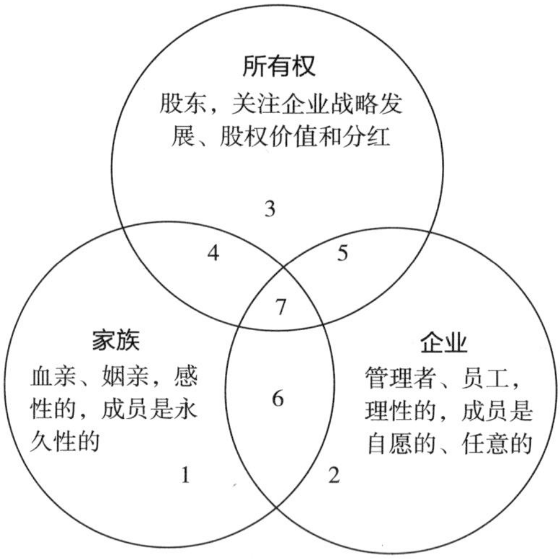

图 3－1　三圈模型理论

三圈模型表明，职责的重叠可以提高家族企业的管理效率，但有时也会带来困惑，家族成员不知该如何对待他们的子女和长辈，由此也会带来各种紧张关系。有时，家族企业会采取一些短视的做法来处理各种紧张关系，比如：

排外和保持私密——把一些家族成员或股东排除在会谈之外，对雇员、所有者或其他家族成员隐瞒了太多的秘密。

分割与征服——依赖一些支持者，把另一些人排除在信息和决策之外。

贿赂——雇用一些不称职的亲属，支付与他们能力不相符的报酬，从公司分配更多的基金，不考虑承担保护家族和谐的责任，或是维持某些人的权利。

这些设法解决企业经营者、家族成员、所有者紧张对立关系的做法可以带来短期息事宁人的效果，但未来矛盾只会愈演愈烈。有效的治理并不一定会消除家族企业体系中的紧张关系，但能起到减缓的作用，并且通过明确企业经营者、家族成员、所有者三者的需求来促进和谐，通过管理、必要的会谈使家族成员在目标、价值观和政策上达成一致。

三圈模型中 3 个要素的配合程度，直接影响了家族企业的运行表现。或者说，家族企业区别于普通企业的一些特质，究竟是有益于企业的发展，帮助它们获得更好的表现，还是成为企业发展的阻碍，或者企业成为家庭和睦的障碍，就是由这 3 个要素的互动关系决定的。我们会在后文做更为具体的阐述。

家族办公室组织架构

家族办公室的组织架构是家族治理实施的载体。保证家族的控制权，做好风险防控，提升家族决策的民主性，保持家族成员的积极性和凝聚力，都是家族办公室组织架构设置和选取中需要考量的要点。

总体而言，在家族与企业的互动中，包括家族大会、董事会和管理层3个层面，如图3－2所示。家族企业在一般的企业架构之外多了家族大会这个层面，家族大会对家族、企业两个维度施加影响。

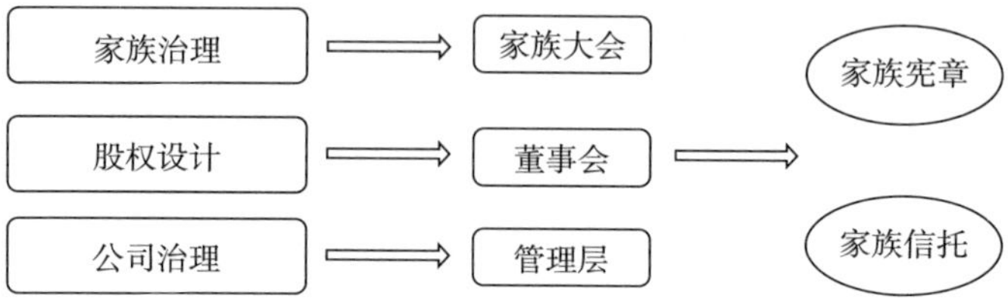

图3－2　家族与企业的互动

关于家族治理的组织架构，这里介绍家族大会、家族委员会、家族理事会的几种设置思路，在实际应用中，家族可以根据各自的情况选用其中的一种或几种。

家族成员对于董事会、管理层的介入，是企业传承的主要内容，将在第四章中进行介绍。

家族大会

从法律和股权架构来看，家族办公室的所有权人（股东）通常是控股公司、信托机构或者其他机构（例如家族基金会）。家族办公室的董事由家族理事会任命，主要职责是维护家族成员的利益，并对家族办公室的管理层进行监督。上述安排需要在家族治理的法律文件与公司治理的法律文件之间做无缝衔接。

另外一个非常重要的议题，是平衡家族族长的权威性和年轻一代家族成员的参与性。

皮特卡恩家族

为了改善封闭式家族理事会的结构，皮特卡恩建立了与传统的理事会平行的附属理事会。传统家族理事会由10名资深家族成员和4名非家族成员组成，每人负责与家族的不同分支进行交流。附属董事会通过研讨会或金融培训课程来培养年轻一代的家族成员，为家族未来的领导人提供施展拳脚的空间。皮特卡恩家族办公室的CIO（首席投资官）里克·皮特卡恩说："当家族逐渐壮大时，年轻人没能进入董事会，我们想到，为什么不为年轻人设立一个董事会，来告诉我们他们在'做什么'和'为什么'这么做?"而附属董事会就是这个媒介。时至今日，附属董事会成就了一批有才华的家族成员，例如克里斯·克尔（Chris Kerr）从13岁起就展露出对家族事业浓厚的兴趣，他36岁就成为皮特卡恩家族正式的理事会成员。

家族委员会

为了监督家族成员遵守共同达成的约定（如家族宪章），通常需要成立一个家族委员会，这是维护、监督、执行家族宪章的核心机构。家族委员会的成员主要是选举产生的核心代表，运作类似于公司董事会，定期开会讨论家族的重大决策。每次举行家族委员会会议时，有专人记录会议内容以确保家族其他成员清楚地了解委员会的讨论议题和决策过程。

家族活动、家族会议、家族共同体验，以及对家族成员的保障与支持等，可以有效凝聚家族成员情感，但最重要、最长效的方式是，寻找全体家族成员的共同支点，那就是通过开展家族慈善等承担社会责任的方式，持久地凝聚家族人心。

家族财富管理，既要懂"术"，也要识"道"，而"道"才是根本。如果连基本逻辑都无法澄清，运行起来就只会背道而驰，与真正的家族财富管理渐行渐远。

家族委员会的核心代表人数一般为2～9人，人数太多不利于有效决策。家族委员会的成员来自家族不同分支、不同辈分，甚至有家族以外的人员，如家族长期的生意合作伙伴，这些独立人员在家族决策中扮演了重要的中间人角色。

专注于治家的李锦记家族委员会

2003年，李锦记成立了家族委员会，其是公司最重要的决策机构。家族委员会的核心职能，就是研究怎样治家，包括化解家族矛盾。从家族制度建设，到下一代培养，都是家族委员会工作的范畴。而企业的经营和管理，则不是家族委员会关注的内容。

李锦记家族委员会每季度召开一次会议，会期为4天。家族成员必须赶到一起开会。会议首日，每人介绍自己，包括自己的孩子和家庭情况；第二日、第三日，讨论各项家族建设的议题；到了第四日，所有的配偶被邀请参加会议，向他们通报前几天会议通过的内容，包括公司的方方面面，以便其当好"贤内助"，做到"心一致，行动一致"。

李锦记家族委员会组织会议的一个标准是"要爽、要好玩"，要让家族成员处在与董事会完全不同的轻松的家族氛围中。

家族委员会的成员必须都是"血亲"，如今包括李文达夫妇和5名子女，共7名核心成员；必须具备李锦记"思利及人"的核心价值观，懂得换位思考，关注对方感受，要有"直升机思维"——以大局为重。

家族委员会通常会讨论决定家族成员以何种形式持有家族企业的股权。有些家族希望家族成员共同持有家族企业的股权，这样他们可以通过家族信托、家族基金或其他形式共同持有家族成员的股权。以创办于1965年的全球最大的服装制造商联泰集团为例，创始人陈守仁膝下共有五子一女，家族子嗣众多。2002 年家族创始人陈守仁已有 70 岁高龄，开始正式考虑家族事业的传承问题。于是家族所有的第二代成员齐聚东莞，举行家族会议，最后达成一致，决定将家族财富集中管理，将联泰的一定股份划拨至家族信托，并交由专业的投资团队打理，家族委员会则负责决定如何将这部分收益具体用于家族成员的医疗、教育、娱乐等各项开支，并分别设立健康医疗委员会、教育职业规划委员会和娱乐休闲委员会。

家族理事会

家族理事会可以被包含在家族委员会中，也可以单独设置。家族理事会是一个专门的委员会，着力解决家族成员以何种方式参与家族企业的经营管理、对规章制度的遵守程度等问题。

有些家族后代成员在海外接受教育后，不愿意介入家族生意而希望自己独立创业，家族委员会也会根据家族宪章中的退出机制专门召开会议。比如，香港某家族每年会定期召开针对家族内部的股权交易会，允许家族成员在不损害家族利益的前提下互相转让股份。

家族理事会为家族制定政策、建议，能够兼顾家族和董事会的政策（比如企业中家族成员的雇佣政策）。董事会既可以制定企业政策，也可以给家族理事会提供有关企业治理的建议。董事会和家族理事会应各司其职，相互合作，但是不应涉足对方的领域。

第一，明确二代对企业的影响范围。

对于当代中国，在一代向二代交班的时候往往面临子承父业和子不承父业两种情况，不管是哪种情况，只要厘清权利、责任、交接的步骤和界限，都能取得良好的效果。

广东新明珠陶瓷集团有限公司副总裁叶永楷，早在 9 岁时就开始在父亲身边学习，了解陶瓷行业的发展，其真正进入父亲的企业工作是在1999年，他感叹二代要接好班并不容易。“曾经由于我思想不成熟，公司的销售团队联名罢免我，我受到了很大的冲击，整夜都睡不着。”叶永楷回忆，工作的前5年都是在学基本功。

为了接好班，广东东升实业集团有限公司总裁赖志光则给自己制定了3个“三年计划”——“在父亲的企业做3年，和父亲一起在企业做3年，父亲看我做3年”。

除了继承家族事业，也有一些二代另辟蹊径，选择独立创业。广东省心里程控股集团有限公司董事长彭国远没有进入家族企业，而选择独立创业。“在上海读书期间，我瞒着家人偷偷创办了一家公司，当时这家公司的注册资本才50万元，如今已经有二三十亿元的产值。”彭国远创业，最初也遭遇了强大压力，“我家里是做装饰装潢生意的，父亲很想我能继承他的事业。因为我的创业问题，父亲曾经生气到拍桌子”。但彭国远认为，独立创业是另一种传承：“传承不一定要在家族企业内部进行，也可以走出去，将在外面收获的有价值的经验带回到家族中，帮助家族企业做得更大。”

第二，保证家族外优秀人才的引入。

新希望集团总裁刘永好曾说：“家族公司最大的弊端就在于社会高手进不来。几个兄弟都在公司的最高位，外面有才干的人进不来，并且一家人的想法多少有些同质化，没有突破。大家各有各的主意，要决议某件事就很难，容易贻误商机。”企业的管理层、董事会如果能多吸纳家族以外的专业人士（如职业经理人），就能够给企业提供不竭的活力和源泉。

家族以外的职业经理人难以获得股权，这是利益机制使然，从而导致其必然更倾向于追求短期利益。以下几个问题是处理与职业经理人关系时必须关注的：一是，家族与职业经理人之间如何实现信息通畅与信任建立。二是，对家族成员在企业中违背规章制度的处理是否有效。三是，对职业经理人的评估是否系统、连贯，是否任意而为。

家族宪章与股东协议

在搭建组织架构之外，缔结契约也是非常重要的家族治理工具。其中，最行之有效的工具包括：家族成员内部形成的家族宪章、基于家族成员股权安排与转让的股权协议和公司章程，以及后面章节我们会具体讲到的将家族成员意志形成法律合同的家族信托。

目前，国内相对成熟的案例是万向集团鲁氏家族的实践，他们在鲁冠球三农扶志基金中设立了家族宪章、公司章程和慈善信托 3 层契约。每个家族的情况不同，文件设置也要基于实际情况。

家族宪章

家族宪章，不是法律文件，但家族成员签署后，就会成为约束其行为的“紧箍咒”。正如“五月花号公约”虽然不是法律文件，却成为后来美国宪法和整个法律体系的基石。家族宪章就是一个家族的“五月花号公约”。

首先我们来看两个家族宪章的简略版——家族使命宣言，快速理解一下家族宪章是解决哪些问题的，以及其大概的作用。

两个家族的使命宣言

1. 帕克家族使命宣言。

我们的使命是欣赏每一个人本身的特点，肯定他或她与其他家族成员所分享的东西，这样才能发挥我们作为个人和家族的潜力。

这样我们就能够：

互相支持每个人作为个体的兴趣和特长。

互相鼓励个人精神上的成长及其职业意向。

敢于冒险，因为我们是通过尝试开发更大的世界来扩展我们的文化覆盖面并增长知识的。

参与我们的社区活动，做有责任感的公民，向不幸的人们施以援手。

让我们的家族成为安全的港湾，在这里我们可以互相友爱，享受彼此的陪伴。

我们最根本的目标是将这些价值观传递给子孙后代。

2. 史塔克家族使命宣言。

我们的使命是管理史塔克联合公司，通过管理公司，我们能为家族的子孙后代提供成长和繁荣的机会。

我们会支持公司管理层完成公司任务和实现增长目标的工作，向子孙后代传输家族历史和价值观，以此达成以上使命。

家族目标：

（1）家族有责任将家族企业维持家族私有。

（2）我们以家族使命和目标为指导方针，力图在家族会议上取得一致意见。家族个体应该以“双赢”的角度来解决冲突，避免积怨或者其他有损家族关系的行为。

（3）在个人利益和公司利益有矛盾时，应该做出对公司更有利的决策。

（4）关于公司的财政、销售、盈利和政策等问题的基本信息要向家族所有人公开，大家应该知道这些信息不能与家族外的其他人共享。

（5）涉及企业经营和公司的日常运作时，家族要懂得长远发展。

（6）我们认可公司董事长和董事会在企业的最终决定权，我们承认董事会代表我们的利益。

（7）积极向子孙后代传输家族历史和价值观是我们的使命

之一，正是这些让史塔克联合公司得以成功。

这两个家族的使命宣言其实有着很大的差异，帕克家族显然将“家族”置于首位，而史塔克家族的选择更多地考虑了家族参与企业经营的问题。后者与一些日本企业类似，将维护家族企业、家族品牌视为整个家族的使命。从实践经验来看，国内家族更倾向于使企业服务于家族。这种倾向上的差异，就是一个家族精神内核不同的体现。家族宣言、家族企业协议、股东协议、家族宪章的比较如表3－1所示。

表3－1　家族宣言、家族企业协议、股东协议、家族宪章的比较

	家族宣言	家族企业协议	股东协议	家族宪章
对象	家族	家族企业	所有权	家族、所有权、家族企业
特性	非规范性的道德约束力	规范性的道德约束力	规范性的法律约束力	兼具道德约束力和法律约束力
主要内容	家族理念和信仰；家族企业准则	家族企业政策	家族企业所有权和治理规则、契约性条款	家族理念和信仰、家族企业准则、家族企业政策、契约性条约
潜在内容	行动计划	家族企业准则	家族企业政策	家族决策机制和权力机构设置
机会/优势	专注于基本问题和核心决策；有利于家族教育和家族成员参与家族事务	内容具体专注于商业项目的规划	便于明晰所有权人的权利和责任；具有法律约束力；操作步骤清晰	内容设置全面且较有深度；有利于家族事务、企业所有权和家族企业的综合规划
风险/劣势	内容不够深入具体而偏于范式、抽象	缺乏对家族理念和信仰的阐释，内容比较刻板	拘泥于形式且不足以对家族事务和企业存续进行综合规划	制定阶段须综合考虑多种事项，执行事项较多

家族宪章正是家族传承这一问题上的纲领性文件。有别于昔日的“家长制”、“一言堂”，或者简单的家族使命宣言（国内的家训），家族宪章更侧重于实现家族的长治久安，而这需要从家族本身的理念、特征和历史出发，进行全方位的设计和构建。

所有家族成员都参与讨论家族宪章的制定，并聆听各自的意见，共同探讨家族核心价值观和长远目标，可以大大减少家族成员之间未来发生争执的可能性。将意志达成共识，将共识制度化的家族治理机制，可以保证家族商业运转井然有序，确保家族领导人的核心价值观和思想理念传承给后代。

在具体操作中，首先需要了解对这个家族来说什么是最重要的，什么是家族领导人创业的驱动力，以及家族的价值观和愿景。只有在这些基本问题上达成共识，才可以开始讨论一些具体内容，如家族成员进入家族企业的要求、家族成员沟通的平台等。

为了让家族成员对家族宪章达成共识，家族办公室往往需要召集所有的家族成员，召开多次圆桌会议，甚至按需要和个别家族成员单独讨论他们的想法。拟好家族宪章草稿后，每个家族成员都要提出意见。

一般的家族宪章通常包括五大部分，分别为家族企业创始人的理念及家族历史、家族价值观和愿景、家族成员利益分配方案、家族委员会及家族慈善的主要原则等。一些家族宪章会明文规定家族成员若违反相关规定，可能面临的惩罚措施。通过各种利益机制的约束，家族宪章能够极大地影响家族成员的行为。

绝大多数的家族会通过投票或其他的决策机制，来对家族宪章条款的更正做出表决。例如，李锦记家族的家族宪章明确规定，关于家族宪章内容的制定和修改，需要家族委员会中75%的人通过才能确定；而一般性决议的订立和修改则过半数就可以。

股东协议和公司章程

涉及家族企业的契约主要有股东协议、公司章程。例如，在鲁氏家族中，股东协议和公司章程被用来规制鲁冠球三农扶志基金慈善信托下的3家上市公司和十几家未上市公司的所有权、股权结构的设计和交易机制的安排。

中长期来看，股权过于分散会导致家族成员都成为小股东，一方面，使家族失去对企业的控制力，也容易导致决策低效，必然影响企业的发展；另一方面，会削弱激励效应和家族成员的责任感，产生“搭便车”现象。

“形成合力”非常重要，同时，“保持灵活”也很重要。一代在建立股权转让规则时，如果规则定得太“死”太紧，直接采用法律效力过强的契约工具，则可能酿成悲剧。建立一套有效、易行的股权回购制度，事先约定家族股东的转让对象和转让条件，在保证家族控制权的前提下“盘活”股权价值才是明智之选。流动性是优化资源配置的前提，只有让有意愿、有能力的成员掌握更多的资源，企业才能有活力。

行动

家族治理体系是家族财富管理计划的一个重要方面。家族治理可以让家族成员有准备地应对与财富相关的挑战。一个执行良好的家族治理策略可以给予家族多方面支持：为家族成员提供加强沟通的方法、制定集体决策的方法、制定解决冲突的具体方式、确定继任计划的最佳执行方式、制定发展和补偿家族成员的方法。然而，家族办公室要为家族灌输这些想法并确保执行，在实际操作上比人们想象的更具挑战性。

那么，家族办公室应该如何着手建立一个国际家族的家族治理体系呢？

第一步，尽早开始实施。一代去世后如果按法定继承被动传承，则会导致股权外流，家族的其他成员也会参与继承。而子女从接手企业经营到完全胜任，往往需要一段时间，一代企业家需要将其扶上马，送一程。拥有多个住所并生活在不同司法管辖区的国际家族，需要更多的法律、税务、商业支持。正如我们在第一章中所述，所有治理结构的实施都会受此影响。

第二步，建立决策协议。这个家族是否有董事会？谁来领导董事会？通常情况下，家族董事会专注于家族企业。而家族委员会则重点关注家族的其他财务决策。是集体领导，还是会有一个领导人？谁会为财务决策负责？确定家族某个成员的领导地位并确定如何做出决定非常重要。这个战略应该包含家族成员所在的每个国家的文化和实施可行性。

第三步，定期召开会议，进行交流。定期沟通也会减少冲突。家族成员多久会见一次？在哪里见面？如果家族成员分布在多个国家，建立一个对每个人都实用的会议场所可能是一个挑战，然而定期开会可以产生很多的长期效益。加强沟通可以帮助家族避免大量的财富转移障碍。

第四步，践行是关键。一旦建立了治理结构和家族领导力，家族成员就应该尽可能紧密和频繁地坚持实施这些流程。这将有助于将这些最佳实践经验融入家族文化中，并融入后代的财富所有者行为中。

综合而言，在家族、企业中担当不同角色的人员分别落在三圈模型的 7 个范畴里，各自的诉求也会有所不同；在组织架构上，每个人的诉求通过家族大会、董事会和管理层加以安排，根据每个家族的情况通过家族委员会、各种小的委员会加以强化；在契约、工具层面上以家族信托为框架基础，家族宪章为行动纲领，组合运用家族宪章、家族信托、股东协议、保险、赠与、遗嘱等多种法律、约定的契约和传承工具，做一揽子的整体安排。

第四章

企业传承

对于家族企业的界定，本书采用《福布斯》中文版2014年发布的《中国现代家族企业调查报告》中关于家族企业的定义，这也是目前国内普遍接受的界定方式，即“企业所有权或控制权归一个家族所有，以及至少有两名或以上的家族成员在实际参与经营管理的企业”。在世界各国，无论是发达国家还是发展中国家，家族企业都在顽强地生长和发展。美国学者克林·盖尔西克认为：“即使最保守的估计也认为，家族所有或经营的企业在世界企业中占65%～80%。《财富》世界500强企业中有40%由家族所有或经营。”

模式选择

SWOT分析

SWOT分析是一种企业战略分析方法。当绝大多数中国人没什么钱的时候，钱是一个问题；当一部分人开始拥有很多钱的时候，钱本身也会制造问题。财富值与幸福指数看起来是呈正相关关系的，但是当财富值高于一定程度后，如果未处理好财富管理风险，那么财富值与幸福指数就呈负相关关系。所以，家族治理需要解决3个问题：一是“将财富公平有效地分配给子女”，二是“传递家族事业的控制权和保障家族事业的持续有效发展”，三是“维护和促进家族的和睦与幸福”。这些在家族企业传承的过程中，也是要首先明确的。

很多人对家族企业有着根深蒂固的偏见，认为相对于非家族企业，家族企业专业化和创新性不足，但是这种偏见是错误的。在欧洲、南美和美国的研究表明，无论是上市公司还是非上市公司，无论企业规模是大还是小，家族企业的平均绩效优于非家族企业，而且寿命更长。① 对于为什么会出现这种情况，研究者往往认为是由于以下几个原因。

1. 家族企业有长期的发展观，反映在规划、投资和关系的维护上。

2. 家族企业将质量看作家族的声誉。从短期来看，关注质量虽然会影响利润率，但是会促使企业追求卓越。

3. 家族企业重视与客户的关系、员工和所有者的忠诚度。当企业进一步发展时，这些关系能够给予家族企业强有力的支持。

4. 家族企业有稳定的所有者群体和领导层。

可以说，家族企业在凝聚人心等方面有着非家族企业难以比拟的一些先天优势。

不过，家族企业也面临一些专属挑战：再投资不足（分红过多、缺乏资本），对传统产品、技术和地段过度忠诚，缺乏绩效思维，领导任期过长，以控制为焦点——资本不足、运营不畅、行事隐秘，家族冲突具有破坏性以及过于害怕冲突，难以吸引和留住非家族高层人才，决策及战略停滞，企业和家族的延续性不足等。

与欧洲家族企业相比，建立现代企业制度时间还不长的中国家族企业稚嫩很多，面临的挑战和阻碍更加明显，比如，在企业控制权和所有权的转移上，存在透明度和财务管理问题，以及继承人经验和能力匮乏问题等，具体的模式和道路还需要在实践中进一步摸索。

---

① 郑宏泰，高皓．富过三代：华人家族企业传承研究［M］．北京：清华大学出版社，2019.

家族企业治理模式

如三圈模型所描述的那样，一个家族企业往往有企业所有者、经营者和家族成员三方关系需要平衡和治理，这不是一件容易的事。根据不同家族的特性，家族企业治理有4种模式可供选择（见图4－1）。

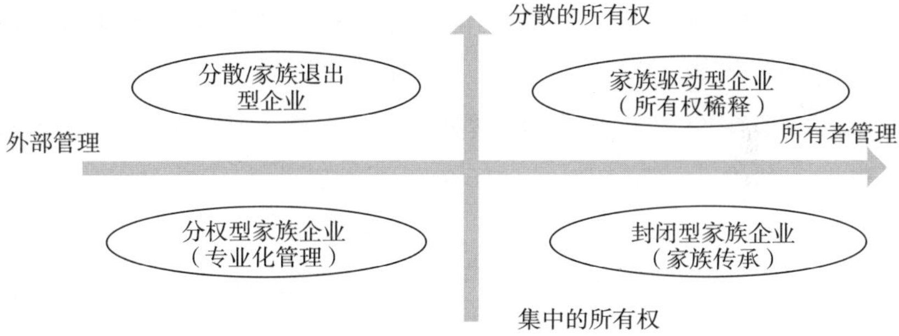

图4－1　家族企业治理模式

如图4－1所示，在家族企业治理模式的不同象限中，重点是不一样的：是外部管理，还是所有者管理？是所有权分散，还是所有权集中？

第一种模式，分散/家族退出型企业，家族企业所有权分散，由外部管理，位于第二象限。原因可能是原有企业的发展空间越来越小，产业进入下行通道，刚好有一个机会可以转换财富模式，或者是家族成员想另起炉灶，抑或是家族成员不想再经营企业。退出之后，家族的需求包括：一是财富管理，二是寻找新的投资路径。著名的案例有香港永隆银行被股东出售给招商银行，银泰商业集团接受阿里巴巴全资子公司阿里巴巴投资的换股收购等。

第二种模式，家族驱动型企业，即家族企业所有权稀释，但仍由家族成员管理，位于第一象限。原因可能是子女很能干，能够继续经营企业，但企业面临资金问题，或急需上市融资，或急需转型升级，需要引入外部投资人。典型的案例是日本的丰田汽车，虽然丰田家族持有丰田汽车的股权不超过2%，但是丰田家族的后人都在丰田汽车担任要职。

第三种模式，分权型家族企业，专业化管理，位于第三象限。这种模式是外部（职业经理人）管理+所有权集中在家族内部的模式。这种模式适用于家族后代并不足以打理企业的情况，这时候就要通过企业制度激励职业经理人负责企业管理，家族成员做家族企业所有人。典型的案例是美的集团，其二代掌门人是何享健培养的职业经理人方洪波，何享健的独子何剑锋则另外经营盈峰控股集团，从事其感兴趣的股权投资，并持有美的集团所有权。

第四种模式，封闭型家族企业，家族传承，所有权和经营权都在家族成员手中，位于第四象限。这是很多企业家最希望看到、最理想的模式，但需要后代有意愿、有能力接班。成功的案例有前文提到的李锦记等。

不同模式下家族治理的情况不同，这也是上一章中说到的家族治理架构、股东协议的起点。

传承企业

在图3－2中，我们提到过，家族与企业的互动中有两个重要的支柱，分别是管理层和董事会，对应公司治理和股权设计，都属于家族企业治理的范畴，也是企业传承的主要内容。其中，公司治理涉及家族成员是否参与企业经营，是只拥有所有权，还是同时拥有所有权和经营权；如果选择参与企业经营，就需要发挥家族的优势，帮助企业更好地运转。股权设计是指所有权的划分，即通俗意义上的“分家”。作为家族成员，还会关心如何在家族内部分配经营权和所有权，以及如何选聘和激励非家族成员的问题。

传承管理权：　公司治理

让我们首先从家族领袖的视角来考虑问题。企业家不仅仅是企业的创始人、老板，在所有权和经营权日益分离的现代经济生活中，掌控和领导一家企业的核心领导人都是企业家。如何让企业家真正发挥企业家精神，领导企业创新发展，关键在于公司治理结构的设计。可以说，家族企业传承中公司治理结构的设计就是管理权传承的实际体现。

公司治理涉及职业经理人的聘任、升迁、激励和监督，企业接班人的培养，家族成员与职业经理人的分工合作，公司董事会及其职能的设置，公司组织架构的设计，财务、会计的透明化等。

关于公司治理结构，有两种文化：股东文化、利益相关者文化。股东文化是指，企业家（董事长或总经理）为股东的利益负责，而且他们只为股东的利益负责。利益相关者文化是指，企业家不仅要为股东的利益负责，还要为利益相关者的利益负责。总体来看，美国企业奉行的基本是股东文化，而欧洲和日本企业奉行的主要是利益相关者文化。中国企业目前更多的是对股东负责。

在股东文化下，公司治理结构涉及两种不同的原则：信托原则、商业判断原则。信托原则是指，企业家凡事都要为股东的利益着想，股东委托企业家做什么，企业家就要做什么，不能欺骗、违约，要时刻把自己代入企业所有者的身份和立场来考虑问题、进行决策。实际上让企业家做到这些，是理想化的。所以在这个原则下，公司治理结构的核心就变成了“控制”。

与信托原则相对的另外一个原则，叫商业判断原则。企业所有者聘请企业家管理公司日常运作，如果企业家在企业所有者面前总是缩手缩脚，那么他最终将一事无成。所以，商业判断原则实际上是给企业家提供了一个“安全网”，使他们在不受压力的情况下发挥所长，鼓励他们去冒险。我们知道，在商业社会，冒险不一定成功，不冒险就一定不会成功。而这正是建立以企业家（精神）为核心的治理结构的原因之所在。

在充分授权以发挥企业家精神、鼓励创新和冒险的公司治理结构中，该如何激励企业家，让企业家放手去干，同时又承担经营风险呢？根据制度经济学中的一个原理，“当那些业绩比较容易衡量的劳动力和那些业绩很难衡量的劳动力相结合时，容易衡量的劳动力按投入来取得报酬，而那些业绩难以衡量的劳动力，则根据剩余价值来获得报酬，就是老板。”而企业家的业绩是难以衡量的，决策结果不会马上显现出来，所以唯一公平且有效的激励机制就是，让企业家参与“剩余价值”的分享，而不是只获取固定的年薪。

对于家族企业，尤其是在传承模式象限中处于家族传承模式（第四象限）的企业而言，在公司治理中，管理层要比一般的企业有更为长期的股东。对管理层和董事会会有更多的要求。选择家族成员担任管理层更有可能实现信托原则。

在海外，家族资产是属于下一代的，上一代有责任为后代进行妥善保管。比如，百达翡丽的广告语就是：“没人能真正拥有百达翡丽，只不过为下一代保管而已。”这样积极的心态令人感动，正是家族成员之间更低的沟通成本帮助形成了这样的文化和相应的公司治理架构。

只有当家族成员能够更好地管理企业，为企业创造更多价值，体现和创造家族特殊资产的时候，由家族来掌控企业才有其特殊的价值。在家族企业传承中，发挥这些价值就是家族企业治理的意义所在。

家族企业治理要善于运用家族经营企业的特殊优势，该优势对家族企业治理的改善主要体现在以下 3 个方面。

1. 厘清三圈模型中所有成员的角色、权利和责任。
2. 鼓励家族成员、企业雇员和企业所有者有责任地采取行动。
3. 在业务讨论中，适当调整家族成员和所有者参与的比例。

一种公司治理结构并不适用于所有家族企业，家族成员－企业经营者－所有者结构应随企业组织、所有者规模和多样性，以及家族规模、代际和多样性而变化。公司治理结构的功能需随家族企业、所有者和家族成员的改变而改变。第一代家族企业可能只需要（或者说能容忍）一个小型非正式顾问委员会而非董事会。第三代家族企业可能需要一个家族大会定期把家族中的多名成员召集起来讨论公司业务，此外还有家族理事会帮助制定家族政策。

那么，什么才是有效的治理呢?

第一，给予方向感。

方向感带来工作和生活的价值，公司政策能被人们很好地理解、接受，从而知道在哪种环境下该采用哪种行事方式。公司政策包括雇佣政策、晋升政策、负债政策等。

第二，让正确的人去做正确的事。

企业家要通过结果来衡量治理体系的有效性，而不是简单地设定目标或者设立董事会或家族理事会。当然，如果组织架构能以一种非正式或随意的治理方式达成目标，也未尝不可。但如果方向不清楚，价值不明确，没有让人充分理解相关政策，也没有让合适的人在恰当的时间集中讨论所面临的重大事项，那么这个组织机构就是失效的。建立正式架构（如董事会、理事会）和流程（如日程、投票）会更有帮助。

传承所有权：统一与分散

家族企业传承的本质是什么?是家族企业所有权结构（见图4－2）的合理安排。

所有权结构看上去高深、复杂，其实就是对所有权、控制权、经营权和收益权的结构性安排。小到一件艺术品，大到一个家族企业，有财产的地方就有所有权结构。

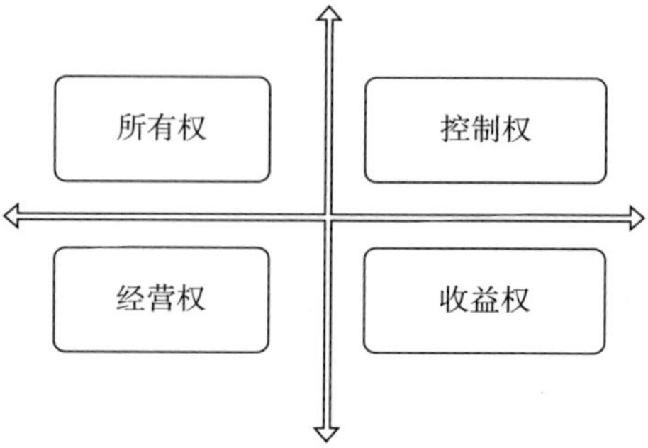

图4－2　家族企业所有权结构

所有权结构配置的精髓是，让合适的机构、合适的人掌握和享有合适的权利。关于合适与否的判断虽有规律可循，但毕竟是主观的，受到认知与意愿等因素的影响。

合理的所有权结构能准确反映家族成员的共同意志，打通和激发家族的人力资本、金融资本、社会资本与文化资本，形成“所有权力量”，从而不仅可以使家族强大，还可以使家族源远流长。

从根本上看，家族财富保护、管理与传承问题，就是所有权结构配置与家族文化问题。

所有权是家族财富的根本，应当保持稳定。而稳定所有权的方式有很多种，比如，可以将所有权置入家族信托等稳定的结构中，也可以通过家族宪章、股东协议等把所有权的流动限制在家族内部。

控制权安排是家族成员最看重的，往往最容易引发争议。控制权安排是否合理，主要取决于相应的控制权机制是否合理。应该将多大的控制权归于哪个分支？可以就什么具体问题行使控制权？如何行使控制权？在控制机制的安排上如何平衡主导分支和其他分支的关系？这些都是控制权机制设计的核心问题。

无论多么精妙的所有权结构，在设计过程中都会遵循一定的规律。

首先，家族的所有权结构并非仅仅是合与分两种选择，而是要在不同方面根据家族自身的特定需求进行安排。也就是合其当合，分其当分；宜合则合，宜分则分。

其次，所有权结构中的4项权利各有特点。“所有权求安定，控制权靠机制，经营权选贤能，收益权应分散”。

最后，对某个特定家族（企业）而言，所有权结构既不是越简单越好，也不是越复杂越好，而是要适合家族的特点。

人的诉求：　各有立场

家族企业的所有权、控制权、经营权和收益权最终会体现在公司架构上。根据三圈模型理论，相关各方有不同的诉求。接下来，我们通过家族成员在企业交接班中最关心的几个问题，来剖析不同类型的家族成员的考量和倾向。

谁可以在家族企业任职

继承者往往认为所有股东都可以在家族企业工作；投资者认为有能力胜任的人才可以进入家族企业供职；看护者的观点和投资者类似，但进一步认为应当设置一套结构完整的雇佣规则来规范进入和退出机制，而不是随时根据股东意愿撤换公司雇员；股东兼高管更倾向于认为，这是公司营运问题，应该由管理层（也就是他们自己）决定。

谁可以持有股份

继承者认为所有家族成员都应该有权持股。股东兼高管则倾向于认为只有积极参与企业管理或运营的人，才有权持股。看护者认为，谁应持股取决于“有利于企业基业长青并顺利传给家族后代”的制度设计。投资者希望自己的股权收益（包括增值收益、分红收益）有保证，并且最好可以通过公开市场套现退出。

如何进行互购和退出

投资者对此非常关注。一旦投资者得不到预期的股权收益，他/它们就会想及早套现退出，所以投资者会主张有权利将其股权或股份卖给公司（即赎回）或卖给他人，或者能够通过公开市场套现退出。看护者非常注重家族企业血脉的纯正性，一般不允许将股权转让给非家族成员，除非多数家族成员股东投票通过。继承者关注的是家族成员对于转股的优先购买权。股东兼高管一般不太关注对企业的有效控制，以及投资者的转股、退出安排。而现有股东的转股和退出，可能会导致股份的进一步集中，从而影响其管理地位，对此，股东兼高管比较关注。

如何解决争议

股东之间产生争议后，通常要以某一方的退出收尾。在投资者看来，快刀斩乱麻的收购或退出方式更为理想，即股东中的一方先提出收购要约，如果对方不接受（认为价格不够高），那么要约方就必须按照自己提出的价格把股权出让给对方。

对于这种方法，积极参与管理的股东可能会反对，尤其在其资金有限且业绩没有完全显现的情况下，“非买即须卖”的安排会给他们增加压力。而看护者往往也会反对，他们更希望有一套民主的解决程序。继承者虽然没有特别鲜明的观点，但也赞同避免股权或股份长期被锁死无法退出的情形。

在家族成员各有诉求的情况下，最终的状况往往是多方博弈的结果。综合考虑各方利益，才能做出真正能实现的传承安排。

在传承中演进

企业是结果导向的主体，在社会发展中演进；家族是关系导向的主体，在家族成员的互动中演进。历史向前，但人性不变，家族企业代际传承的演进也有一定的规律可循。前面说到企业治理中尤其要注意发挥家族关系的优势，但随着时间的推移，家族关系的两面性会进一步发酵。

虽然中国目前大部分家族企业还处在一代向二代传承的过程中，标榜像洛克菲勒那样传6代甚至更多可能还为时尚早，但也不妨了解一下海外的理论和实践经验。

A股上市的家族企业中，家族关系如表4－1所示。

表4－1　家族关系

家族关系简称	叠加关系数量（人）	单一关系数量（人）
夫妇关系	314	121
兄弟关系	228	71
父子/母子关系	208	69
一代姻亲关系	136	21
父女/母女关系	112	30
叔侄/舅甥关系	59	9
兄妹关系	51	10
姐弟/姐妹关系	48	11
翁婿关系	29	5
二代姻亲关系	19	0
祖孙关系	1	0
家族性控股	10	1
亲属关系，具体未查明	9	1

资料来源：福布斯中国，2014。

家族关系的两面性

家族成员之间的相处与企业内人员间的相处有很大的不同。家族成员之间相处重感情，讲究包容，不计较，而企业经营发展必须要权责明确。“家”带来的人与人之间的亲密和信任在商业行为中有着十分重要的润滑作用。在家族企业中，企业负责人之间如果拥有“家人”般的信任关系，那么各项事务的推进往往就会比较顺畅。而过于亲密的关系又可能导致超常的回报预期、基于情感的道德绑架，甚至无视纪律的资金腾挪。同所有的关系一样，“距离”是一个微妙但又十分重要的存在。

家企关系的三圈演进

在前文，我们介绍了三圈模型，现在我们来看看家族与家族企业的关系及其演变过程。

管理层是公司治理的基本组织架构，股东考虑的是所有者的利益。在家族企业生命周期的不同阶段，随着家族成员的进出、权力的过渡与交接，管理层结构一般呈如下变化。

初创期和成长期，股东、管理层成员和家族成员“三位一体”（见图4－3）。

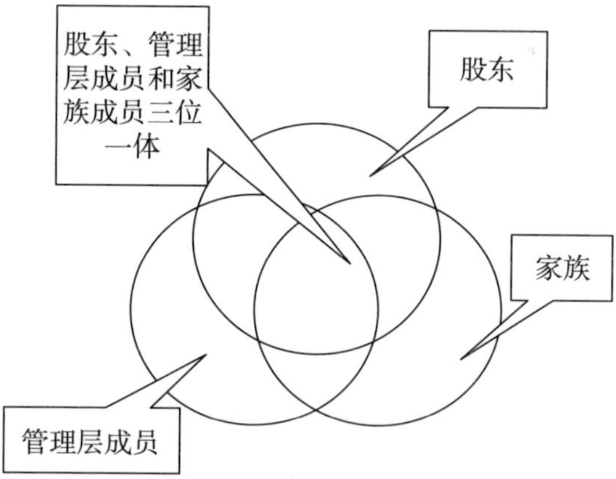

图4－3　初创期和成长期家族企业的管理层结构

成熟期，非家族成员进入管理层，有些家族成员退出管理层，但家族成员仍占管理层的多数（见图4－4）。

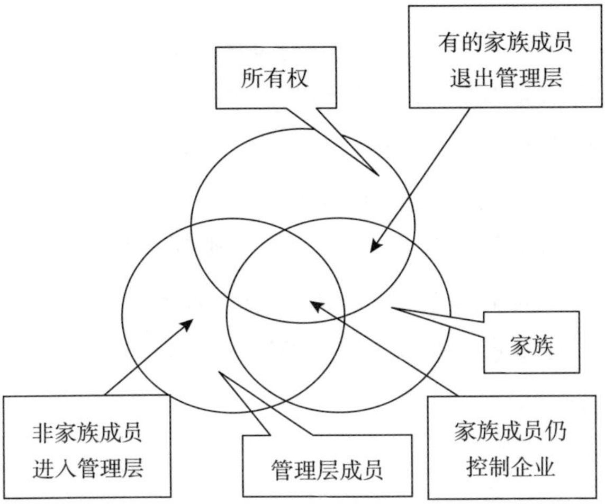

图4－4　成熟期家族企业的管理层结构

转化期（公司上市或衰退，后者自然倒闭），非家族成员更多地进入管理层，并占多数，家族成员更多地退出管理层（见图4－5）。

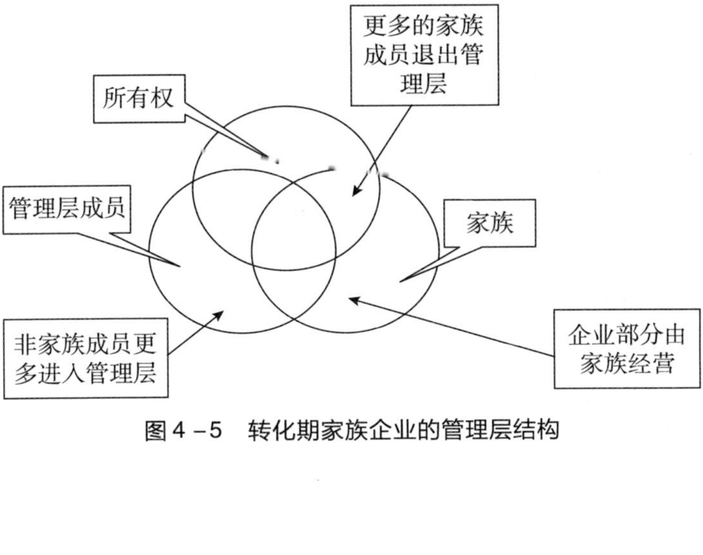

图4－5　转化期家族企业的管理层结构

家族参与度

对于已经上市的家族企业，上述模型有较为特殊的表现形式。家族成员退出董事会，成立家族理事会并代表家族利益就职业经理人的聘用、股权划分、家族成员培训、家族文化建设、家族目标实现等与董事会磋商。职业经理人进入企业，组成企业管理团队并代表雇员的利益与董事会磋商。股东大会则代表所有者的利益就董事的选举、公司的规范以及企业战略目标的制定等问题进行定期磋商。上市后家族企业治理的基本模式如图 4 –6 所示。

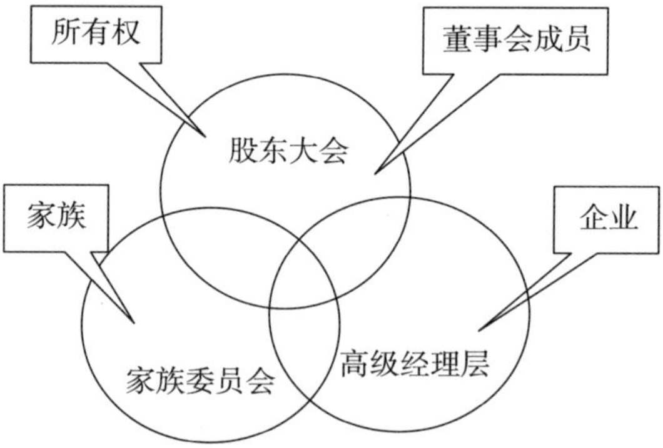

图 4 –6　上市后家族企业治理的基本模式

随着群体逐渐壮大，相应的利益呼声也由幽微而盛大，最终演变成难以收束。站在由一代向二代传承的时间节点上，我们只能略窥轨迹，通过种种制度、安排、协议、规章、工具去织就一张尽可能防风险的网。

接班期的董事会

海外研究表明，家族通常通过对公司董事会的把控来实现对家族企业的把控。而实际上国内大部分家族企业依然处于创业期，家族成员往往既在董事会任职，也担任着企业管理层。不过基本的逻辑是不变的。根据家族企业和家族的情况，可以从以下几个方面入手，来考虑家族企业董事会（和经营层）的构建。

家族企业董事会的组成

有经验的外部董事能够帮助改变董事会讨论的活力，更有目标，也更有建设性。大部分专家认为，家族企业的董事会规模应该相对小一些，由 5 ~ 8 人组成。家族企业董事会成员应该包括公司 CEO、占多数席位的外部董事（非家族成员）以及占少数席位的家族代表。

家族代表并不一定是家族企业所有者，也不一定是家族企业的经理。家族代表可以由股东、家族成员或家族理事会选出。除非家族代表处在很高的职位或者是指定的继任者，否则就不要将其纳入董事会，不然他们的主管在汇报上将难以自处。

家族企业董事会成员不应该包括家族企业的服务提供者，如银行家、律师或会计师，但可以引入“导师”、“伙伴”类角色。董事会应拒绝 CEO 的朋友或其他家族成员进入，特别要谨慎指定公司经理进入董事会。公司经理会将讨论集中于运营事务而远离战略话题，这会使其他董事会成员很难公开评价公司管理质量，所以说，公司经理作为董事会成员并没有明确的好处。

董事会的责任

大多数董事会能够通过每季度一天或几天的会议很好地履行其职责。每年一次的会议应该成为董事会和管理层的联席会议，以做好公司来年的规划。在会议之外的时间，董事会成员可以处理一些特别的任务，准备董事会会议以及会见，通过电话来处理突发事件。

虽然不同的董事会成员通常拥有不同的经验和商业视角，但是所有董事会成员都承担着同样的责任。董事会的主要职责如下。

1. 保护股东利益。

运行良好的董事会能够平衡公司和股东的需求。比如，董事会如果觉得大量的分红、宣传其他股东、家族成员雇用等可能削弱业务，并且最终降低公司中股东的价值，在董事会层面就会将其屏蔽掉。

2. 帮助公司做全局决策。

这是家族企业董事会最重要的职能。董事会应建议并帮助高管认真思考全局性问题，比如视野、战略、成长计划、竞争能力、人员发展、财务和物理资源、战略关系以及继任问题；应放眼公司长远目标和挑战，聚焦公司重大事件决策，而非陷入日常管理和运营事务，除了偶尔帮助解决一些特殊而棘手的运作事务；应在会议中开展关于未来目标和公司战略的头脑风暴，分析并预测行业趋势，决定公司应采取何种行动。董事会成员应贡献个人业务关系来帮助公司做好事前规划并满足公司需求。

3. 制定政策。

从技术角度来看，董事会应制定公司所有的关键政策。而在现实中，只有那些对公司特别重要的政策才由董事会制定，余下的则由经理制定实施。在家族企业中，家族理事会也是一个制定政策的角色。

董事会可以为管理层和家族理事会提供方向和有关政策信息，比如，推荐家族理事会草拟一份家族成员雇佣政策。董事会可以审查、建议修改、认可或实施一项政策，也可以要求 CEO 为公司负债制定一项政策。判断经理制定的政策是否经过严格的设计，内部是否保持一致，并有助于达成公司和股东的目标，是董事会的职责之一。

4. 评估 CEO 和高管的工作表现。

董事会应正式评估 CEO 的表现，识别其长处和短处，帮助 CEO

在公司建立可信任的领导力。通过持续的观察和反馈，帮助 CEO 确立合适的目标并给予反馈，通过薪酬委员会确定 CEO 的合理薪酬结构，包括薪水、奖金、福利以及长期激励。

董事会通常并不直接评价 CEO 级别以下高管的表现，也不参与 CEO 级别以下公司管理团队薪酬的设计，除非是去确认薪酬策略与实践是否得到很好的设计与实施。

5. 果断决策。

由于家族的愿望是避免冲突或保护传统，家族企业通常迫切需要果断决策。董事会就是那个拍板的角色。

6. 监督公司中家族成员的参与。

与非家族企业董事会相比，家族企业董事会还有一个额外的职责，即董事会成员需要了解家族目标、关系事务以及政治：帮助家族审视合理（董事会定义的“合理”）的长期目标能否达成；处理家族对企业的影响，即家族财务、雇佣需求、家族冲突对公司的长期影响；向在企业中任职的家族成员提供有帮助的指导和回馈，特别是当这些指导和回馈很难从公司经理处获得时；家族事务应该由家族和家族理事会管理，董事会则应专注于确保公司对未来的发展有正确的定位。

这些复杂体系的有效治理根基在于正确地平衡治理结构中的权利。董事会——不是股东、家族或家族理事会——确立企业的方向和政策。同样，家族理事会确立家族的方向和政策，通常由家族大会批准。在确定家族理事会和董事会互不侵犯各自的权利后，董事会、管理层、股东以及家族理事会必须合作并协调各自的行动，相互之间保持良好的沟通，以保证拥有一个持续、共同的目标、计划和政策。

中国境内的很多富豪家族，在如何实现财富与事业的双重传承方面，做得并不够好，其中一个重要原因是，这些富豪家族更看重财富传承，而忽视了家族精神、家族价值观和信念的传承。而家族信托相当于创设了一套有效机制，同时潜移默化地赋予它“家族精神”，也能够持续地影响家族后代的行为。它不仅可以帮助家族延续财富，也可以对后代的未来发挥隐形影响，让后代能够更好地继续一个家族的辉煌。

一代创始人可以通过公司治理手段保留控制权——例如，可以将大部分（如95%）的股权传承给子女，一代企业家保留小部分股权（如5%），同时家族企业章程个性化地规定一代企业家拥有不同的表决权（如67%）和分红权（如95%），这样可以确保股权在一代企业家生前完成传承，同时保证在一代企业家有生之年，企业的决策权和分红权牢牢掌握在其手中。

多子女家庭平均传承股权，就会因利益不一致导致公司治理出现僵局，无法形成有效决策。针对这种风险，传承股权切忌一碗水端平，应确立一个子女作为接班人接手大部分股权，其他子女可以通过使其享有分红权或通过大额寿险、家族信托进行补偿。

对于接班人婚姻风险，可以考虑用二代子女夫妻财产约定、单向赠与协议或遗嘱、章程对股东资格继承进行个性化限制、分红的个性化约定等法律工具去防范。

第五章

境内传承工具

在了解家族企业传承的整体逻辑之后，本章开始为大家介绍家族传承中经常用到的几种法律工具，并重点介绍对高净值客户最重要、功能最强大的家族信托，以及它与其他法律工具的结合。

“卓越的家族信托设计能力将成为家族办公室服务脱颖而出的基石”是业内有识之士的共识。成立家族办公室或拟成立家族办公室的高净值人士，追求的是视野更高、综合性更强、更具深度和个性化的解决方案。以招商银行、民生银行为代表的银行系家族办公室也无一不将“三圈模型”、“咨询委员会”等软性安排依托在家族信托上，方便以顶层设计思路从家族目标出发，全面管理家族物质财富与家族精神财富，不断创新及丰富家族办公室的服务模式和内容。家族信托在家族办公室中的核心地位如图 5－1 所示。

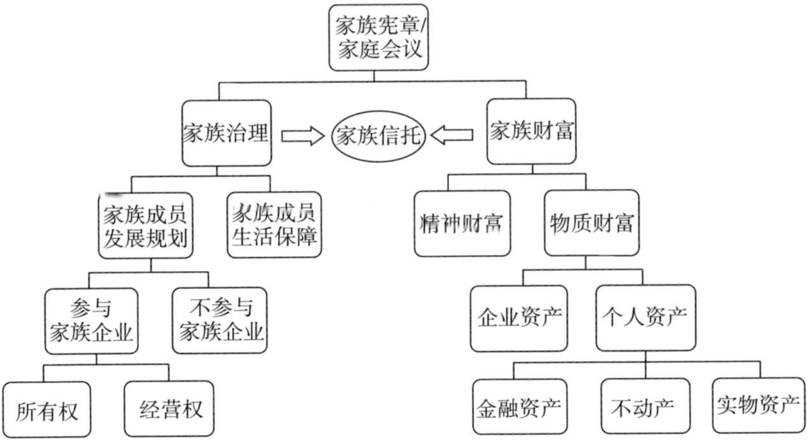

图 5－1　家族信托在家族办公室中的核心地位

资料来源：招商银行。

家族信托还可以与多种工具相结合，是家族办公室中连接家族治理和家族财富管理、精神财富和物质财富的骨骼，可以说是家族办公室最为直接和有效的落地工具之一。“我们相信，家族信托方面的专业水平的高低将越发成为高净值人群考察家族办公室机构的重要指标。”①

财富传承工具

如果说财富是一座城堡，那么各种财富传承工具就是它的护城河。我们不能说某种工具绝对无法被“攻破”，我们能做的，就是构建尽可能坚固的护城河。

2018 年银保监会下发的《信托部关于加强规范资产管理业务过渡期内信托监管工作的通知》、2019 年最高人民法院发布的《全国法院民商事审判工作会议纪要》等，标志着传承领域法律法规的重要变化。2020 年 5 月 28 日，十三届全国人大三次会议审议通过《民法典》，于 2021 年 1 月 1 日起实施，《婚姻法》《继承法》《收养法》《担保法》《合同法》《物权法》《侵权责任法》《民法通则》《民法总则》同时废止。新出台的《民法典》分别对不同形态财产认定与保护制度、家庭成员范围界定、夫妻共同财产及债务认定、遗产管理制度等方面进行更新。作为民商事领域最重要的法律，《民法典》的颁布更新了财富管理原有的基础设施，将为家族财富管理与传承掀开新的篇章。

财富传承工具基于法律而生，包括遗嘱、婚前财产协议、保险、信托、家族有限合伙公司。招商银行《2020 中国家族信托报告》问卷调研中关于“您的家庭是否正在或者已经考虑过用以下某一种或几种方式将财富传承”的调研结果如图 5－2 所示。

① 资料来源：招商银行，《2020 中国家族信托报告》。

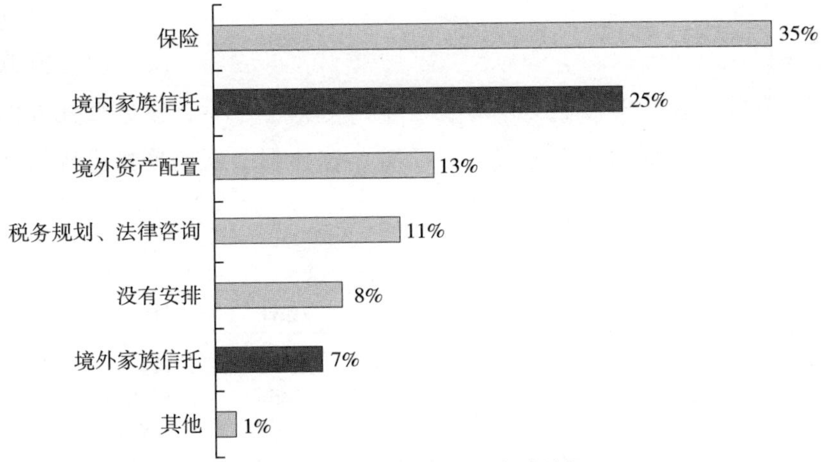

图 5－2　家族财富传承方式选择

资料来源：招商银行，《2020 中国家族信托报告》。

我们在此对几种工具做一下介绍和对比。

遗嘱

在存在有效遗嘱的情况下，遗嘱继承优先于法定继承。遗嘱人的行为能力和意思表示、财产权属、遗嘱形式、遗嘱管理、遗嘱执行等，都会影响遗嘱传承的有效性、价值和意义。

遗嘱继承的重要前提是遗嘱真实有效，如果遗嘱无效，那么不仅有悖被继承人的生前意愿，还可能导致家族财产纠纷。根据最高法 2020 年的数据，中国有 50% 以上的遗嘱最终被法院判定为无效遗嘱，因此通过遗嘱进行家族财富的传承面临较大的风险，遗嘱继承的局限性隐含了较大的风险。

遗嘱的功能和优势主要是，可以安排的资产类别比较多样，设立没有门槛，操作相对简单。高净值客户拥有的股权、房产、古董字画等通过遗嘱来传承是比较容易的，如果担心遗嘱的有效性，那么可以进行遗嘱公证。

遗嘱的设立

我国《民法典》第一千一百三十四至第一千一百三十九条规定了个人设立遗嘱的法定形式，主要有公证遗嘱、自书遗嘱、代书遗嘱、录音遗嘱和口头遗嘱（见表5－1）。

表5－1 遗嘱的形式

<table>
<tr><th>遗嘱形式</th><th>设立方式</th><th>有效条件</th><th>撤销、变更和失效</th></tr>
<tr><td>公证遗嘱</td><td>公证遗嘱由遗嘱人经公证机关办理</td><td>该遗嘱为遗嘱人最后设立的公证遗嘱</td><td>只能以公证新遗嘱的方式撤销、变更原公证遗嘱</td></tr>
<tr><td>自书遗嘱</td><td>自书遗嘱由遗嘱人亲笔书写，签名，注明年、月、日</td><td rowspan="3">遗嘱人未曾设立与之内容相冲突的公证遗嘱，且该遗嘱为遗嘱人最后设立的遗嘱，见证人符合要求</td><td rowspan="3">遗嘱人可以设立新遗嘱的方式撤销、变更原遗嘱</td></tr>
<tr><td>代书遗嘱</td><td>代书遗嘱应当有两个以上见证人在场见证，由其中一人代书，注明年、月、日，并由代书人、其他见证人和遗嘱人签名</td></tr>
<tr><td>录音遗嘱</td><td>以录音形式设立的遗嘱，应当有两个以上的见证人在场见证</td></tr>
<tr><td>口头遗嘱</td><td>口头遗嘱应当有两个以上见证人在场见证</td><td>遗嘱人未曾设立与之内容相冲突的公证遗嘱，且该口头遗嘱为遗嘱人在危急情况下设立的最后遗嘱</td><td>危急情况解除后，遗嘱人能够用书面或者录音形式设立遗嘱的，所设立的口头遗嘱即告无效</td></tr>
</table>

通过比较分析可知，5种形式的遗嘱继承方式都需要满足法定的形式要件和生效条件。这些条件主要有有两个以上的见证人、内容不得与公证遗嘱相冲突、符合特殊时间点的要求等。也就是说，如果其中一个条件不成立，则遗嘱无效。遗嘱的有效要件和生效条件面临的风险点主要有：

第一，遗嘱人在订立遗嘱时必须具有完全行为能力。年满 18 周岁且具有完全行为能力的人才具有设立遗嘱的能力。精神病人和未满 18 周岁的未成年人，不能以遗嘱的形式处置其遗产。

第二，所立遗嘱必须是遗嘱人的真实意思表示。

第三，遗嘱内容必须合法。对缺乏劳动能力又没有生活来源的继承人，遗嘱内容保留必要的遗产份额。

我国《民法典》第一千一百三十三条规定："自然人可以依照本法规定立遗嘱处分个人财产，并可以指定遗嘱继承人。"据此规定，遗嘱所涉财产的范围应当仅限定为其个人财产，因此家庭财产、夫妻共同财产、公司财产、国家财产、集体财产等并不属于或完全属于个人财产，一旦被写入遗嘱中，则可能会影响整个遗嘱的效力。

另外，我国《民法典》第一千一百四十一条规定："遗嘱应当对缺乏劳动能力又没有生活来源的继承人保留必要的遗产份额。"因此，若被继承人有需要赡养的长辈或需要抚养的未成年人，则需要在遗嘱中为他们保留必要的份额，否则也有可能影响遗嘱的效力，遗嘱人在遗嘱内容上必须明确、具体，避免出现文字歧义，写明保留相关的部分，否则可能会影响整个遗嘱的效力。

第四，选择合法有效的遗嘱形式，遗嘱形式必须符合我国《民法典》第六编"继承"相关规定。

公证遗嘱、自书遗嘱、代书遗嘱、录音遗嘱和口头遗嘱各有各的特点。确定选择什么形式的遗嘱，就对应确定了相应的法律规定，需要采取相应的操作，一旦遗嘱形式不符合《民法典》第六编"继承"的相关规定，所立遗嘱就可能是无效的。随着高科技的迅速发展，在实务中出现记录或者存储方式更为新颖的遗嘱，如打印遗嘱、手机短信遗嘱、微信遗嘱、录像遗嘱、电子邮件遗嘱等。值得注意的是，由于遗嘱继承的"要式性"，且新型遗嘱无法进行笔迹鉴定，易于被伪造或者篡改，使用新型遗嘱存在法律风险，容易引起法律纠纷。

遗嘱的执行

在执行阶段，遗嘱也有很多问题。

遗嘱执行程序复杂，周期长。如今，工作机关为了避免风险，在进行不动产、动产等的过户时，都要求继承者提供遗嘱公证书。根据《办理继承公证的指导意见》的相关规定，办理继承公证，应当提供如下材料：当事人的身份证件；被继承人的死亡证明；全部法定继承人的基本情况及与被继承人的亲属关系证明；其他继承人已经死亡的，应当提交其死亡证明和其全部法定继承人的亲属关系证明；继承记名财产的，应当提交财产权属（权利）凭证原件；被继承人生前有遗嘱或者遗赠扶养协议的，应当提交其全部遗嘱或者遗赠扶养协议原件；被继承人生前与配偶有夫妻财产约定的，应当提交书面约定协议；继承人中有放弃继承的，应当提交其做出放弃继承表示的声明书；委托他人代理申办公证的，应当提交经公证的委托书；监护人代理申办公证的，应当提交监护资格证明。

根据以上规定，办理遗嘱继承，需提交烦琐的材料，在提交材料的过程中，如果出现新的情况，还要重新提交申请材料。同时，在遗嘱继承公证与执行的过程中，还面临着主客观风险。客观风险主要包括我国的立法体系尚不完善，有关的遗嘱立法还存在诸多漏洞，相关法条法规不多，且内容较为简单，在实际操作中，经常让公证员“无所适从”；由于公证员和法官在进行事实认定时所适用的法条不同，两者的思维模式、认知水平和素养等方面的差距较大，在事实判断上会存在结果上的差异，造成冲突。主观风险主要包括公证员工作态度不端正、玩忽职守、粗心大意而引起的风险；公证员泄密引起的风险；公证员职业素养不高，故意违法而导致的风险。

遗嘱的问题

遗嘱人无论是以自书、代书、录音、口头形式订立遗嘱，还是以公证形式订立遗嘱，都会因个案情况不同而面临不同的效力风险。一旦继承人因争议而对簿公堂，则遗嘱内容难免进入公众视野。即使遗嘱效力没有面临争议，继承人一致配合执行，但在继承不动产、存款时，也面临需要全体遗嘱继承人、法定继承人一致在场办理“继承权公证”的程序障碍，不仅继承人之间可能因实际财产情况充分披露而产生新的矛盾，也难以实现遗产信息对外界的保密，无法实现财富的私密传承。

遗嘱分配的财产需要进行遗嘱公布，执行中可能产生亲人反目等，所以有周密财富管理规划的富人通常不单独使用遗嘱。

不动产继承

在高净值客户家族财富中，不动产往往占相当大的份额。我们以近年来出现问题较多的不动产继承为例，解释继承权公证、赠与、遗嘱3种安排下继承的情况。

1. 通过继承权公证继承遗产。

继承权公证是指公证机关根据法定继承权、遗嘱继承权和协议继承权等国家法律所承认的继承权，对继承死者生前私有财产者进行身份确认，并在材料核实等一系列工作后，出具公证书。

虽然2016年7月5日司法部发布关于废止《司法部、建设部关于房产登记管理中加强公证的联合通知》的通知，之前规定的遗嘱、赠与、遗赠办理房屋过户登记必需的继承权公证环节不再是强制要求。但在实际办理中，房产登记部门原则上仍要求办理公证，因为司法部只是废止了继承权公证的强制要求，但后续配套举措并未跟进，若不办理继承权公证，则房屋核验、亲属关系查实等对于房产登记部门也是非常烦琐、难以操作的事情。

也就是说，如果高净值人士采用“听天由命”的传承方式，即法定继承，哪怕是立了遗嘱，对于不动产遗产而言，仍需通过“继承权公证过户”的方式完成不动产传承。

2. 生前赠与过户。

《民法典》第六百五十七条规定：“赠与合同是赠与人将自己的财产无偿给予受赠人，受赠人表示接受赠与的合同。”赠与是没有对价的给付。

虽然中国的遗产税和赠与税还在酝酿阶段，但是，这并不意味着继承和赠与不用缴纳其他税费。总的来看，通过生前赠与过户不动产给配偶、父母、子女、祖父母、外祖父母、孙子女、外孙子女、兄弟姐妹等亲属，仅需缴纳契税与印花税。

生前赠与并不需要像遗产继承一样办理继承权公证，不过依然需要提交一些材料。以北京为例，2015 年 1 月 29 日之后，不动产赠与需要提供包括亲属关系公证、购房资格核验通过的结果通知单、契税完税凭证、房产证、赠与人身份证、受赠人身份证、户口本、婚姻状况证明等资料。

在新手续实施后，以朝阳区一套 100 平方米的房子为例，赠与公证收费的公式是 100 × 26 000（公证处所在地区指导价）× 2%，费用为 52 000 元。而亲属关系公证只需要 300 元左右（公证费、打印制作费合计），节省了不少开支。

3. 继承（受遗赠）不动产登记。

在继承人对于不动产继承没有争议的前提下，去不动产登记中心按其要求提交相关审查资料即可，但审查时间长、要求高。

比如，2016 年北京市规划和国土资源管理委员会下发了关于印发《北京市继承（受遗赠）不动产登记工作程序（试行）》的通知，对不提交经公证的材料或者生效的法律文书办理不动产登记的流程做了规定。具体流程包括：继承人提交申请材料、不动产登记部门对继承材料进行查验、在公示期限内予以公示等。根据该通知的规定，所需提交的材料并不比办理继承权公证少。

基于上述关于遗嘱的问题，将遗嘱与信托相结合而产生的遗嘱信托是家族办公室和高净值人士更多采取的方式。《民法典》强调了对私有财产的保护，也提及了遗嘱信托，对遗嘱信托作为一类财富传承的法定工具予以明确，表明了国家对于发展家族信托制度的决心和信心。

从功能上来看，遗嘱信托和遗嘱相比，克服了遗赠制度的缺陷，能够对身后财产做出更加详细的安排，同时将资产转移到信托当中，从权属上降低了遗产继承中纠纷出现的可能性，使遗产整体效能得到提升。从设立方式来看，遗嘱信托不仅可以委托信托公司作为受托人，也可委托其他民事主体，具有信托设立门槛低、流程简单等特点。当然，为了保证遗嘱信托的法律效力，建议委托人先和信托公司就信托条款达成一致，再签订信托合同。

婚前协议

婚前协议是指将要结婚的男女双方为结婚而签订的于婚后生效的具有法律约束力的书面协议。签订婚前协议的主要目的是对双方各自的财产和债务范围以及权利归属等问题做出约定，以免将来离婚或一方死亡时产生争议。

在西方，婚前签订关于财产、离异后子女抚养权等问题的婚前协议已经非常普遍，尤其是一些豪门家族，拥有大量的财富，如果不签订婚前协议，一旦离婚就会面临巨大的损失。

2018 年哈里王子大婚引起了公众的广泛关注。哈里王子主动放弃了签署王室要求的婚前协议，这一举动感动了许多人。

从中我们可以看到，即使在西方国家，不少人仍然认为婚前协议伤感情。

而在国内这种观点就更加普遍了。婚前协议明确列出男女双方各自的资产，并约定与对方无关，这不符合中国的社会习俗。在实际生活中，签署婚前协议的案例非常少。

婚内股权安排

对于企业家而言，婚姻财产往往包含了股权、房产等。前述我们分析了不动产处置的基本逻辑，这里我们着重分析股权的婚姻风险筹划。

1. 夫妻离婚时，一方单独持有的有限责任公司的股权的处理。

夫妻双方协商一致将出资额部分或者全部转让给该股东的配偶，过半数股东同意、其他股东明确表示放弃优先购买权的，该股东的配偶可以成为该公司的股东。

夫妻双方就出资额转让份额和转让价格等事项协商一致后，过半数股东不同意转让，但愿意以同等价格购买该出资额的，人民法院可以对转让出资所得财产进行分割。过半数股东不同意转让，也不愿意以同等价格购买该出资额的，视为其同意转让，该股东的配偶可以成为该公司股东。

用于证明前款规定的过半数股东同意的证据，可以是股东会决议，也可以是当事人通过其他合法途径取得的股东的书面声明材料。

2. 夫妻离婚时，一方单独在合伙企业中的出资的处理。

当夫妻双方协商一致，将其合伙企业中的财产份额全部或者部分转让给对方时，按以下情形分别处理：其他合伙人一致同意的，该配偶依法取得合伙人地位；其他合伙人不同意转让，在同等条件下行使优先受让权的，可以对转让所得的财产进行分割；其他合伙人不同意转让，也不行使优先受让权，但同意该合伙人退伙或者退还部分财产份额的，可以对退还的财产进行分割；其他合伙人既不同意转让，也不行使优先受让权，又不同意该合伙人退伙或者退换部分财产份额的，视为全体合伙人同意转让，该配偶依法取得合伙人地位。

3. 夫妻离婚时，一方单独投资设立独资企业的出资的处理。

应当按照以下情形分别处理：一方主张经营该企业的，对企业资产进行评估后，由取得企业一方给予另一方相应的补偿；双方均主张经营该企业的，在双方竞价基础上，由取得企业的一方给予另一方相应的补偿；双方均不愿意经营该企业的，可以按照《中华人民共和国独资企业法》等有关规定进行清算等处理。

企业家婚姻风险的筹划一旦涉及股权就会比较复杂，在通过家族信托或婚前协议等工具做好准备的同时，借助股权协议等工具提前对企业控制权做好筹划，充分借助专业律师、金融专业人士的辅助才能确保万无一失。

保险

保险的作用与注意事项

“无限连带”是中国企业家的普遍现状，也是大额保单可以发挥作用的重要领域。近几年国内选择买境外保单在内的大额保单的人越来越多。保险作为一个重要的工具有很多功能：

- 资产隔离、债务隔离。
- 安排传承、税收筹划。

- 确定分配、避免争产。
- 可以实现有控制力的转移。
- 可以保值、增值。

相对于家族信托，保险最大的作用在于预防意外，例如，年金保险可以实现年金与生命周期等长，人寿保险等可以在出现风险时提供大额的赔偿。如果没有意外，也能够提供保费金额两倍左右的回报，虽然考虑时间价值后保险的收益率不能与高收益理财产品相比，但是保险特有的保障兑付的特性在经济下行环境下仍被广大高净值人士接受。

保险一个非常重要的优点是，在国内要设一个家族信托，就算是小型事务信托，也得三五百万元起，一般的信托得三五千万元起。但是，即使对高净值客户而言，三五千万元也会形成资金压力。而保险就不一样了，三五百万元的资金可以通过杠杆撬动 10 倍甚至更多的资金。另外，保单的结构更加简单易理解，所以普及性强，是一个很好的资产传承与隔离的入门产品。

保险的应用

国内保险业经历过一段鱼龙混杂的时期，高净客户在选择保险产品时要擦亮眼睛。

第一，购买保险要根据险种来判断功能。真正能够实现财富传承、资产隔离的只有一些人身保险。

第二，合理规划流动性。保单往往一签就是几十年，从缴费期到拿到赔偿金的过程中，有相当一部分资金被锁定。不过目前大部分大额保单都有保险公司提供的保单质押功能，虽然需要缴纳一定的利息，但可以解决应急流动性需求。

第三，传承不够细致，最好嵌套家族信托。在保单赔付时将一大笔资金交给受益人，而受益人往往年龄较小，金钱观还不成熟。大额资金被交给子女后反而造成了不确定性，没有循序渐进的效果，而且监护人能否合理使用这笔资金也存在相当的道德风险。

接下来我们举一些比较实际的例子来分析这些问题。

保单角色设置案例

投保人和被保险人是不同的人

王先生和王太太有一个女儿，他们给女儿买了每年交保费200万元，5年共计交1 000万元的大额年金保险。王先生为投保人，其女儿为被保险人和生存受益人，死亡受益金要回流到家族内部。需要说明的是，王先生的女儿已婚。

下面我们从父母的债务隔离、遗产税规避、婚姻资产隔离、女儿债务隔离、防挥霍问题和争产问题这5个方面来详细分析。

1. 父母的债务隔离。

父母的债务基本上不能隔离。为什么呢？因为在这张保单中，王先生是投保人。根据《保险法》的规定，保单退保后的现金价值是属于王先生的个人财产。从国内的判例来看，保单的现金价值通常可以作为投保人的个人财产来偿还债务。

2. 遗产税筹划。

那么在将来产生遗产税的时候，这张保单是否要缴纳遗产税呢？当投保人去世，被保险人还健在时，这张保单会变成投保人的遗产。如果达到缴纳遗产税的标准，那么这张保单是要缴纳遗产税的。一旦出现遗产税，赠与税就会相伴而来。

3. 婚姻资产隔离。

只要投保人健在，保单的掌控权就是投保人的。这时候，如果王先生的女儿和女婿离婚，那么保单持有人是王先生，并不是其女儿的个人财产，所以这张保单不会被分割。

如果王先生去世了，那么这张保单能否实现婚姻资产隔离呢？王先生去世后，女儿就会继承这张保单。而根据我国《民法典》第五编婚姻家庭的相关规定，法定继承来的财产属于夫妻共同财产。

这是很多人都想不到的。所以，对于这种投保人与被保险人不是同一个人的大额保单，王先生想要实现婚姻资产隔离，就要提前变更投保人，用赠与协议单独赠与女儿，或者在遗嘱中写明，保单全部归女儿所有，与女婿无关。这个是很有必要的，否则一旦王先生去世，以前所做的资产隔离就都白费了。

4. 女儿的债务隔离。

如果王先生夫妇都健在，那么其女儿领到的生存收益金因为已经是她的财产，所以无法实现隔离，但因为保单本身不是女儿的，所以别人无法追偿。

如果王先生夫妇去世或者把投保人变更成女儿，那么女儿就拥有了这张保单的现金价值，此后该保单就无法实现债务隔离了。简单说就是，财产权在谁的手里，就无法隔离谁的债务。

在这个例子中，女儿如果去世了，那么该保单可以对女儿的债务实现隔离，因为女儿的受益人是父母。死亡受益金直接归父母所有，不属于女儿的遗产。

5. 防挥霍问题。

如果父母健在，那么该保单可以实现防挥霍功能，因为这张保单由父母做主。那么，当父母去世，女儿变成投保人后，这张保单还能实现防挥霍功能吗？显然不能。

6. 争产问题。

保单可以预防争产风险吗？不能。因为当投保人去世的时候，被保险人还在，那么投保人的所有者权益就变成了遗产，其他继承人都是有权继承的。

所以，对于投保人和被保险人是不同的人的保单，在签保单的时候一定要配上一个遗嘱，而且最好是公证遗嘱，来对该保单的投保人的权益进行安排。

投保人和被保险人是同一个人

这属于另外一种结构的保单。如果投保人和被保险人是同一个人，那么保单在上述 5 个方面会产生什么作用呢？

1. 父母的债务隔离。

王先生在世时如果欠债了，那么这个保单的现金价值被偿债的可能性是很大的。但是，如果是在王先生去世之后发现他有债务，且这张保单的受益人是其女儿，那么该保单可以实现避债功能。这是经典的避债模式。

根据《保险法》的规定，指定了受益人的保险的赔偿金不属于被保险人个人的遗产，也不计入其遗产偿债范围之内。保险公司会直接把保险赔偿金付给王先生的女儿，保险赔偿金从而得到保全。

2. 遗产税筹划。

如果投保人和被保险人是同一个人，那么即使将来我国普遍征收遗产税，根据《保险法》和《民法典》第六编“继承”的规定，如果保单指定了受益人，那么保险死亡赔偿金就不属于被继承人的遗产。所以，也就不用缴纳遗产税。

3. 防挥霍问题。

在投保人/被保险人王先生没有去世的情况下，这份保单就是王先生的。生存受益人也是王先生，其女儿当然无法挥霍。但是，一旦其女儿获得保险赔偿金，这个保单就无法发挥防挥霍功能了。

4. 女儿的债务隔离。

在投保人/被保险人还健在，即父母还健在的情况下，该保单压根就不是女儿的，在此我们就不讨论了。但是，一旦投保人/被保险人去世，这个女儿的债务隔离实现的可能性就比较小了。就算保险公司把保险金转化为年金，还是无法隔离女儿的债务，除非在无负债的情况下直接对接进入信托。

5. 婚姻资产隔离。

关于婚姻资产隔离，我们要探讨的是，受益人获得的死亡受益金是属于婚内共同财产，还是属于婚内个人财产的问题。

根据最高人民法院法官吴晓芳的观点，因为死亡受益人属于指定的受益人，受益金被认定为对受益人个人的赠与，不属于夫妻共同财产。

尽管死亡受益金在最高人民法院的判例指导手册中被认为属于夫妻一方的个人财产。但是，一旦变成现金，就容易混淆。一旦混淆，就说不清楚了，自然就变成夫妻共同财产了。

6. 争产问题。

因为投保人和被保险人是同一个人，假设受益人有多个兄弟姐妹或者投保人/被保险人还有其他的继承人，那么在指定受益人的情况下会不会有争产的风险呢?

根据《最高人民法院关于适用〈中华人民共和国保险法〉若干问题的解释（三）》（简称《保险法》司法解释三）第十条的规定，因为投保人和被保险人是一个人，受益人的变更是从投保人或被保险人的变更意思表示发出时开始生效的。

假设王先生除了这个女儿，另外还有几个子女。若王先生在去世前，不得已将受益人变成其中一个子女，或者写了一份遗嘱，且这份遗嘱最终被判定有效，则可能会出现争产风波。

其实，《保险法》司法解释三大大增加了保险传承的不确定性。原有法律下，在确定了受益人后，除非更改受益人，否则保险传承是确定的，保险公司根据保险合同直接给付保险金就可以了。

但现在就会面临诸多方面的挑战，遗嘱或其他一些文件都有可能变成与保单具有同等法律效力的文件。因此，争产风险就会增大。

保险金信托

保险金信托是以保险金请求权作为财产设立的信托，可仅就一张保单设立信托，也可结合现金、股权、房产等其他多种类型的财产设立信托，当信托中合计财产总规模达到1 000万元并符合政策相关要求时，则可归入家族信托，否则只能称之为“保险金信托”（《信托部关于加强规范资产管理业务过渡期内信托监管工作的通知》中规定家族信托门槛为1 000万元）。

从更广泛意义上而言，保险金信托是指信托财产中包含保单的信托。在本章先按此口径讨论保单装入信托的相关问题。

投保人（同时也是信托的委托人）与保险公司签订保险合同，并与信托公司签订保险金信托合同，指定或变更信托为保单受益人，待保险事故发生时，保险赔付金直接进入保险金信托账户；信托公司根据保险金信托合同的约定，对信托财产进行管理，并将信托利益分配给信托指定受益人。

目前保险金信托有3种模式：第一，仅将保单受益人变更为信托的1.0模式；第二，同时变更保单投保人与受益人的2.0模式，即客户本人投保并缴纳首年保费后成立保险金信托、完成保全变更，由信托继续缴纳后期保费。第三，希望实现信托直接投保并由信托财产缴纳全部保费的3.0模式。3种模式缓解现金交付压力的作用依次降低，隔离保障功能依次增强。

业内常说，保险金信托做到了保险与信托一加一大于二的效果，主要在于保障隔离功能的升级。实践中，很多认同保险理念的客户会配置多险种、多公司、多类型的保单，可是毕竟保险条款相对复杂而客户时间、精力以及专业能力有限，很难对所持有的保单进行统筹管理。统一进入信托账户，由信托公司分门别类加以簿记，定期以资产负债表的形式呈现给家族客户，极大地减轻了家族办公室的运营负担，也提升了资产的清晰程度。另外，一些年金险在投保几年后开始返还生存受益金，需要进行投资管理，在家族信托的总账中一起运作，专业高效。

家族信托这个工具虽好，但门槛很高。按照《信托部关于加强规范资产管理业务过渡期内信托监管工作的通知》的要求，家族信托规模需达到1 000万元，而业内普遍将纯保险金信托视为财产权信托，因此并未参照1 000万元设立门槛，一般规定年金险单张保单总保费或终身寿险单张保单保额在300万元以上即可成立纯保险金信托。以终身寿险为例，保额300万元的保单实际需缴纳的总保费可能只有100万元左右（视被保险人年龄、健康状况等而不同），而且客户还可选择分期缴纳保费，例如每年交20万元，连续交5年，也就是说，客户连续5年、每年交20万元即可享受与当期交付1 000万元现金的家族信托相同的功能和服务，大大降低了设立信托的门槛，降低了对委托人资产流动性的压力，能够让家族成员在更早期以极低的成本试运行高级的传承工具。在海外，保险金信托在税务筹划上还有更多的应用场景，在后面的章节中也会分别为大家介绍。

家族信托

前面介绍了其他各种传承工具与信托的结合，我们平时也在各类金融机构、律师、税务师的口中听说过家族信托这个工具，接下来，我们介绍一下家族信托。

家族信托是什么

信托是一种法律关系，由财产委托人在其生前或临终时成立。财产委托人将其资产交由受托人，受托人出于受益人的利益或某一特定目的（如慈善用途）管理信托资产，而财产委托人本人也可以是受益人之一。境内家族信托法律关系如图5－3所示。

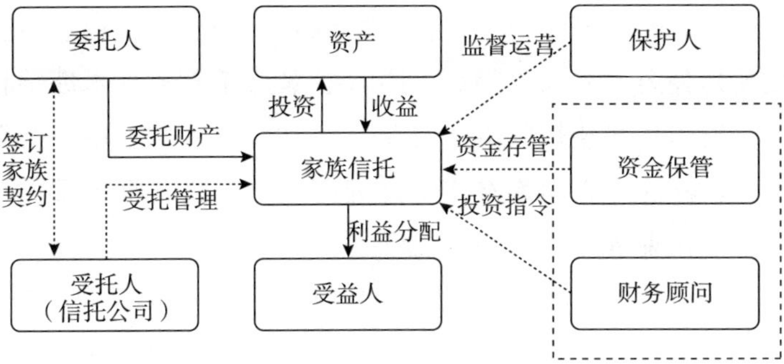

图5－3　境内家族信托法律关系

家族信托通过信托契约列明受益人的权利。受托人有责任根据信托契约所列条款持有、管理并分发信托资产。同时，信托契约中的资产一旦转移给受托人，受托人便成为该笔资产的合法拥有者，且出于受益人的利益而持有该笔资产，而受益人则成为资产在衡平法上的拥有人或实查拥有人。信托的基本术语和概念见表5－2。

表5－2　信托的基本术语和概念

基本术语和概念	内容
遗产认证	支付死者债务、分配死者资产的法律程序
委托人	成立信托的人
受托人	必须始终如一地本着绝对真诚原则出于受益人的利益而行事
受益人	可包括委托人选定的一名或多名家族成员、朋友，实体如慈善基金会等
全权委托信托	委托人可在意愿书中确定其意愿，引导受托人全权决定信托资产的分配
固定利益信托	受托人完全遵从信托契约的规定，在约定时间分配约定份额给约定受益人
可撤销的信托	信托可由委托人随时撤销部分或全部，委托人保留对信托一定的控制权
不可撤销的信托	一旦成立，信托不能被撤销，赋予受托人对信托的单一控制权

家族信托的法律逻辑在于信托财产的所有权、管理权、处置权、受益权等相分离，将风险隔离，同时根据委托人的意愿进行收益的分配。家族信托在法律效力、避免争产、风险隔离、税收筹划、分配灵活、私密性等方面都有非常好的延展性，是有序传承中最强大的工具。信托关系如图 5－4 所示。

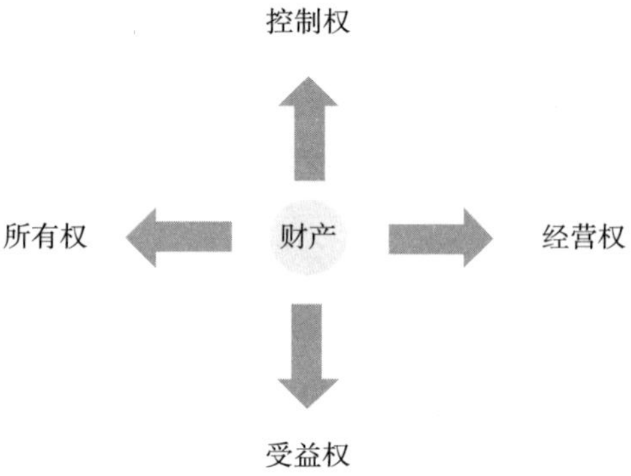

图 5－4　信托关系

相对于理财产品性质的集合信托，家族信托更多的是信义义务的体现，是法律架构安排，而非投资产品，解决的是事务性问题，在受益人、信托结构、设立目的和期限上都是截然不同的，见图 5－5。

集合信托		家族信托
自益信托：委托人与受益人为同一个人	受益人	他益信托：受益人可为本人或家族成员
自益信托：一个信托多个委托人	信托类别	单一信托：一个信托一个委托人
保值增值	信托设立目的	传承、隔离、保密、税收规划、保值增值
期限通常较短，取决于产品期限	信托期限	期限较长，取决于委托人意愿与受益人年龄，一般在20年以上

图 5－5　家族信托的实质

在《信托法》第二条、第十五条、第十七条、第四十七条中都有相关规定：信托财产由委托人委托给受托人并以受托人的名义进行管理或处分，信托财产与委托人未设立信托的其他财产相区别；除特殊情形外，对信托财产不得强制执行。《信托部关于加强规范资产管理业务过渡期内信托监管工作的通知》以及《全国法院民商事审判工作会议纪要》中又进一步明确了家族信托的认定标准和信托财产的独立性。因为信托财产独立于委托人、受托人和受益人，所以从物理上完全切断了三方风险向信托财产的传导，使保险金信托具有了天然的风险隔离和保全作用，相当于一个无形的保险箱。

相较于其他传承工具，家族信托不仅可以做可投资金融资产的法律安排，还可以对占比更大的不动产、股权、艺术品等做安排。财产的种类、地域宜适当分散，但管理、规划和传承需要具有一定高度和远见的全盘考虑、统筹安排，这正是家族信托可以作为财富管理“顶层架构”和家族办公室骨骼的原因——在信托中可以整合家族各类资产，制订信托方案并进行统筹运作管理，以实现家族的整体目标。

信托的条款设计具有极大的灵活性，在依法合规范围内可以完全个性化地定制信托方案。通过信托方案设计能够将信托财产所有权、使用权（管理权）和受益权分解，再按需重构，比如委托人将家族企业股权置入信托后，企业的所有人变成信托公司，实际管理权可交给家族后代接班人，同时将企业分红的受益权分享给家族所有成员。正是信托这种强大功能赋予了设计者更广阔的空间和更灵活的方式，可根据情况和需求，量身定制，搭建多层次、结构性的方案，以实现财富管理与传承中的特定目的。另外，信托不仅可安排有形财产，还可在方案设计时将委托人寄予后代的希望和关爱融入其中，起到正向激励和精神传承的作用。

在前述哈里王子大婚的案例中，尽管哈里王子本人没有签署婚前协议，但作为哈里王子主要财产之一的他母亲戴安娜王妃的信托财产不受任何影响。

1. 遗产信托使资产总额稳健增值。

首先我们看一下资产数据：1997 年 8 月戴安娜王妃离世，信托基金立即成立，包含 1 296. 6 万英镑遗产（已扣除 850 万英镑遗产税）；2007 年该信托基金价值约 2 296. 6 万英镑（经过 10 年运作，预计已经产生将近 1 000 万英镑的收益）。

从中可以看出，家族信托保障了资产的稳健增值，为后代提供了更多的财富。

2. 个性化定制信托让爱延续。

家族信托除了能实现资产隔离，保障财富稳健增值，最重要的是，它还表达了委托人的愿望。

在 2011 年 4 月 29 日英国王室为威廉王子举行的大婚典礼上，凯特王妃佩戴了当年戴安娜王妃的 12 克拉蓝宝石订婚戒指和一些璀璨的珠宝。这也是通过信托做的安排。可以看出，信托的分配内容和触发条款更细致、更有温度。

境内信托的有效性

作为家族办公室的骨架，境内家族信托的有效性是高净值人群关注的焦点，事关几代人财产利益的安排都要依附在家族信托的法律条款上。那么在境内的法律框架体系下，家族信托的功能到底能够实现多少呢?

首先可以明确的是，当前家族信托在境内是有法可依的。《信托法》中关于信托的规定：“委托人基于对受托人的信任，将其财产权委托给受托人，由受托人按委托人的意愿以自己的名义，为受益人的利益或者特定目的，进行管理或者处分的行为。”这奠定了家族信托无可争议的法律基础，也规定了信托当事人各方的权利和义务。

同时《信托部关于加强规范资产管理业务过渡期内信托监管工作的通知》、《全国法院民商事审判工作会议纪要》等对家族信托也做出了明确的定义和规范。

在功能的具体执行层面，家族信托功能的有效性主要是指在财富传承、资产隔离、税务筹划等方面，信托合同条款的执行程度。这涉及3个层面：第一，家族信托在司法实践中相关的案例；第二，信托财产登记、信托财产的独立性等配套的法律安排；第三，每个委托人自己的信托的有效性和执行程度。

对于前两个层面，正如前文中论述过的那样，家族信托尽管在境内的判例还不丰富，但在传承隔离等方面的功能是最强大的，安全程度也是相对较高的。配套制度包括被授权人制度、监察人制度、受益人的知情权和监督权能否有效实施等，在监管机构反复表态明确支持的背景下会逐渐完善。基于第三个层面，具体的功能实践在本章第三部分还会有进一步的论述。通过委托专业机构借鉴境外家族信托的成熟经验，结合中国国情，能最大限度地帮助自己设计合法合规、满足个性化传承需求的家族信托方案。

国内市场发展现状

根据招商银行《2020中国家族信托报告》的数据，2020年，中国家族信托意向人群数量约24万人；预计到2023年年底，中国家族信托意向人群数量将突破60万人；2020年，中国家族信托意向人群可装入家族信托资产规模约7.5万亿元；预计到2021年年底，该部分资产规模将突破10万亿元；2020年，中国家族信托意向人群数量超过2万人的省级行政区共3个，其中广东省率先超过5万人。招商银行《2020中国家族信托报告》问卷调研关于“未来3年，您预计可装入家族信托的资产占总资产的比例的变化趋势会怎样”的调研结果如图5-6所示。

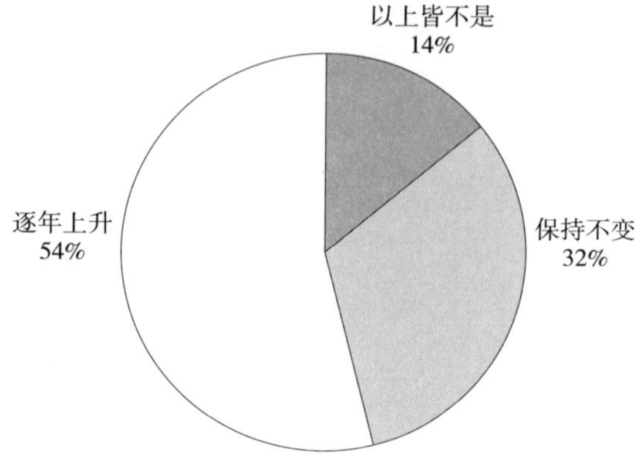

图 5-6　装入家族信托的资产占总资产比例变化趋势

资料来源：招商银行，《2020 中国家族信托报告》。

近一半受访者表示，希望最终能通过家族信托持有家族总资产财富的 20%~50%。另外，从高净值人群未来 3 年计划转入家族信托的可装入资产的类别看，现金（含金融产品）、保单和不动产居前三位，三者合计占比约 75%。从期待装入的资产类别来看，对于黄金的需求最高，占比近 50%，其次为珠宝（20.60%）和艺术品（20.45%）。关于保险金信托、股权信托、房地产信托和艺术品信托的相关操作情况，我会在后面为大家做进一步的介绍。招商银行《2020 中国家族信托报告》问卷调研中关于“未来 3 年考虑新进入信托的资产类别”的调研结果如图 5-7 所示。

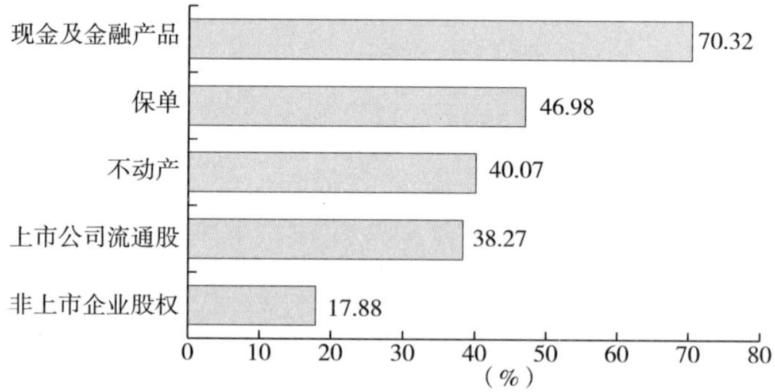

图 5-7　新进入信托的资产类别

资料来源：招商银行，《2020 中国家族信托报告》。

从监管的角度看，整体环境也是一片大好，配套制度环节逐渐完善是大势所趋。2019 年 12 月 30 日成文的《中国银保监会关于推动银行业和保险业高质量发展的指导意见》在“培育非银行金融机构特色优势”相关内容中强调，信托公司要“积极发展服务信托、财富管理信托和慈善信托等本源业务”。该文件将服务信托作为信托公司本源业务的“三驾马车”之首。

根据《证券时报》2020 年 2 月 11 日的报道，中国银保监会信托部已初步起草完成《信托公司资本管理办法（试行）》及其相关配套文件，下一步将就此公开征求意见。该办法调高了资金信托的风险系数，降低了服务信托、公益信托的风险系数。

2020 年 5 月 8 日，中国银保监会发布的《信托公司资金信托管理暂行办法（征求意见稿）》中提出：“服务信托业务不属于本办法所称资金信托，不适用本办法规定。服务信托业务，是指信托公司运用其在账户管理、财产独立、风险隔离等方面的制度优势和服务能力，为委托人提供除资产管理服务以外的资产流转，资金结算，财产监督、保障、传承、分配等受托服务的信托业务。”

虽然监管机构还未公布“服务信托”的具体定义和范畴，但根据目前业内的普遍共识，家族信托是服务信托的重要组成部分（其他或许还包括证券投资运营服务信托、资产证券化信托等）。

股权传承工具

股权是一种分享、传承家族资产的方式。分配股权的目的，很重要的一点就是能够对家族成员和非家族成员形成激励，整合各方的意见，化解分歧，平衡企业成长与家族控制。什么时候应该把股权卖给公众投资人，以实现集资的目的？如果要卖，应该卖多少？是应该上市还是维持私有？应不应该向银行贷款？这些问题都是股权设计时需要考量的一些因素。在哲学层面上，股权设计需要起到凝聚跨世代的价值观这一重要作用。

对于一家上市企业而言，若企业家出现问题或遭遇变故，则短期内会导致股价的波动和下挫，可能意味着数亿、数十亿市值的瞬间蒸发。短期内如果无法明确“如何继承”“谁来接班”“谁来掌权”等问题，同时如果其他重要股东以及管理层对于某个可能前来接班的继承人缺乏信任，则可能发生企业管理层不稳、重要成员离职等情况，企业经营业绩很可能随之明显下滑。

对于非上市企业而言，影响和波及面虽然没有上市公司那么广，短期内企业价值缩水也不一定明显。但是，对于公司的其他股东、重要投资人、核心管理层而言，一位创始人股东出现问题或遭遇变故以及随之而来的继承所带来的股权结构不确定性，同样可以造成相当深远的负面影响。

股权家族信托

股权是家族企业最重要的资产，将股权妥善地通过信托架构加以安排，不仅仅是信托主体合法性的保障，还能够对公司控制权安排、税务筹划以及利润分配等诸多方面起到正向积极的作用。

第一，规避遗产税。目前中国一些企业家的公司经营主体虽然在境内，但实际控制人已经是美国等高税国家的国籍，因此，虽然中国目前还没有遗产税，但这些企业家仍面临着未来高额遗产税的问题。通过家族信托的持股架构，财产被打包入信托，这意味着实际控制人在法律上将所有权转移到信托，在离世时，信托财产可以不被纳入遗产范围，因此无须缴纳高昂的遗产税。

第二，财产分配保密。一般情况下，企业上市需要公开披露股东及相关持股信息，但如果通过信托架构持股，则只需要披露信托的成立人、受托人和受益人，且当受益人不是公司董事或高管时，受益人信息无须披露，这保障了家族财富分配的私密性。

第三，股权集中。在超高净值家族中，家族企业的股权在经历多次代际传承后，往往面临持股架构及决策权过于分散的问题，家族信托的持股架构恰恰解决了这一难题，这对于多子家庭和多代传承后的家族尤为重要。

第四，资产保护。当实际控制人出现债务纠纷或破产风波时，装入家族信托中的资产不会被波及，进而可以在继续保持企业控制权的基础上，保证信托资产的免追溯。

在实践中，我们可以区分上市公司股权的家族信托和未上市公司股权的家族信托，我们先从相对简单的未上市公司股权的家族信托说起。

境内股权类家族信托架构如图 5 －8 所示，在目前国内实践中应用最多。

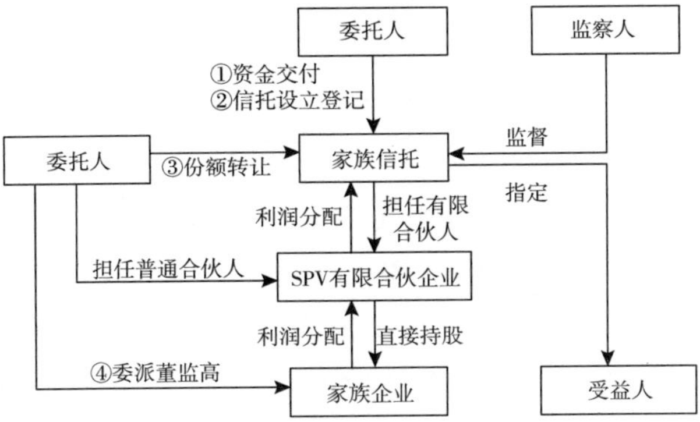

图5－8　境内股权类家族信托架构

SPV（特殊目的实体）实际参与目标公司的经营和管理，委托人可以通过担任有限合伙人的大股东来直接管理目标公司。并且 SPV 的工商登记也比较方便，委托人可以掌管公司的公章，制定法律文书，便于统一管理。

家族信托仅做利润分配，免除了要到公司设董事、参与企业经营的种种监管要求——委托人不愿意信托公司干预太多，信托公司也不具备深度参与的能力和意愿。受托人基本上没有什么管理义务，因为受托人在这里担任的实际是有限合伙人，不参与公司经营。

根据《合伙企业法》，有限合伙企业是由普通合伙人和有限合伙人组成的，普通合伙人对合伙企业债务承担无限连带责任；有限合伙人以其认缴的出资额为限，对合伙企业的债务承担责任，这是两种不同的责任分配方式。有限合伙企业虽然拥有营业执照，但它是一个非法人组织，其实际参与经营和对外承担债务的实体其实是各个合伙人，而不是有限合伙企业本身。

从税务上看，因为有限合伙企业不是纳税主体，目标公司进行利润分配的时候，可以避免双重赋税。

但在信托设立环节，如果委托人向家族企业信托转让营销企业份额，那么也会涉及个人所得税问题。所以，这种架构多应用于新设立公司的股权，直接装入信托而不存在增值部分带来的税费。境内的地产公司常常是做一个楼盘就新设一家公司，直接加上信托架构，是非常方便的。

如果是上市公司的股权家族信托，那么还涉及更多的监管和披露事项。最新的实践案例是，2020 年 9 月 30 日，上交所科创板上市委发布 2020 年第 82 次审议会议结果公告，同意盛美半导体设备（上海）股份有限公司（简称盛美股份）发行上市（首发）。成功实现了实际控制人以在境外设立的家族信托作为顶层架构，进而实现家族企业的首发上市。盛美股份的实际控制人持股结构（截至 2019 年年底）如图 5 -9 所示。

根据盛美股份披露的招股说明书，公司由实际控制人 Hui Wang（王晖）及其配偶 Jing Chen、儿子 Brian Wang、女儿 Sophia Wang 等家族成员通过家族信托和控股公司（美国 ACMR）持有。

在这个股权架构中有两个家族信托。

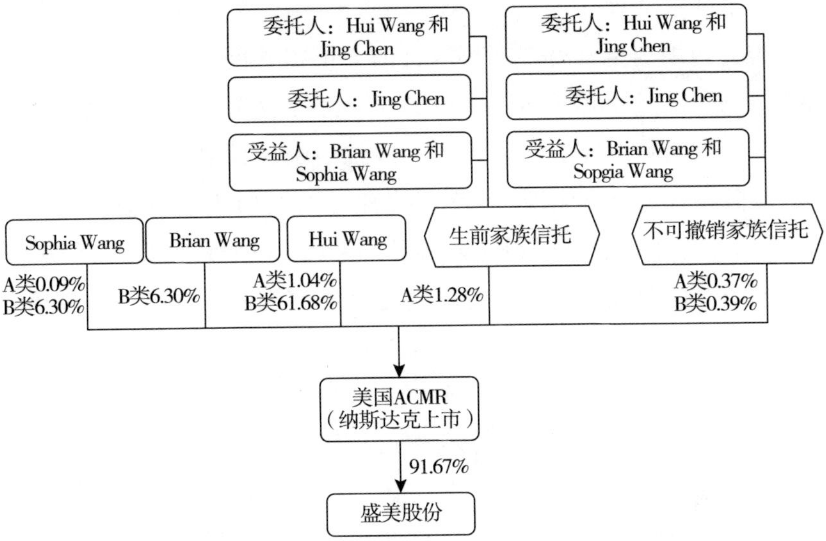

图5－9 盛美股份的实际控制人持股结构（截至2019年年底）

资料来源：盛美股份。

一个是 David Hui Wang&Jing Chen Family Living Trust，属于生前信托，持有 ACMR（盛美股份的母公司）1.28%的 A 类普通股。

另一个是 David Hui Wang&Jing Chen Irrevocable Trust，属于不可撤销家族信托，持有 ACMR 0.37%的 A 类普通股和 0.39%的 B 类普通股。

实际控制人的两个家族信托通过持有 ACMR 股份，进而实现持有盛美股份。

企业上市前要清退三类股东（契约型私募基金、资管计划、信托计划）的规则给境内股权家族信托的设立造成了一定的障碍。但其实这种规则不是一概而论的。如果是新三板挂牌期间形成的三类股东，现在不要求清理，按要求核查和披露就可以了。一般三类股东只要不是实际控制人控制且不构成主要股东，即使不是挂牌期间形成的，其实也不要求清理，只要备案即可。主要由中介机构，比如律师、券商做核查，然后发表意见就可以了，沟通达成理解之后其实都不要求清理。

相关的规则主要出现在科创板的上市审核问答上，创业板也是对标适用。证监会发布的《首次公开发行股票并上市管理办法》（2020 年）也明确规定“发行人的股权清晰，控股股东和受控股股东、实际控制人支配的股东持有的发行人股份不存在重大权属纠纷”，而《非上市公众公司监管指引第 4 号——股东人数超过 200 人的未上市股份有限公司申请行政许可有关问题的审核指引》也明确了股份公司股权结构中若存在工会代持、职工持股会代持、信托持股等关系，或存在通过“持股平台”间接持股的安排以致实际股东超过 200 人的，应将代持股份还原至实际股东。

说到底，监管对“三类股东”的限制主要考虑到信托计划（尤其是集合资金信托）中投资者人数较多，很难满足拟上市企业“股权结构清晰”以及对 200 名股东人数限制的要求，而家族信托关系中的利益划分、关联关系等很难进行实际认定，若出现信托计划取消等情况，则可能会导致实控人发生变化等问题，影响到发审委对股权结构是否稳定的判断，同样也不利于企业上市后对股票限售股转让的监管。

而在科创板设立后，审核规定略有放松，不再明确要求穿透，因此，陆续有了西部超导（新三板转科创板，含 18 名三类股东，合计持股 1.07%）、芯源股份（无实际控制人但含有家族信托持股架构）、盛美股份（实际控制人通过股权持有和家族信托实现上市公司控股）等一系列带有信托持股架构的 IPO 案例。

从这些案例，尤其是对盛美股份的处理中可以看出，监管机构明确接受了在一定条件下，实际控制人可以通过家族信托持有上市公司股份的顶层架构。

在境内公司赴境外上市的过程中，是不太涉及这些问题的，通过信托持股，以及在员工持股计划下股东在上市过程中通过家族信托持股是常规操作。

家族股东协议

不少家族企业在面对候选人选择、股份回购、股东离婚等情况时，并没有很好的方法去应对，有些只能求助于家族中的年长者来解决，最终可能会使矛盾进一步发酵。但如果没有年长者的调停，这样的矛盾就可能给家族企业致命一击。拥有一套如同家族宪章、家族企业股东协议等规范化的争议解决工具，对家族企业至关重要。

股东协议应当对股份的转让价格和估值做出约定。例如，对于企业股份，每年应当进行一次估值。但是，这个价格并不是最终转让或者出售的价格。根据角色和转让对象的不同，可能存在不同程度的打折情况。股东协议的制定以股东为中心，传递的是一种商业规范价值，而这种价值会使没有股份的家族成员的安全感被股东协议稀释，即没有股份的家族成员会认为自己被排除在家族企业之外，缺乏家族参与感。而参与制定家族宪章的人不仅包括家族股东，还包括没有股份的其他家族成员。当然，如果家族成员都是家族股东，并且若干年内没有新家族成员加入，那么股东协议的不足之处会得到一定程度的避免。

综合而言，最为稳妥的做法是根据家族成员人数、企业规模、家族成员意愿以及现实需要，来选择制定家族宪章或者家族企业股东协议，毕竟两者的规范内容、约束力、角度有所不同。

在家族企业面临交班的时候，接班人很有可能无法维持企业赖以发展的竞争力，让企业在交班后损失惨重。而这些问题，主要涉及公司治理。

股东协议与家族宪章的区别

在这里涉及另一种文件——股东协议，它同我们前面提到的家族宪章有相似之处，但又有一定的差异。

首先，要实现的目的不同。

家族企业股东协议要实现的是企业治理有章可依，股东之间通过股东协议明确自己的权利和义务，同时还要实现家族对于企业的控制。

家族宪章要实现的目的更加多元，一方面侧重家族的凝聚力，强调并彰显家族使命和价值观，建立家族内部的治理体系，避免内部纷争的风险；另一方面，其内容可能包括家族企业，但并不以家族企业的存在为基础。如果存在家族企业，那么家族宪章应当做出相关规定，例如，家族企业应该具有何种使命和价值观，是否、如何保证企业在家族的全面掌管之下，什么家族成员可以参与家族企业经营，如何防止出现家族企业的控制权被稀释、篡夺的情形等，这些方面会和家族企业股东协议有重合的地方。

因此，就目的而言，家族企业股东协议侧重于企业的治理、管理；而家族宪章则侧重家族治理，同时兼顾企业管理和家业传承的多元化目标。股东协议经过所有股东签字，往往具有法律约束力；而家族宪章则取决于内容、性质，并不都自动具有法律约束力。

有学者认为，家族治理必须先于企业治理，因为“家族企业是基于家族关系的企业”。家族关系能给企业带来有利一面，比如成员凝聚力强、集权的组织模式效率高、管理成本低、决策迅速、成员奉献精神强、向心力强等。但弊端也不少，例如发展过程中公司与家族利益冲突不可避免、管理层的感情导向、决策者工作和家庭角色互相冲突、重人治、缺乏创新、人才欠缺等。

从理论上讲，只有先做好家族治理工作，才能更好地进行企业治理。然而，为什么实践中却是相反的呢？中国多数民营企业有了一定程度的现代企业治理经验，尤其是已经完成上市的家族企业，但家族治理的概念却是崭新的。这在很大程度上是由于中国绝大多数家族企业还在创一代的控制和管理之下，即便有了创二代接手或参与，由于家族成员相对简单，家族治理需求尚未达到已经经历数代传承的欧美财富家族那么迫切。

现阶段，中国家族企业大都侧重于企业治理，家族企业内部制定一份家族企业股东协议，是有很强现实紧迫性的选择，尤其考虑到发生股东死亡、丧失行为能力、离婚等情形，有必要对股权如何处理，以及未来家族成员人数增加所产生的新问题加以规定。

其次，规定的内容不同。

家族企业股东协议所规定的主要内容围绕股权进行，包括股权估值、回购、转让、分红政策等。相比之下，家族宪章的内容更加丰富。在家族宪章中，一般规定家族目标宣言和对下一代成员的培养，同时也包括家族大会的议事规则、家族委员会的组成人员以及家族成员所要遵守的家族规范等。此外，股东协议和公司治理规则也会部分体现在家族宪章中。股东协议虽然在范围上比家族宪章小，但更为细致和深入。而且，在制定家族企业股东协议之后，任何时间内都可以将其进一步扩展为家族宪章。

最后，传递理念的角度不同。

股东协议的常见内容

家族企业股东协议的常见内容包括，公司董事会及管理层任命、资质及职责、决策机制，尤其是针对企业相关重大事宜的决策，例如出售重要资产、发行股份、改变企业经营范围和业态、订立重大合同、雇佣政策及薪资确定（包括家族成员和非家族成员的薪资待遇）。

股东协议也会有对分红以及企业融资、借款适用的规定，例如，如果家族企业出现经营或财务困难，股东是否有义务给予企业贷款或者提供个人担保。

股东协议设计中一个常见难点是进行“转股”的条件，包括如何适用优先购买权、赎回权，以及在发生股东矛盾和冲突时的“互购”安排。另外，股东协议中也应该明确，在股东丧失行为能力、去世等情况下的股权或者股份的继受或者转让安排，包括家族企业通过配置人寿保险等工具来完善传承安排、降低企业股权的不确定性风险。

回购、互购的安排基于家族和股东的实际情况和需求，可能会相当复杂。家族企业股东协议制定的主要目的之一是，防止股份对外流转和确保家族长久持有，即使对外转让，也要控制在一定的比例范围内。同时，由于家族企业股东协议是针对若干年甚至十几年后可能发生的事项，在设计时还要考虑到未来可能出生或者加入家族中的成员的情况，比如配偶死亡、新成员出生以及女婿加入等情形。

股东协议的安排，和家族企业传承有密切关系。例如，如果创一代出于某些考虑决定将某子女排除在股东成员之列，那么该股东协议中，就不会有该家族成员作为企业股东的存在。但同时，如果家族主要资产集中在企业股权方面，那么创一代若担心对该子女不公，则会以其他方式给予补偿。所以在设计股东协议时，有必要为家族同时搭配资产计划或理财计划（如股东寿险），让家族企业能够有充分的现金流实现股份回购，也让家族有更多其他资产对传承做出除赠与股权以外的安排。

家族有限合伙公司

家族有限合伙公司是值得深入研究和充分运用的财富管理工具，境内已经有人在用这种工具规划婚姻中的财产问题。

那么家族有限合伙公司在家族传承中能解决什么问题呢？

我们以沃尔顿家族为例。老沃尔顿（遗孀海伦）在家族有限合伙公司中担任一般合伙人，拥有绝对的控制权和话语权，海伦和 4

个子女则作为有限合伙人各自享有20%的财产权益，这些财产是老沃尔顿分配的，通过科学的设计，无须支付巨额的财产税。沃尔顿家族有限合伙示意图如图5－10所示。

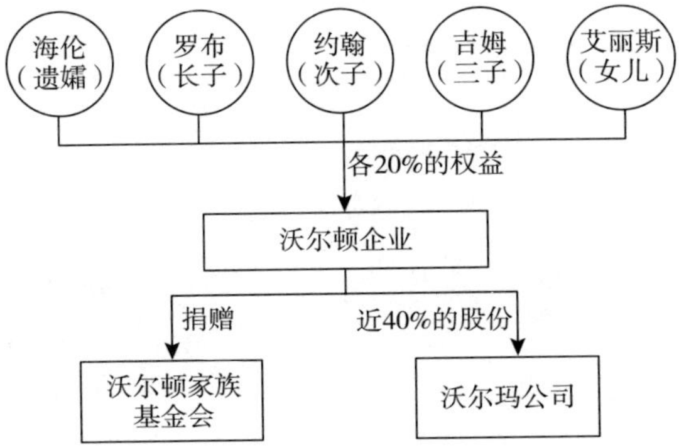

图5－10　沃尔顿家族有限合伙示意图

尽管子女享有财产权益，但没有管理决策权。这样，老一代通过家族有限合伙公司牢牢掌握财产的控制权，子女也不会谋私利、挥霍和产生纷争。

财富管理的重点不是财产的所有权，而是财产的控制权。这样，沃尔顿家族通过家族有限合伙公司掌控家族基金会和家族企业，拥有了财富的控制权，隔离了代际传承风险，实现了财富安全传承。

在进行家族传承法律筹划时，我们需要遵循两个原则。

一是生前安排为主，身后安排为辅。

2020年年初新冠肺炎疫情暴发后，90后所立遗嘱量激增，这反映了大家关于身后安排的观念已经更成熟。但无论是霍英东、张荣发等超级富豪，还是普通的财富家族，因遗嘱安排及遗嘱执行产生的继承争议与内斗不胜枚举，这对家族成员之间情感所造成的损伤往往是无法修复的。

二是从最迫切的需求出发，由最简单的工具开始。

财富管理的诉求一旦引发，家族考虑问题的复杂程度是不可想象的。很多家族就因为在宏大诉求与宏大目标之间反复徘徊，而耽误了最佳的启动时机，最终连最基本的诉求都无法实现。招商银行《2020 中国家族信托报告》问卷调研关于“您设立家族信托时，对分配条款的想法是什么”的调研结果如图 5－11 所示。

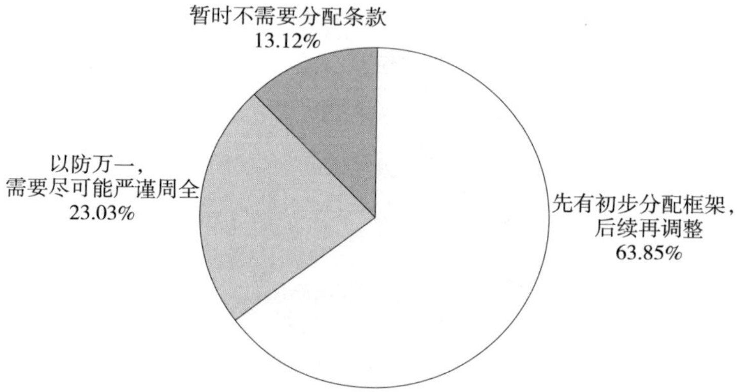

图 5－11　设立家族信托时对分配条款的设想

资料来源：招商银行，《2020 中国家族信托报告》。

欲速则不达。传承问题不能好高骛远，也不要试图一蹴而就。

传承规划涉及一个家族的方方面面，需要尽可能地在一代生前就做好规划并见到效果。好的传承工具可以在很大程度上避免去世、婚变、企业债务等引发的财产争端，帮助客户实现家族财富的保值增值、代际传承和企业的基业长青。

家族信托实操细则

近几年的调查都显示，国内高净值人群对于家族信托的理解和认知已经越发清晰，接受度也越来越高，见图 5－12。落实到信托的搭建，有几个问题和风险点仍需要首先明确。

首先，当委托人保留过多的对信托的权限（权利）时，信托可能被判定为虚假信托，尤其是在委托人保留过多控制权的情况下。

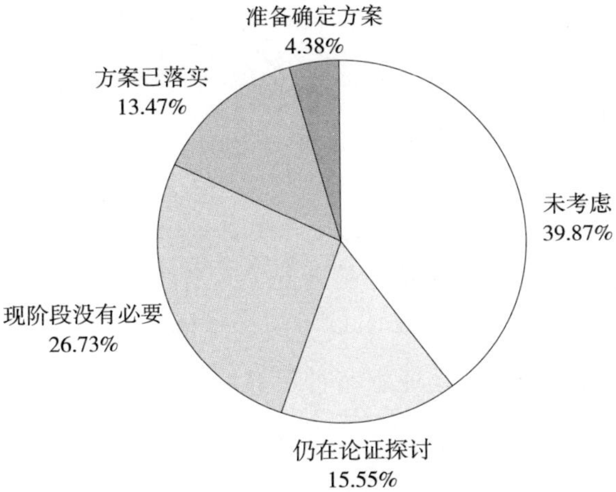

图 5 - 12 2020 年高净值人群对家族信托的规划

资料来源：中国银行业协会、清华大学五道口金融学院，《2020 中国私人银行发展报告》。

如果委托人过分限制受托人的权限，并且在信托实际运作的过程中不遵守信托文件，任意改变信托运行规则，将信托作为自己的玩偶，那么该信托即使在英属维尔京群岛（BVI）也会被认定为虚假信托。招商银行《2020 中国家族信托报告》问卷调研关于"中国高净值人群设立家族信托主要原因"的结果如图 5 - 13 所示。

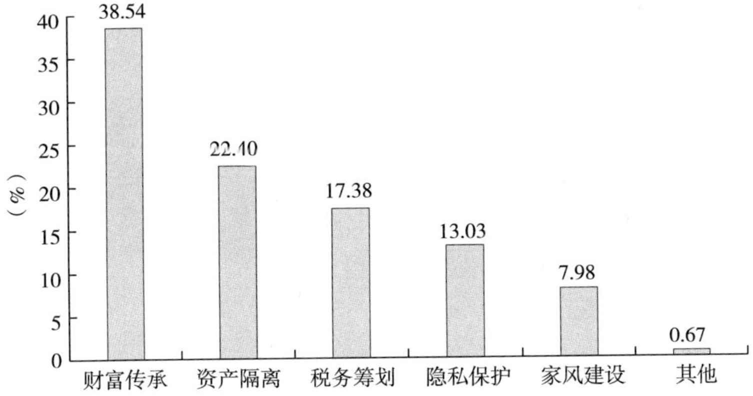

图 5 - 13 中国高净值人群设立家族信托主要原因

资料来源：招商银行，《2020 中国家族信托报告》。

以下通过案例，说明家族信托筹划规避重大风险的应用：

家族信托与债务隔离

“企业家，企业家，误把企业当作家。”就财产而言，对于境内高净值客户而言，首先要做的是区分个人财产和公司财产。

2017年9月8日，中共中央、国务院颁布了《关于营造企业家健康成长环境弘扬优秀企业家精神更好发挥企业家作用的意见》，接着最高法、最高检也先后发布了相关通知和进一步的解释，其中一条提到“处理企业犯罪的时候，不得牵连企业家个人合法财产，严格区分企业家的违法所得和合法所得。严格区分企业家的个人财产和法人财产。在处理企业犯罪的时候不得牵连企业家的个人合法财产和家庭成员财产……”

事实上，大多数一代企业家对个人财产和法人财产并没有真正区分过。从家族财富传承的角度看，如果一代企业家负责地在为下一代保管财富，或者他清晰地认识到财富传承还有很多不确定的风险，那么他首先要做的一件事就是严格区分个人财产和法人财产。如果不做区分，一旦遇到风险，财富可能还没有传给二代就已经没了。区分企业家的个人财产和法人财产，就是要在风险发生前做好防火墙。

若企业家个人财务与企业经营有往来，则当企业遭遇债务危机时，企业家个人或家庭将承担连带责任。股东个人财产与公司财产混同、实际控制人连带责任担保、对赌条款都是常见的会引发个人、家庭财产被牵连的情况。其法律依据如下：

《公司法》第六十三条规定：“一人有限责任公司的股东不能证明公司财产独立于股东自己的财产的，应当对公司债务承担连带责任。”第二十条规定：“公司股东滥用公司法人独立地位和股东有限责任，逃避债务，严重损害公司债权人利益的，应当对公司债务承担连带责任。”

《民法典》第六百八十八条规定：“连带责任保证的债务人不履行到期债务或者发生当事人约定的情形时，债权人可以请求债务人履行债务，也可以请求保证人在其保证范围内承担保证责任。”

接下来，我们将通过案例的形式，看一下如何通过家族信托来避免这样的情况发生。

王先生经营企业，在扩大生产经营时，需要个人签署连带责任担保，并要王太太签字。王先生夫妇有一个儿子，目前在海外读大学。

顾虑：王太太担心企业经营负债导致儿子在海外读书的费用难以为继。

家族信托方案：王太太作为委托人设立不可撤销的家族信托，首期装入信托的财产为3 000万元现金。受益人为王太太的儿子。

定期分配：王太太儿子在25岁以前每年可领取30万元生活费。

临时分配：婚庆金、生育金、事业金、医疗金。

特别条款：

1. 约定信托受益权不得用于清偿债务。

2. 约定信托受益权是受益人的个人财产，与其配偶无关。

上述方案主要是基于信托这一法律架构的隔离功能来实现的。具体来说，是依据如下法条的规定而生效的。

《信托法》第十五条规定：“信托财产与委托人未设立信托的其他财产相区别。设立信托后，委托人死亡或者依法解散、被依法撤销、被宣告破产时，委托人是唯一受益人的，信托终止，信托财产作为其遗产或者清算财产；委托人不是唯一受益人的，信托存续，信托财产不作为其遗产或者清算财产；但作为共同受益人的委托人死亡或者依法解散、被依法撤销、被宣告破产时，其信托受益权作为其遗产或者清算财产。”

《信托法》第十七条规定：“除因下列情形之一外，对信托财产不得强制执行：（一）设立信托前债权人已对该信托财产享有优先受偿的权利，并依法行使该权利的；（二）受托人处理信托事务所产生债务，债权人要求清偿该债务的；（三）信托财产本身应担负的税款；（四）法律规定的其他情形。”

《信托法》第十二条规定：“委托人设立信托损害其债权人利益的，债权人有权申请人民法院撤销该信托。人民法院依照前款规定撤销信托的，不影响善意受益人已经取得的信托利益。本条第一款规定的申请权，自债权人知道或者应当知道撤销原因之日起一年内不行使的，归于消灭。”

《信托法》第四十七条规定：“受益人不能清偿到期债务的，其信托受益权可以用于清偿债务，但法律、行政法规以及信托文件有限制性规定的除外。”

不过上述隔离功能的实现也是有一定条件的。信托债务隔离功能的基本要求包括：

1. 委托人在信托中明确约定债务隔离条款。

2. 信托设立时委托人需要资产状况良好，不能存在资不抵债和恶意避债。

3. 受益人非委托人本人。

4. 确有必要的保留证明材料，以证明上述情况，尤其是第二条。

在实操中，我们往往会在设立家族信托的同时打出委托人的银行资产证明、资产来源证明，并建立尽可能清晰、可解释的资金转账记录等，以更好地保障信托功能的有效性。

受益人要实现债务隔离也附有一定的条件：

1. 明确约定信托受益权不得用于清偿债务。

2. 信托可以约定受益人有暂停信托利益分配的权利。

由于信托具有隐蔽性，暂停分配信托利益可以更好地预防受益人得到的信托财产被用于偿还债务。

家族信托与财富传承

对于很多富二代而言，在年轻时忽然获得一大笔钱，未必是一件好事。通过家族信托对财富进行合理的制度安排——禁止子女转让或处置信托财产，所发款项只够子女过中产生活，或只能用于医疗、教育等支出，这样的约束可以避免后代挥霍浪费以致破产。

很多高净值人士对遗产规划十分关心。其中一种遗产规划方式是将资产转移到信托中，一旦资产属于受托人，在委托人去世后，通常不会被征收任何税赋，因为资产的法定所有人没有改变。而且，如果委托人陷入财务困境，这些资产也会得到很好的保护，委托人的家人仍然可以从中受益，而不会面临资产被债权人扫荡一空的境地。

家族信托在委托人去世后可以避开遗嘱认证（允许将资产分给家人的过程）。遗嘱认证需要花费时间。在香港，即使委托人的财产结构非常简洁明了，获得遗嘱认证可能也需要 9 个月以上。典型的香港投资者的财产通常包括在不同国家和地区投资的不同类型的资产，这通常需要花至少 2 年的时间才能完成遗嘱认证，而且成本可达财产总价值的 4%~6%。通过家族信托可以避免巨额收费和长时间的递延。

通过家族信托，受益人以外的其他人无法通过法庭判决来争夺遗产，从而避免了相关法律纠纷。

家族信托与婚姻风险防范

与普通人不同，富豪的婚姻变动不仅伤感情，还往往意味着财富的大量损失，甚至财富本身往往也会导致婚姻关系的破裂。企业家因离婚而支付天价分手费的情况已经并不鲜见。

近几年国内离婚率大幅攀升，公众的婚姻观已有一定的松动，不少家长都非常担心子女的婚姻稳定性，对于涉及巨额财产乃至企业控制权的富豪家族来说，二代婚姻的变动更加敏感。

夫妻双方分割共同财产中的股票、债券、投资基金份额等有价证券以及未上市股份有限公司股份时，协商不成或按市价分配有困难的，人民法院可以根据数量按比例分配。在这种情况下，往往有一半财产被分割出去。

从应用场景来看，家族信托可以避免婚前婚后财产的混同，避免赠与子女的财产未做明确的约定被视为夫妻共同财产，避免赠与子女的财产的投资收益归夫妻共同所有。我们仍通过一个案例来介绍家族信托规避婚姻风险的操作。

A 女士 60 岁，目前单身。女儿 30 岁，即将结婚。A 女士拟给女儿 3 000 万元作为嫁妆。

问题一：婚姻共同财产有哪些？

根据《民法典》第一千零六十二条的规定，夫妻在婚姻关系存续期间所得的下列财产，归夫妻共同所有：工资、奖金；生产、经营的收益；知识产权的收益；继承或赠与所得的财产，不包括遗嘱或赠与合同中确定只归夫妻一方的财产；其他应当归共同所有的财产。夫妻一方个人财产在婚后产生的收益，除孳息和自然增值外，应认定为夫妻共同财产。

问题二：个人财产有哪些？

根据《民法典》第一千零六十三条的规定，有下列情形之一的，为夫妻一方的财产：一方的婚前财产；一方因身体受到伤害获得的医疗费、残疾人生活补助费等费用；遗嘱或赠与合同中确定只归夫妻一方的财产；一方专用的生活用品；其他应当归一方的财产。

信托方案设计：

委托人：A 女士

受益人：第一顺位受益人为 A 女士女儿，第二顺位受益人为 A 女士本人。女儿生育后，变更其子女为第二顺位受益人。

约定信托受益权是受益人的个人财产。

受益人每年可以申请分配不超过 50 万元，女儿和其配偶以及直系亲属有重大疾病的，可申请分配。

信托财产：设立时信托财产规模为 3 000 万元。

通过家族信托隔离婚姻财产风险时，要特别注意家族信托中可以通过信托合同做出明确赠与一方的意思表示。要明确约定，信托受益权是受益人的个人财产，与其配偶无关。如委托人和受益人为同一人，其分配到个人账户的收益有被认定为夫妻共同财产的风险。

通过家族信托规避遗产税

1996 年全国人大批准了《国民经济和社会发展“九五”计划和 2010 年远景目标纲要》，纲要中提出“逐步开征遗产税和赠与税”。2013 年 2 月 5 日，中共中央、国务院同意并转发《关于深化收入分配制度改革的若干意见》，其中第四部分第十五条明确表明“研究在适当时期开征遗产税问题。”

从各项相关立法中，遗产税出台的基本条件已经陆续明确。2000 年，确立了存款实名制；2007 年，《物权法》生效，要求实名登记不动产；2013 年，国家工商总局完成了工商登记系统的建设；2014 年，住建部牵头并联合国土资源部会同国务院法制办、国家税务总局等有关部门负责起草《不动产登记条例》。种种迹象表明，遗产税法的出台只是时间问题。

而根据 2004 年 9 月财政部出台的《中华人民共和国遗产税暂行

条例（草案）》和2010年修订稿的规定，对于富豪家族来说，财产的近半数都需要以遗产税的形式上交（见表5－3）。

表5－3 遗产税的相关税率

纳税遗产净额	税率（%）	速算扣除数（万元）
不超过80万元的部分	0	
80万～200万元部分	20	5
200万～500万元部分	30	25
500万～1 000万元部分	40	75
超过1 000万元部分	50	175

我们以初始资产5 000万元为例，经过两次传承后财产的实际数量如表5－4所示。

表5－4 5 000万元经两次传承后的实际值

传承的财产（万元）	税率（%）	扣除数（万元）	遗产税税金（元）	传承后实际值（万元）
5 000	50%	175	2 325	2 675
2 675	50%	175	1 162.5	1 512.5

如果不进行规划，富豪家族的资产在继承这一环就要损失近半，而家族信托可以很好地应对这一风险。

《信托法》第十五条规定："设立信托后，委托人死亡或者依法解散、被依法撤销、被宣告破产时，……委托人不是唯一受益人的，信托存续，信托财产不作为其遗产或者清算财产。"

也就是说，只要委托人和受益人不是同一个人，根据《信托法》的规定，信托这一法律架构中的财产，就可以避免遗产税的征收。虽然境外法律中有限制信托期限从而避免信托财产传承多次不征收遗产税的问题，但目前境内的家族信托还没有类似问题。

事实上，英国、美国设立信托的重要目的就是节税，由此产生了不同形式的信托。按照信托制度的原理，预期会减少遗产继承环节的税费并实现税收递延。

家族信托的其他主要功能

当家族信托设立后，信托资产的管理和运用均以受托人的名义进行，除特殊情况外，委托人没有义务对外界披露信托资产的运营情况。

越来越多的中国高净值客户开始选择使用家族信托架构来持有其在上市公司中的股份，阿里巴巴、SOHO 中国、龙湖地产等都有信托架构的安排。尽管上市公司可以说是所有公司形态中对披露义务要求最严的一种，但通过设立家族信托来持有上市公司的股份，可以在很大程度上保护上市公司股东的隐私。

美国信托业权威曾经说过，信托的边界是人类想象力的极限，在既定规则下，根据委托人的意愿充分进行定制，是家族信托超越其他任何财产传承、隔离工具的空间，也是展现家族信托功能的广阔领域。

第六章

境外家族信托

现代意义上的家族信托起源于英国，至今已经有几百年的历史了。境内外家族信托的配套法律、税务规定还不够详尽，需要根据国内的特殊情况和需求加以具体和明确。招商银行《2020 中国家族信托报告》问卷调研关于“您选择境外家族信托的主要原因”的调研结果如图 6－1 所示。

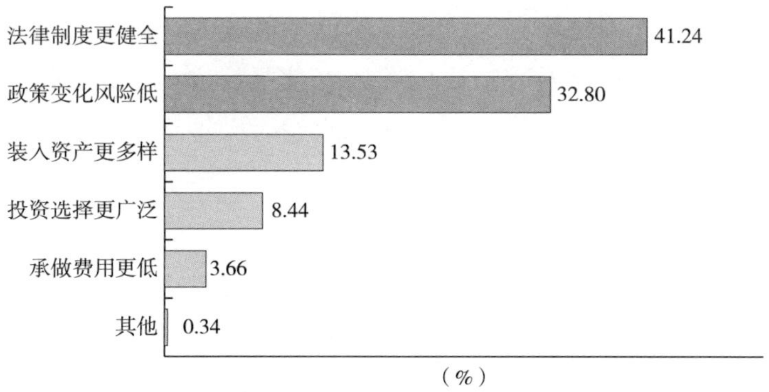

图 6－1　高净值人士选择境外家族信托的主要原因

资料来源：招商银行，《2020 中国家族信托报告》。

为何选取境外信托

境外家族信托的特殊优势

相较上一章中介绍的境内股权家族信托，境外家族信托有更多可以给客户创造价值的点。

上市前期的税务、保密筹划载体

在上市前趁市价较低时，可以将未行权的受限制流通股或期权转入由持有人成立的境外信托；在招股书及相关的披露中，一般无须披露受益人的具体信息，保证了家族资产的私密性；上市后，将由境外信托定期收取股息、处置信托资产并按成立人意愿决定收益在何时派发；若暂无派发的需要，资产可继续保留在信托中滚存以延迟减省税务负担；上市后的股权交易披露中，一般只需披露最底层境外控股公司的信息。

延迟减省税务负担

大部分境外信托均在低税率国家或地区成立。这些国家或地区一般不会对信托资产及其产生的收入在信托成立地征税；信托成立后，受益人通常只需在收到信托派发收益时缴纳受益人所在地的相关税项，例如赠与税或所得税等；通过合理的税务规划，在信托资产产生收入后，如成立人或者信托文件并未要求强制派发，则可将收入留在境外信托内继续滚存；在资产滚存过程中产生的收入，一般情况下将由受托人代表信托在收入来源地缴纳当地的相关税项。成立人和受益人均无须就此项收入纳税；通过合理的税务规划，延迟境外信托资产收入的派发，可以在一定程度上延迟受益人的税负。

移民前期的税务规划

多数税法完善的发达国家均将境外信托当作独立的纳税个体，会根据境外信托的种类决定信托资产的收入由谁负责纳税。一些国家，如美国、加拿大等，对境外信托有较为严格的税务征管要求。但是仍可利用税法中给予豁免的特定信托架构，达到合理降低日后税务负担的目的。

家庭、个人财务管理得以全面保密

境外信托的资产在做必要的所有权披露（如房产、股权在当地机关的注册等）时，一般情况下只需要披露境外控股公司的基本信息。因此，受益人（尤其是自然人）的基本信息不会被外界掌握，在一定程度上保障了受益人在境外信托下的财产保密性。

架构设计灵活性更高

境外信托在漫长的发展过程中，在架构设计上积累了丰富的经验，在细节的安排上有更多的巧思。就最基础的 3 个要件而言，在委托人个数上，境外家族信托也有更多的选择。

境内《信托法》虽然没有对家族信托委托人个数做过硬性要求，但是银监会发布的条文中确有规定，委托人大于一的信托视为集合信托，只能有投资功能。在实际操作中，最常见的影响就是夫妻双方需要选择一个人作为委托人，而另一方以签署配偶同意函的形式，保证委托人对信托财产的处置权。

谁可以设立境外家族信托

很多高净值人士非常关心境内的资产到底能不能放到境外的信托里。首先要明确的是，境内的资产如果是客户个人直接持有的，那么从目前的监管环境以及外汇环境来看，是不能放到境外信托里的。

但是一些做企业的客户，可能在搭建境内公司架构的时候，就已经通过境外红筹架构持有境内公司股权。比如，有些客户可能已经拥有外国身份，那么一开始在国内做投资的时候，就以外资的名义在国内设立公司，那么他所搭建的公司股权架构可能就是通过一家香港公司来持有一家内地公司，再由内地公司持有其在境内不同地方实际运营的企业。针对这一类客户所持有的股权结构，需要做的只是，在境外把香港公司的股权转到信托里，就可以实现把境内资产间接转让到境外信托。当然转让的过程中可能会触发境内的所得税这一类的事项。这时就需要专业的律师以及税务顾问来协助客户。

如果境内的公司现在是由境内个人直接持有的，那么有没有办法将其放到境外信托呢？答案是没有办法直接放到境外信托，需要做一个重组，做成一个红筹结构之后，就可以把境内的股权间接放到境外信托里了。很多公司到香港上市时会采用这种结构，这就是所谓的红筹结构。它本身会产生比较高的成本，一是搭建架构的法律成本，二是转让产生的境内所得税的成本。

总体而言，有 6 类人群可以考虑设立境外家族信托。

第一类，在境外已经有一些资产的家庭。不管是金融资产，还是非金融资产，因为资产在境外其实都有可能需要通过境外的信托来做一定程度的规划。

第二类，已经或计划在境外上市的公司的创始人或获得股权激励的高管。这一类人设立境外家族信托可能是最容易落地的，因为公司股权已经在境外了，或者正准备放到境外。公司创始人自不必说，需要通过信托保持控制权集中和税务筹划，对于已经获得股权激励（如股份或期权）的高管，税务筹划的空间也非常可观。

第三类，一些已经在境外上市的公司希望回购，来给员工做一些激励，一定会通过信托去做。信托是一个非常好的持股平台，并且会与境内给员工的税务筹划做很好的衔接。

第四类，境外身份或家人中有境外身份的高净值个人。通常入籍本身就需要有一定资产在境外，更重要的是，具有境外身份的个人适用的法律、税务规定完全是境外的规定，尤其一些高税区，如美国、加拿大，那么需要针对当地规定做相应的税务筹划，避免拿到当地身份后，会产生比较高的税种，比如遗产税或赠与税。对于拿到新加坡这样低税国家或地区身份的高净值人士，从税务角度来讲是非常有利的，他们可以更多地从信托功能性上考虑是否需要。

对于家人有境外身份的情况，比如资产在美国，我们的身份虽然不在美国，但因为资产在美国，所以会产生所得税、遗产税，未来如果要把资产赠与后代，也会有美国的赠与税。正确的方式是在购置当地资产之前，就搭建一个合理的信托结构，来避免产生一些额外的税费。

第五类是通过 BVI 公司作为有限合伙人的私募投资人。如果我们本身具有中国身份，仅仅通过一家 BVI 公司持有境外资产，那么可能会有一些中国税务上的影响。把自己境外的持股平台 BVI 公司放到信托里，通过信托去交易资产，税务更加优惠，因为对于持有人个人来说，并没有直接产生任何的收益。

虽然高净值人士未必要选择在境外设立信托，但在家族信托配套法律、税务规定的设计过程中，境外的相关规定和做法显然是境内相关设计的范本。学习境外家族信托的主要范式，有利于我们理解和掌握境内家族信托的演进方向，及时跟进相关安排的变化。

境外信托设立的要点

信托设立地比较

在考虑境外信托的设立时，首先面临的问题可能就是信托管辖地的选择。关于怎样选择一个符合我们需要的、适合我们的信托管辖地，接下来我们从以下几个方面进行介绍。

在信托管理的过程中，有几点是非常重要的。一是信托管辖法律。信托管辖法律直接意味着未来信托适用于哪个地区或国家的法律。二是信托的管理地，也就是信托管理放在哪里。比如，信托管理放在中国香港，那么未来主要就是与中国香港的管理团队对接，如果把信托管理放在英属维尔京群岛，那么未来就由当地管理。

信托的管辖法律基本上都是以英国1927年的信托法为基础的。当然，每个地方的信托法律也随着自身市场的发展，包括自身的一些需求做了一些调整，比如有些地方可能调整了它的期限，有些地方调整得更长一点，有些地方调整得相对短一点。5个常见信托设立地条款比较如表6－1所示。

表6－1　5个常见信托设立地条款比较

辖区	中国香港	泽西岛	英属维尔京群岛	开曼	新加坡
信托期限	没有上限	没有上限	360年	150年	100年
委托人保留权利信托	有（只有投资权）	有（可以保留除投资权之外的权利）	有（可以保留除投资权之外的权利）	有（可以保留除投资权之外的权利）	有（只有投资权）
具体的资产保护法例	没有（受“破产条例”保障，请参阅“破产条例”第49～第51条的时间限制）	没有（没有具体的法例；有判例法）	没有（没有具体的法例；有判例法）	有	有
强制继承的保护	有	有	有	有	有
受益人辞退受托人的权利	有	需申请	没有	没有	没有
受益人的知情权	没有规定，判例法	受第29条及普通法限制	没有规定，判例法	没有规定，判例法	没有

注：根据各国和各地区法律法规及公开信息整理，设立时建议咨询律师做进一步确认。

由表6－1可以看出，目前中国香港的信托法律对于信托期限没有限制，也就是说信托可以永远存续下去。但是在 2013 年以前，中国香港的信托法律只允许信托存续 80 年。泽西岛对信托也没有任何期限上的限制，英属维尔京群岛的信托法律规定信托只能存续 360 年。开曼的信托法律规定信托只能存续 150 年，新加坡的信托法律规定信托只能存续 100 年。这些期限，虽然有些看起来比较长，但在代际传承中意味着到期一定要分配重设，对此，一些希望家族企业传得更长久的家族可就要慎重考虑了。

2003 年之前，包括新加坡本地人在内，很多人都不会在新加坡设立信托，一般会设立离岸信托。新加坡信托法律规定信托的期限为 100 年。100 年到期后无法延期，如果要重组，就必须把所有信托资产都分配给一个受益人，由受益人再设立一个新的信托。而如果该受益人把资产归为己有，不再设立新的信托，那么就增加了信托的不确定性。

另外，每个地方允许设立信托后保留的权利是不一样的。英国传统的信托法律要求把所有的权利都给信托公司，不管是投资权利、分配权利，还是受益人人选的选择权。显然，这一点已经无法满足我们现在的需求了，所以不同国家或地区已逐步调整了当地的信托法律。比如，中国香港的信托法律在 2013 年调整的时候，允许客户保留投资权利，除了投资权利之外的其他权利都必须给信托公司。新加坡同样只允许客户保留投资权利，如果客户保留除投资权利以外的权利，那么信托就可能是一个虚假信托，未来就可能被击穿。泽西岛、英属维尔京群岛、开曼则允许客户保留更多的权利，包括决定分配的权利，决定调整受益人的权利，决定更换受托人的权利。这些都是基于这 3 个地方的薪酬法律理念的不同而产生的差别。这时候就需要做一个权衡，如果委托人具有高税收国家的居民身份，或者国内的税务居民身份，若保留太多的权利，信托被穿透的税收成本就会很高。

从债务隔离的角度看，开曼是一个比较好的选择。其信托法律规定，如果客户在设立信托后，6 年内没有债权人去“挑战”客户的信托，那么 6 年以后债权人就不能再去“挑战”该信托了。

中国香港也有类似的规定，香港破产条例规定，如果一个人在设立信托或者把资产转让给信托，或者转让给另外一个人，两年之后没有任何债权人来“挑战”，那么这笔转让就是合法有效的。当然，前提是这样的转让，不会直接导致这个人发生资不抵债或者破产的情况。

信托法律的另一个考察点是，看是否有比较多的判例。判例越多，说明信托法律的保障性越好，确定性越高。

英属维尔京群岛信托不用公开注册，保密性高。英属维尔京群岛没有收入、资本、赠与或遗产税，仅有少量印花税。

最后，非常重要的一点在于，信托所在的国家或地区是否有比较多的法律资源，包括司法制度是否完善，是否有比较多的法官对信托的判定有比较高的认识，是否有比较成熟的信托律师来帮助起草文件，在遇到信托问题的时候，能够帮助客户去法院走法律程序。从这个角度看，一般认为，中国香港、开曼、泽西岛有比较多的与信托相关的法律资源，尤其是中国香港，有很多离岸的信托律师在中国香港办公，新加坡信托制度的更新时间与中国香港接近，人员实力也比较类似。异地判例和法律资源的强弱会直接影响到前文所述的信托管理地的选择问题。

关于加拿大信托，为了防止信托被长期用来避税，加拿大制定了一个“21 年规则”，即每一个信托必须在第一个“视同处分日”，以及其后的每 21 年，按照届时资本类型财产的视同处分，申报所得税。第一个“视同处分日”的定义根据信托成立的时间和其性质的不同而有所不同：1971 年以后成立的配偶信托，以受益人配偶死亡之日为其第一个“视同处分日”。1971 年以前成立的配偶信托，以 1993 年 1 月 1 日或者受益人配偶死亡之日中较晚的那一日，作为其第一个“视同处分日”。所有其他的生前信托和遗嘱信托，以 1993

年 1 月 1 日或者信托成立之后的 21 周年中较晚的那一日，作为该信托的第一个“视同处分日”。

信托机构的比较

银行系信托机构——过于强势

这里说的银行系信托机构，如瑞银集团、瑞士信贷、境内的全国性银行等，或多或少都存在这样一类问题。目前，中小银行不具备把控这样高度专业的业务的能力，期待未来这种情况会有所改观。

投资受限。不管是银行自己的信托公司，还是银行准入的信托公司，主要都是为银行中的资产提供服务的。这意味着银行提供的信托公司更多只能帮客户设立信托，去持有银行的理财产品，如一些能做交易的基金产品。对于想要做大类资产配置的客户而言，如果有其他类型的资产，那么就不能放到信托中了。有些外资大行还出现过设立信托时说投资不受限，但实际上在流程上会找各种托词阻止客户投资行外资产的情况。

收费高昂。以最简单的股权或现金类家族信托为例，通常设立费在 1.3 万美元以上，年费在 2 万美元以上，而且不接受议价。

方案定制化程度不高。通常银行系家族信托方案更类似于套餐式，定制程度很低。这是由银行的运作模式决定的，作为拥有几千上万名员工的金融机构，单单是培训这个环节，就无法做到事无巨细，因此客户经理的专业水平千差万别，客户能够得到的服务水平很大程度上依赖于自己面对的客户经理的专业水平。

服务流于表面。相应的逻辑与上一条类似，客户经理的责任心是不一样的，并且很多客户经理虽然有心为客户着想，但并不清楚信托的真正运作机制，有心无力。

独立信托公司——灵活度高

议价空间更大，方案灵活度更高。信托公司业务专一，处理复杂问题的专业能力更强，会针对客户自身的情况，提供量身定制的方案。而且，独立信托公司自己就是收款方，酌情增减费用也比较方便。

对于架构安排的未来风险可能存在提示不足的问题。这在一定程度上涉及道德风险问题。对于信托公司而言，第一目标是成立信托。当然，对于金融机构而言，第一目标是希望客户来投资，但在信托架构这件事情上，第三方的立场更加中立，对于架构安排也会做更多的提示。

良莠不齐、差异大，很多独立信托公司只擅长某一方面。这就涉及信托公司的差别问题了。银行系信托公司，不管是银行自己同一集团下的信托公司，还是在市场筛选的信托公司，都做到了水准以上。

换言之，通过银行找信托公司，最大的可能性是得到“合格”水平以上的服务，直接找独立信托公司则面临良莠不齐、信息不对称的风险，最好的选择是，请券商等持牌且规模不大、容易协调的机构，或者银行中非常专业的人士，去帮忙筛选、监督和协调整个工作。

具体到信托公司的挑选，可以从以下几个方面入手。

一是机构股权和人事的稳定性影响着是否能提供长期持续的服务，私募基金持有的公司的股东的变更可能相对更频繁。

二是具有丰富的中国客户服务经验的信托公司，涉及中国公司或者中国公民的境外家族信托，通常还会涉及中国的外汇管制、法律税务问题，这些并不是境外经验丰富的机构或者专业人士就可以充分掌握的。

三是家族成员身份调整及资产重组需要信托公司具备全球牌照。

前面提到境外家族信托可以成为移民前税务规划的工具，实际上在设立信托之后，家族成员中有人改变税务身份乃至国籍的情况也时有发生，如果信托公司的牌照齐全，那么就会很方便。

就目前市场的情况来看，境外信托公司可以分为3类。

一是老牌一线独立信托公司。这些是中国银行走出国门时最早合作的一批信托公司，它们的收费标准与银行系信托公司基本一致，条款制式，定制空间几乎为零。收费昂贵且非常强势，几乎没有提供服务。

二是新生代主流独立信托公司。费用为老牌一线独立信托公司的60%~70%，条款更加灵活、个性化，服务更加人性化，这类公司是更适合拟成立家族办公室的客户的信托公司。近几年国内知名的企业家，如海底捞的张勇、鼎晖投资的吴尚志等都选用了这一类信托公司。不过鉴于境外信托的复杂性和客户与机构专业知识的巨大位势差，我们依然建议客户选择一个足够专业负责的第三方，如金融机构中的优秀专业人士来提供帮助。

三是小型独立信托公司。这类信托公司的费用议价空间更大。由于海外机构持牌更容易，这类信托公司非常多。对于这类信托公司，我们建议慎重选用，除非对其非常了解。并且一旦选用，我们依然建议在风控合规、条款设计上请更多律师、税务师和金融机构人士参与。

综上所述，对于拟设立家族办公室的高净值人士，采用第二种新生代主流独立信托公司+第三方专业人士的组合方式设立境外家族信托可能是最优选择。

家族信托作为家族办公室顶层架构实施的载体，本身基于法律的同时，需要综合考虑税务的因素。对于高净值人士，情况可能比普通人更加复杂。以高净值人士C先生为例，假设家族资产全部由C先生个人持有，但是处于不同的3个地方。假设这3个地方分别是英属维尔京群岛、美国和中国香港。

未来在C先生去世的时候，他的遗嘱需要在这3个地方，根据当地的继承法律走资产的继承程序，所以是一个非常复杂的过程。如果通过一个信托结构来持有不同资产，那么未来就可以避免资产的继承程序，以及相应的税费，这种法律架构与税务问题密切交织，极大地影响了高净值人士的财富总量。在后面两章中，我们开始着重介绍高净值人士的税务筹划问题。

常见的境外信托架构

常规境外信托

境外家族信托的典型架构如图6－2所示。

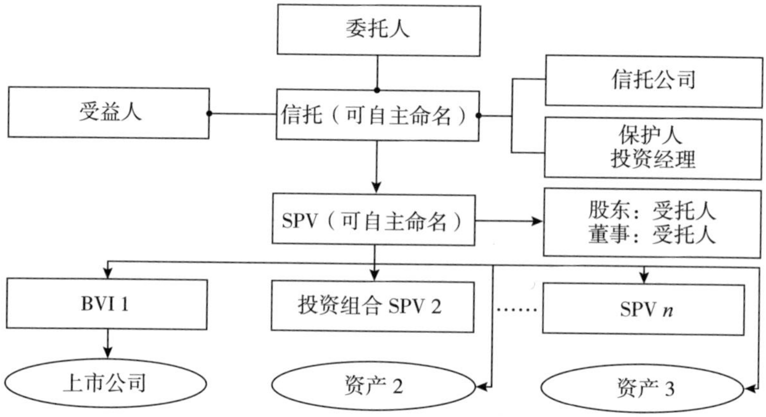

图6－2　境外家族信托的典型架构

境外信托的架构与境内信托的主体基本类似，但更突出保护人的地位。在境外信托的法律逻辑中，信托的事务安排首先是，保护人作为第一责任人，其次是信托公司，如果受益人觉得不满意，或者利益没有得到保护，那么可以去起诉乃至更换信托公司。信托的名字在境内外都可以由委托人自己决定，同时会在招股说明书和公司年报中披露。只不过境内很多金融机构出于便利，直接做了机构冠名和机构编号，从隐私保密的角度看，这是很好的。

另外一个比较重要的差异是，境外信托会比较多地采用 SPV 架构，通常设在英属维尔京群岛。这个架构的优势是又做了一层隔离，隔离了信托公司的事务性管理和下设资产的投资运营等事项。这一层的 SPV 也要在招股说明书和年报中对外披露。相关例子有龙湖地产的 Silver Sea 和 Silver Land，其架构如图 6－3 所示。

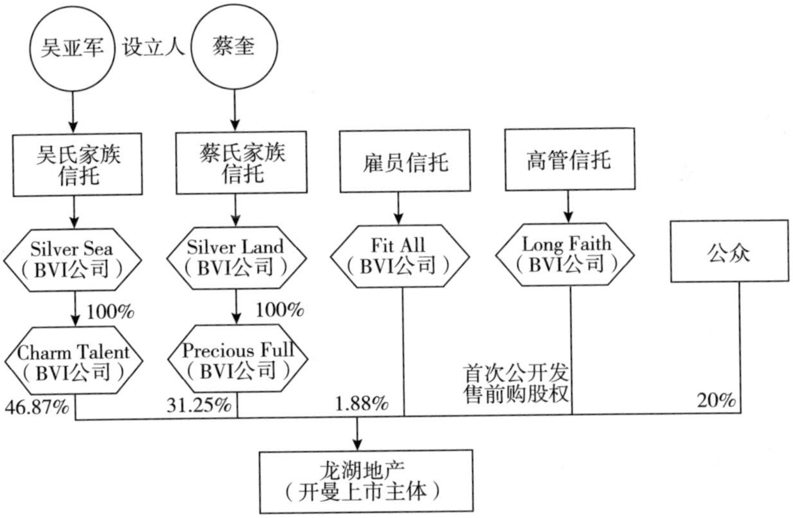

图 6－3　龙湖地产家族信托架构

为了方便对下面的资产做层层隔离，在第一层 SPV 下面还可以设更多小的 SPV，如地产板块、酒店板块、新能源汽车板块等，业务之间是有些差异性的，可以将对应的 SPV 账户冻结、转移或整体出售等。

另外，如果委托人或受益人想要更换信托公司，那么可以将 SPV 下的架构整体转移，信托没有了原来的信托架构后就自动终止了。更换信托公司也是境外信托中非常常见的操作，时间成本大概是 2 个月。

这里给大家分享两个我们在实践中遇到的客户更换境外信托公司的案例。一个案例是，客户通过银行系信托公司或者银行推荐的信托公司设立了自己的信托，但是随着资产安排的变化，信托中的金融资产变少，对于银行的创利变得很低，该银行相应的服务就有些跟不上。这时候，委托人想投资该银行外的资产，该银行找了各种托词导致委托人无法按自己的意愿投资，于是委托人就更换了受托人。

另一个案例涉及信托设立地的管辖问题。委托人的受托人是一家新加坡信托公司，新加坡金融管理局会在进行反恐怖融资、反洗钱的审查中，要求投资者在投资 PE 基金时提供共同投资人的所有 KYC（了解你的客户）材料。而其中一个共同投资人没有意愿提供太多的内容，导致委托人无法参与 PE 基金投资。委托人觉得限制太教条，于是就更换了受托人。

FGT 信托

FGT（Foreign Grantor Trusts）信托指的是外国委托人信托，FGT 信托是由非美国居民委托人和出资人设立的受委托人控制的非美信托，重点是可在符合美国法律要求的前提下解决客户后续税务问题。众所周知，美国是一个高税国家，设立 FGT 信托后，无遗产税、赠与税、隔代转让税，信托财产增值部分及分配环节无须缴纳个人所得税，可有效降低美籍人士的税务负担。

FGT 信托是美国国税局用于描述一种委托人保留一定的权利和权益的信托，同时委托人需要承担所有信托收益和资本利得所产生的所得税。设立 FGT 信托通常需要同时满足两个要件：一是必须是外国信托，而非美国本国信托；二是必须是赠与人信托，而非非赠与人信托。在实践中，当一家人大部分选择美籍身份的时候，应保留至少一名中国籍家族成员作为委托人，由于 FGT 信托的受托人必须是非美国居民或实体，未来可以通过离岸信托将资产分配给其他家族成员。

对于境内家族信托是否可以被认定为 FGT 信托的非美实体，答案是可以。实际上，建信信托 2020 年 3 月称，已经推出针对美籍受益人的家族信托服务，专门帮助境内家族信托的美籍受益人合理筹划可能面临的“高达 37% 的联邦个人所得税”，及财富传承时还将面临的“高达 40% 的赠与税、遗产税”。① 这在实操中其实没有太多的技术障碍，但是在具体的构成要件上确实有一些事项需要注意：保证信托的设立人以及拥有决策权的信托监察人均不是美国税务居民，就能被认定为外国信托；将信托设置为可撤销信托，保留对于信托资产的实质控制权。

可以看出，这两个要件是非常容易达成的，但要实际享受到 FGT 信托所带来的税务便利，纳税申报环节非常重要。比如，美籍受益人在接受外国信托的赠与时，虽然不需要缴税，但高于 10 万美元的部分仍需要向 IRS 申报，并填写 3520 表格报告该事项，否则美国接收者可能会被要求缴纳分配总额 35% 的罚款。

这就对受托人的执行和管理能力提出了更高的要求：受托人需要对信托财产的本金和收益进行区分和分别记账，如果没有提供足够的记录来确定分配的适当性，那么该分配将可能被视为包含在美籍受益人总收入中的累积分配，需要支付延迟利息或者罚息；受托人要配合出具有关信托财产分配的《外国赠与人信托受益人声明》或者《外国非赠与人信托受益人声明》，并提供有关信托的完整信息，以协助美籍受益人履行报告义务。

在美国税务建议下，信托受益人所需承担的信托资产遗产税有机会被降至最低。FGT 信托可以分为可撤销和不可撤销两种类型。

---

① 胡润百富。美籍受益人家族信托：破解美国花式征税新思路［EB/OL］．（2020－03－19）［2021－02－20］．https：//ishare. ifeng. com/c/s/7uygHrNTEfC.

可撤销的 FGT 信托允许委托人和/或其所在家族的美国家族成员在有生之年被任命为受益人。不可撤销的 FGT 信托只允许委托人和/或其配偶在有生之年从信托中受益。美国因为没有签署 CRS，因此非美国税务居民设立的 FGT 信托可以为其提供很好的隐私性。如果将 FGT 信托设在华盛顿州和阿拉斯加州，当地信托法还允许委托人自己成为受益人，并可以控制信托的投资和分配，且信托仍有效。

私人信托公司

私人信托公司常见于家族办公室的规划结构中，用来担任家族信托的受托人。对于一些不相信外部机构的财富家族来说，私人信托公司毋庸置疑是最令人放心的了。

有一些客户，如互联网行业某些应诉风险比较大的公司、林农业等有监管限制的公司和珠宝反洗钱风险比较高的公司的实控人，在独立信托公司和海外银行系信托公司往往无法通过 KYC，也会被动选择私人信托公司架构。而且，对于家族除现金、股票等资产外的收藏品、珠宝、限量品等无法准确估值的资产，一般的专业受托机构由于估值的困难，也不愿意照单全收，将其纳入信托。这时，私人信托公司就成了更好的信托选择模式。

私人信托公司可以使高资产人士将家族旗下的各种交叉混合持有的资产与投资，通过一个整合平台综合管理。因为只针对单一家族提供信托服务，所以只要不收取受托人服务费用，都可以豁免持照。操作思路是，成立一家公司，将资产转入并将它作为受托人。

私人信托公司在由家族成员及外部专业人员组成的董事会的管理下，实现公司治理、控制资产的目的，同时又具备传承隔离等信托优势，是能够结合公司和信托的优势的资产保护顶层结构。私人信托公司的架构如图 6 –4 所示。

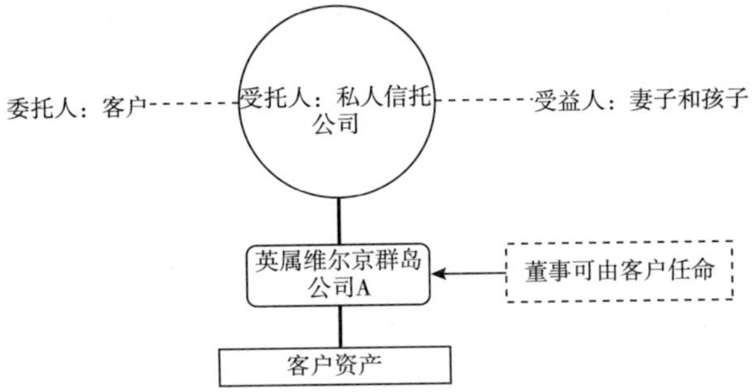

图 6 –4　私人信托公司的架构

私人信托公司的维护费用通常更贵一些，至少需要 15 万 ~30 万美元每年，如果是比较复杂的架构，那么通常需要 50 万美元每年，甚至可以达到 100 万美元每年。私人信托公司是作为独立的主体进行 CRS 申报的，需要聘请独立的律师、税务师，同时还要申请单独的公司和办公场所，相当于要养一个合规团队。但对于已经设立家族办公室的家族来说，这些人员成本可能已经存在，只要另外聘请律师即可，费用相对来说能够降低一些。

为了对私人信托公司的控制权和利润分配权做更深的隔离，境外还有家族选择在私人信托公司的基础上附加其他架构，形成双层架构（一层对董事有任免权，一层仅在经济上有受益权等）。

标的信托

一般最常用的解决模式是以标的信托来持有私人信托公司的股份，这种模式就是在私人信托公司的上层加一个标的信托，将信托资产受益权和受托管理功能做进一步隔离。

担保有限公司

另外一种解决模式是成立担保有限公司。担保有限公司的公司章程具有类似于慈善及社会公益的性质。担保有限公司的内部成员无权参与任何的利润分配，是与私人信托公司分离的单独法人实体。但因为担保有限公司没有股东，从外部控制私人信托公司的作用也有限。

组建担保有限公司可以通过会员制而非股东来串联所有权链。这样可以保障所有权的持续性，从而保障管理的持续性。担保有限公司有一个优势，就是允许会员资格在会员去世时到期，由剩余的会员继续执行工作。中国香港的大多数俱乐部都是担保有限公司性质的，会员没有可以转让的利益，会员资格在会员去世时到期，在其他情况下不得转让。担保有限公司构建的私人信托公司中的会员制与之类似。

担保有限公司的会员可以被给予不同的表决权。或者，可以将有限制的会员资格授予一家专业的信托公司，其可能性是无穷无尽的。

私人信托基金会

根西岛通过基金会模式，将两层甚至多层架构的私人信托公司顶层结构简单化，形成了私人信托基金会。基于根西岛 2012 年基金会法，基金会可以被设计为受托机构的专门载体，同时基金会具有法人资格，一方面，基金会具有自己的法律人格，与基金会创始人及基金会理事等完全分开；另一方面，同其他担任受托人的公司一样，基金会可以充分行使其受托人权利。

但是与公司不同的是，基金会没有股份及股东，因此不需要解决受托机构的股份持有及控制问题。由于基金会设立为单一目的且没有受益人，基金会需要设立监护人。好在根西岛对理事会成员以及监护人并没有持有受托人执照的强制性要求。

总体而言，私人信托基金会的架构与国内的慈善基金会做委托人的信托有些类似，或者可以说后者是在借鉴前者架构的基础上设立的，详见第十一章。针对私人信托基金会的架构，我们在这里进行简单的介绍。

创始人

创始人类似于信托的委托人，但未强制性规定创始人必须是自然人或公司。创始人同信托的委托人一样，需要注入初始资金到基金会，同时必须设立基金会宪章，规定了基金会的运作模式、成员角色、权限及相关条款。

理事会

就像公司的运作由董事会负责，基金会的运作由理事会负责。理事会成员至少一位，可以为自然人或公司，理事信息必须公开登记，且其需要以诚信原则执行基金会赋予的职能。

监护人

监护人有点类似于标的信托中的执行人。监护人对基金会创始人负责，并以诚信原则执行基金会的宪章、目的，并确保基金会的功能彰显。

不管是谁控制私人信托公司，都有义务遵守信托条款，这些条款规定了如何管理或分配资产以及谁将从中受益。

境外特殊信托架构

接下来，我们介绍几个更加复杂的境外信托架构，作为高净值个人境外信托架构的设计参考。

VISTA 信托

VISTA 信托，是委托人将家族控股公司的股权直接或间接置入不可撤销的信托（VISTA 信托可设置为可撤销和不可撤销两种），并且在信托中保留对家族控股公司（家族资产）的控制权的一种信托架构，主要解决的是在这一架构中家族如何保持对家族控股公司（家族资产）的控制问题。

2004 年，英属维尔京群岛颁布了《英属维尔京群岛特别信托法》，用立法的形式确保了委托人对信托中公司股份的控制权。2013 年《英属维尔京群岛特别信托法（修正案）》做出了放宽受托人限制和信托之间的资产转移限制等一系列修订。亚洲、拉丁美洲地区的财富家族喜欢通过 VISTA 信托使控股公司管理免受受托人干扰。

VISTA 信托的 5 个特点

VISTA 信托的基本框架是财富家族在英属维尔京群岛设立一家公司（简称 BVI 公司），以这家公司作为家族控股公司或者直接/间接控制家族控股公司（家族资产）。而后英属维尔京群岛的受托人再通过 VISTA 信托持有 BVI 公司的部分或者全部股份。

一是受托人以保持持股为第一义务。

受托人对受益人的信托义务一般要求受托人遵守“审慎生意人原则”（prudent rule of business man）。当信托财产为公司股份时，如果出售公司股份更能实现受益人的最佳利益，那么受托人会选择出售公司股份。

《英属维尔京群岛特别信托法》对“审慎生意人原则”进行了修改，在该法开头即宣告：“本法适用于以公司股份作为信托财产的信托的相关事宜，本法的相关条款要求受托人保持持有公司股权，无论出售股权是否会带来经济上的利益……”第五条第二款明确规定：“受托人持有指定股份的义务优先于受托人使信托财产保值增值的义务。”《英属维尔京群岛特别信托法》第五条第三款则规定了受托人对因履行持股义务给信托财产造成的损失，以及给关联公司造成的损失免责。

综上，区别于一般信托，在 VISTA 信托的框架下，受托人的第一义务是保持持有指定的股票，这项义务甚至优先于受托人使信托财产保值增值的义务。但是，受托人对因为履行这项义务给信托造成的损失免责。

进一步来说，基于“审慎生意人原则”，受托人往往不愿意接受高风险资产作为信托财产，以免操作不慎承担责任。VISTA 信托降低了受托人监督、管理高风险或负债资产的责任，使得受托人更愿意接受高风险资产。

二是受托人不得干涉公司的日常管理。

《英属维尔京群岛特别信托法》开篇即宣告：“（本法的目的）在于阻止受托人对公司日常管理、经营的干涉，除非在特定情况下……”《英属维尔京群岛特别信托法》第六条第二款要求受托人不得行使与持有的股份相关的权利来干涉公司的日常管理和经营，并特别指出，受托人不得要求分红，将一切与分红有关的事项留给董事会决定。

以上规定确保了 BVI 公司的日常管理权和经营权牢牢掌控在以家族成员为主的 BVI 公司的董事会手中，并间接达到了对家族控股公司（家族资产）的控制。

三是受托人必须遵守董事规则。

除了信托文件中规定的特殊情形，董事负责管理公司，受托人无权干涉。但是关于董事的任命、解任和报酬等事项依然需要受托人行使股东权利来确定。

《英属维尔京群岛特别信托法》第七条规定，信托文件可以规定受托人如何行使关于如下事项的投票权以及其他股东权利：指定公司董事；解任公司董事；董事的报酬。

《英属维尔京群岛特别信托法》第七条采取列举的方式，进一步规定，信托文件可以规定极其详细的一系列“董事规则”，以确保在所有关于董事的重大问题上，受托人都必须按照信托文件的规定执行。比如：保证特定的人常任董事；在特定的时间或者特定的情况下，任命特定的人为董事；在董事的任免等问题上遵从第三人或者第三方委员会的意见。

《英属维尔京群岛特别信托法》第七条还规定，受托人对遵守董事规则的行为不承担任何责任。

董事规则确保了受托人无法通过在与董事有关的事项中行使股东权利来干扰家族对家族控股公司（家族资产）的控制。

四是受托人的紧急干预。

前3项对受托人的限制确保了受托人无法干涉家族通过BVI公司的董事会对家族控股公司（家族资产）的控制。但是，一旦BVI公司的董事会出现了内部矛盾或者实施了损害家族利益的行为，就需要受托人行使股东权利来进行干预，受托人能否完成这一任务呢？

正是预见了这一问题，VISTA信托设计了紧急干预条款。

《英属维尔京群岛特别信托法》第八条规定，在信托文件规定的情形发生时，利益相关人可以要求受托人干预公司事务。受托人在接到利益相关人的要求后，如果经合理判断确定目前的情形是信托文件规定的需要干预公司事务的情形，那么受托人应当采取合理的措施以维护信托利益。

在判断是否采取紧急干预措施时，受托人除了要考虑信托文件的规定，还应当考虑委托人的信托目的、意愿，以及维持公司的有效运行。《英属维尔京群岛特别信托法》第八条指出，如果利益相关人的要求是基于"董事会陷入了可能引起商业危机的分歧"，受托人应当考虑是否采取紧急干预措施。

在此还需要特别提到《英属维尔京群岛特别信托法》规定的询问人这一信托利益相关人。询问人的作用在于监督公司的运行，一旦询问人发现信托文件规定的受托人应当采取紧急干预措施的情况出现，他可以要求受托人采取措施。

五是再议受托人的权限和义务。

《英属维尔京群岛特别信托法》对受托人部分权限的限制、对受托人部分责任的免除，并不意味着受托人成为被攥在家族手中的不必作为也不必负责的木偶。那样对信托的外部安全也将是一个巨大的隐患。

《英属维尔京群岛特别信托法》只限制了受托人对BVI公司的部分股东权利。但是该法并未限制受托人作为公司股东检查、复制或摘出公司档案的法定权利，也没有限制公司章程规定作为公司股东的受托人拥有的检查、复制或摘出公司及下属公司账户信息和档案的权利。此外，根据信托文件的规定，受托人依然有分配信托利益的权限。

《英属维尔京群岛特别信托法》只免除了受托人处置股份的责任和相应的风险——只要持股不动即可。但是，受托人依然负有其他的义务，如在接收到要求采取紧急干预措施请求时谨慎、理性的审查义务，受托人将信托利益分配给受益人过程中的义务和责任。

总体而言，保持持股，不得干涉公司管理与经营，遵守董事规则，在必要时采取紧急干预措施以及享有特定的权利义务，这5个要素既是VISTA信托对受托人的限制，也是解析VISTA信托最关键的5个维度。这5个要素不但保证了在VISTA信托下家族对家族控股公司（家族资产）的控制力，还为特殊情况下的应对预留了空间。

VISTA信托的设立必须满足以下条件：

- 信托财产是英属维尔京群岛公司的股份。
- 英属维尔京群岛持牌信托公司或私人信托公司必须作为唯一受托人或受托人之一。
- 信托必须受《英属维尔京群岛特别信托法》管辖。

基于英属维尔京群岛的法律规定，2013年5月14日之后设立的VISTA私益信托最多可存续360年。如果VISTA信托设立为慈善信托或特殊目的信托，则没有存续期限的限制。

《英属维尔京群岛特别信托法》只涉及信托的管理权，并不限制信托类型，所以 VISTA 信托可以适用于任何类型的信托，包括自有裁量信托、固定收益信托、慈善信托和特殊目的信托。

王朝信托

王朝信托是一种以功能来命名的信托，指存续时间不受法律限制的信托。

介绍王朝信托要从“反永续原则”说起。反永续原则在信托中指“非慈善信托”如果存续期限超过生存受益人终身加上 21 年及妊娠期的综合，则为无效。

反永续原则存在的理由在于：其一，如果信托利益确定的时间过于长远，那么将不利于财产在市场中的流转。其二，过世之人对于未来变化的预见是有限的，因此让财产过长时间地遵守过世之人的安排是非理性的。

在 20 世纪的美国，反永续原则经过了重大修改。其中比较有代表性的是美国 1986 年的《统一反永续原则法》（Uniform Statutory Rule Against Perpetuities Act）。《统一反永续原则法》规定了一个为期 90 年的“观察期”，要求信托利益必须在信托设立后的 90 年内确定或者终止，并且《统一反永续原则法》允许修改将会违反反永续原则的信托文件。

进入 21 世纪前的几年，美国兴起了废除反永续原则的立法运动。其中影响最大的无疑是特拉华州在 1995 年发起的废除反永续原则运动。随后，阿拉斯加州、亚利桑那州等 8 个州也陆续废除了反永续原则。

在这些废除了反永续原则的州所设立的信托，理论上可以一代接一代地永远存续下去，所以被称为王朝信托。

王朝信托的独特功能

王朝信托仅仅是就信托的存续时间而命名的，并不限制或者排斥其他的信托设计。因此，王朝信托同样可以是财产保护类信托、控制权保留类信托、税务筹划类信托等。王朝信托的独特功能在于：

- 长久（如果不是永久）地持有特定信托财产。
- 长久地集中家族的财富和控制权。
- 能够进行遗产税、隔代转让税的筹划。

多数遵从英美法传统的离岸地都曾经遵从过反永续原则，但是这一原则逐渐被修改，使得信托存续时间延长，或使之对特定信托（如特殊目的信托）无效，或者被废除。而在一些离岸地，反永续原则从一开始就不适用。前面我们说到的各地信托期限限制，都是基于反永续原则的设置。了解这样的规则变迁，有助于我们理解家族信托规则的设置逻辑。

特殊目的信托

特殊目的信托是指没有受益人，只为实现特殊目的而设立的信托。广义的特殊目的信托包括慈善目的信托和非慈善目的信托。

一般而言，特殊目的信托对于家族的意义在于：第一，可以用来持有家族控股公司的股份，或者私人信托公司的股份。由于特殊目的信托没有受益人，并且存续时间不受限制，其具有比其他用于持股的信托更高的安全性、持续性和稳定性。第二，在经过相应的设计后，特殊目的信托对抗债权人的能力是很强的。

狭义的特殊目的信托仅指非慈善目的信托，下面仅就狭义的特殊目的信托进行探讨。

特殊目的信托的发展历程与相关立法

传统英美法下，特殊目的信托是无效的，因为它违反了反永续原则（特殊目的信托没有受益人，无法起算存续时间），并且没有可确定的受益人来确保信托文件被执行。

尽管与各著名离岸地相比，美国特殊目的信托的立法与运用受到了更多的限制，但美国仍有一部分州通过立法承认了特殊目的信托。有趣的是，美国特殊目的信托立法的推动力主要来自许多美国人想要为自己的宠物设立信托的强烈愿望。美国《统一信托法典》承认了特殊目的信托："非慈善目的的特殊目的信托能够被设立，即使没有确定或者可以被确认的受益人，只要该信托具有合法的目的。"此外，美国还有少数几个州通过判例的形式承认了特殊目的信托。

当然，无论是根据美国立法、司法规定，还是根据判例创造的特殊目的信托，所受到的限制都大于离岸地特殊目的信托受到的限制。

无论是美国还是离岸地，要保证特殊目的信托的有效性，一些特别要件都是必备的。

第一，信托文件必须是能够被要求执行的。美国《统一信托法典》和许多离岸地的立法规定，特殊目的信托必须任命执行人来确保信托文件的执行。

第二，特殊目的信托的目的必须明确、合理和可行。即使该目的是可以执行的，法院一般也不会支持浪费、无用或者违反公共政策的特殊目的信托。

近几年，境外对于开发以中国大陆客户为代表的国际客户给予了很多新的鼓励政策。

2020 年 7 月，中国香港特别行政区金融管理局发表了包含一系列建议的《齐家有道：以香港为家族办公室枢纽》一文，旨在为落户香港的家族办公室创造更有利的监管环境。主要聚焦四大关键领域：监管要求、税务考量、人才发展和跨领域协调，尤其是在监管牌照要求和税收优惠方面给予更多支持。香港证监会于2020年9月发布了更新后的关于家族信托或家族办公室拥有的投资公司的指引，允许将更多由经验丰富的专家打理的单一家族办公室视为企业专业投资者以规避某些与销售适当性、客户协议及披露相关规定有关的约束。

从这些政策和信托架构的演变中我们可以看到，家族信托作为传承隔离的法律工具，即使在境外也是不断进化的，最优的方法和最优的信托选择也有可能随着时间不断演进。李嘉诚家族信托架构如图6－5所示。

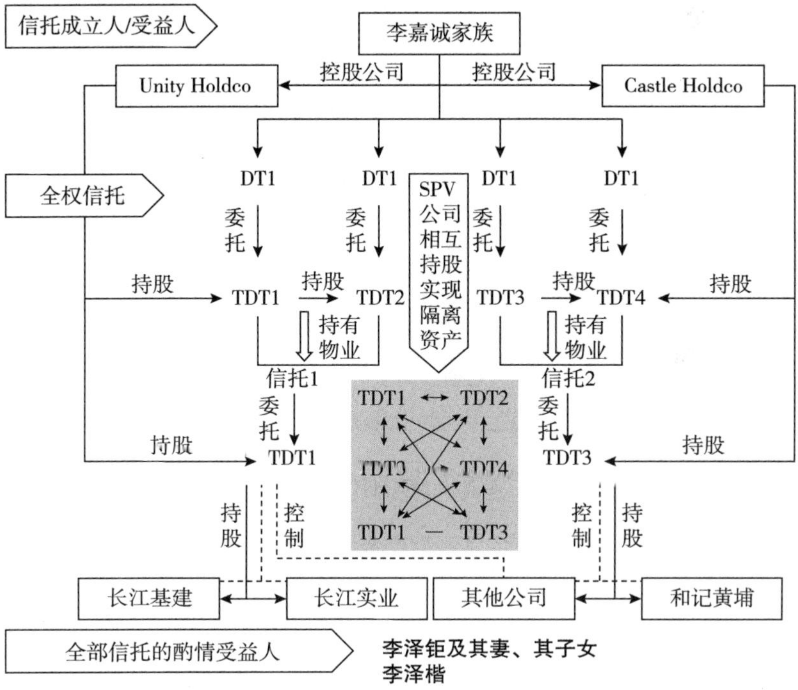

图6－5　李嘉诚家族信托架构

注：DT指信托下的SPV公司。

从上图李嘉诚家族信托中我们可以看到，信托架构可以随着时间的推移逐渐完善，以增加条款乃至增加 SPV 架构的方式加以补充和优化。对于家族而言，与其花 10 年设计一个完美的方案，不如在当下的时点解决当下的问题，先破后立，不断完善。

第七章

境内税收筹划

真正的税收筹划不是偷税、漏税，而是指纳税人在法律规定许可的范围内，通过对经营、投资、理财活动的事先筹划和安排，尽可能取得节税的经济利益，是国家赋予公民的权利。基于国内在税制结构、税率、税收优惠、地区行业等方面的税负差异，以及国际税收管辖权存在的税负差异和不同国家、地区间的税负差异，筹划空间得以存在。税收筹划的前提条件是必须符合国家法律及税收法规，且筹划的发生必须在生产经营和投资理财活动之前，目标是使纳税人的税收利益最大化（税负最轻、税后利润最大化和企业价值最大化等）。

企业的税收筹划往往来自优惠政策和“税收低洼地”的利用：作为一般纳税人还是小规模纳税人进行缴税、计入的行业是否是重点扶持行业，比如软件行业税收可以即征即退，高新技术企业、节能和基础设施等领域的投资项目往往有不同程度的税收返还；疫情下的地方财政补贴和新疆、西藏、横琴、前海地区性的补贴等，都是非常常见、合法的税务筹划模式。有些还可以借助纳税期的推迟；或者基于国内国外的税率差采用转让定价筹划法；可以通过企业组织形式筹划，比如企业重组等。在企业采购、投资决策中也都涉及税务考量。

个人的税收筹划空间相对更小，更多的是通过信托、保险乃至税务居民身份上就已经决定好了的。本章先从企业角度为大家介绍金税三期带来的一些重要的变化，再从与超高净值客户关系最为密切的新版《个人所得税》问题为大家介绍境内税收筹划的要点。

金税三期与税收筹划

在交换国家间税收数据的同时，中国国内税务的征管系统升级工程——金税三期已经运行了近两年。在前两期金税工程基础上打磨出的金税三期是一个庞大的全国性税收征管系统，具有重要的战略地位。根据财政部数据，2018 年全国一般公共预算收入183 352亿元，2019 年，全国一般公共预算收入 190 382 亿元，同比增长 3.8%；2020 年上半年全国一般公共预算收入 96 176 亿元，这还是在新冠肺炎疫情影响下同比下降 10.8% 之后的数据。[①] 其中金税三期功不可没。

何谓金税三期

2018 年 3 月 16 日，国家税务总局发布《关于发布财务报表数据转换参考标准及完善网上办税系统的通知》，编制了《财务报表数据转换参考标准 v1.0》，同时要求各省税务机关升级完善网上办税系统，制定网上办税系统与企业财务软件对接的接口规范并开放接口，实现网上办税系统与企业财务软件的对接，支持自动计算应报税税额功能和更正申报表功能，支持企业财务报表数据格式与纳税申报财务报表数据格式之间的自动转换，实现财务报表自动转换和联网报送。可以说，金税三期是在“以票控税”的指导思想下，通过大数据分析发票的轨迹监控所有企业的业务往来，防止不法分子利用虚开发票等手段进行偷逃国家税款的违法犯罪活动。

国家花如此大动作推行的金税三期，可以说是酝酿已久。

第一阶段，1994 年，国家税务总局推行金税一期，包括增值税

---

① 财政部官网，http：//gks. mof. gov. cn。

交叉稽核和增值税防伪税控两个子系统，在全国50个试点上线，通过人工采集纳税人的发票信息，再由计算机对比发现问题。但由于人工采集数据错误率太高，金税一期被停用。

第二阶段，2001年，吸取金税一期教训，金税二期实现了发票数据的自动采集，同时增加税种，把海关增值税完税凭证纳入管理，并将上述功能推广至全国使用。

第三阶段，在经历了金税一期、二期（地税未完全覆盖）后，2013年，金税三期终于推出。经过在广东、山东、河南、山西、内蒙古、重庆6个省（市）级国家地税局试点后，终于在2016年完成全部推广工作并开始实施。

可以说，金税三期实现了国地税机关和其他部门的联网。

1个平台，建立一个包含网络硬件和基础软件的统一的技术基础平台。

两级处理，依托统一的技术基础平台，逐步实现税务系统的数据信息在总局和省局的集中处理。

3个覆盖，覆盖所有税种，覆盖税收工作的主要环节，覆盖各级国地税机关，并与有关部门联网。

4类系统，包括征收管理、行政管理、决策支持、外部信息4类系统。

金税三期的功能更加强大，运行更加顺畅，内容更加完备，流程更加合理。其中，最重要的就是实现国地税机关和其他部门的联网。简单来说，通过金税三期，全国统一了税收征管及相关税务系统软件，不再是各省各自为政，降低了数据利用的难度。

在信息搜集的范围上，金税三期也做了巨大的扩展。税局新政主要要求的是，办税系统与企业财务软件直接对接，采集财务报表的同时自动完成纳税申报操作。

自金税三期逐步完善，各级税务局对于企业涉税数据的获取越来越自动化和明细化，像商品税收编码、进销项关联性预警等已经是老生常谈，税局通过大数据一步步掌握企业真实准确的涉税信息。

对于企业来说，原来展现给税务局的可能只有纳税申报表，而之后要将所有财务报表（包括审计报告及附注、费用分类、研发支付辅助账等）提交给税局。可以肯定的是，税局收集了企业财务报表和纳税申报表的数据信息后会在金税三期系统中进行自动比对与大数据分析，比对结果可能直接影响税务预警。

在外部财税大数据管控日益严格的背景下，通过金税三期和标准化、精确化、自动化的税局管理思路，企业信息采集只会越来越多、越来越细致，企业首先要做好的就是内部财税数据管理。

自“税务稽查”风暴开展以来，有不少一般纳税人被税务局预警后评估稽查，结果不但要交回抵扣的税款，还要缴纳漏缴税款0.5~5倍的罚款，还有每天0.5‰的税收滞纳金。税务局的大数据评估及云计算平台使过去的许多不合法、不合规的做法无处遁形。

其一，企业的任何事项均会留下记录，金税三期的大数据会追踪企业的资金流、票据流等。只要大数据系统将企业纳税人识别号作为起点，追查同一税号下进项发票与销项发票，企业是否虚开发票，以及是否购买假发票入账，就可以一目了然。

其二，开票软件已经增加了商品编码，为下一步企业开票的货物流监控预留接口，买黄金票冲进项的年代一去不复返。

其三，五证合一后，税务、工商、社保、统计、银行等接口，个税社保、公积金、残保金、银行账户等，应该在税务系统里面一览无余。

其四，金税三期上线后，企业违规被查风险增大，掩耳盗铃式的反舞弊手段失灵，一批靠偷漏税的企业，要走向灭亡。金税三期大数据上线，税务局系统升级后，只要动态数据比对不对，税负率偏低，系统就会自动预警，税务局评估科的人员会马上打电话让公司拿3年的账单交过去进行查账，后续的问题就不是当初抵扣的那点税款可以解决的了。

税务局推出各种政策使企业操作简便的同时也加强了对企业财税信息的监管，企业务必要从源头抓起，确保财税数据合规，才能更好地防范税务风险。

易被关注的事项

金税三期大数据会从如下几个维度进行检验并判断是否异常：企业的收入、成本、利润、库存、银行账户和应纳税额等。

企业的收入

如果企业少记了销售收入或隐匿了一部分销售收入，那么金税三期可以通过企业的成本和费用来比对企业的利润是否为负数，或是比对企业开具的发票、收到的货款数额以及卖出的商品，或者进一步通过大数据，查询与该企业交易的下游企业的相关账本数据，从而比对出异常。

企业的成本

如果企业购进原材料或商品时长期暂估入库，企业购进原材料或商品时为了使价格低一点而不索要发票，企业计提了费用而迟迟没有开费用发票，那么金税三期会比对企业的每一笔支出数额，相应的商品或服务以及对应的发票，三者应该是一一对应的，少了任何一项，都会被判定为异常。

企业的利润

如果企业利润表中的利润总额与企业所得税申报表中的利润总额不一致，企业想“财不露白”，将利润少报一部分，那么金税三期大数据可以通过分析企业所有的收入信息和成本信息获得利润信息，从而轻易地查出其中的异常。

企业的库存

一般来说，企业都会有库存，包括原材料库存和成品或半成品库存。而且库存量一般都在一个相对稳定的指标附近呈周期性波动。

金税三期大数据会先判断企业的库存是否一直处于异常的递增或递减状态，然后进一步形成电子底账来比对企业的库存，最后判断是否存在异常。

企业的银行账户

企业销售了一批货物，货款也已进入企业的银行账户，但收到的货款迟迟没有记入账中；企业取得了一些虚开的发票，而账户里面的资金却没有减少或减少额不匹配。对于这些情况，以前只要账本调整得好，是很难识别出来的，但现在对于上述以及以下情形，金税三期系统都会进行分析并识别出异常：

- 企业当期新增应收账款大于收入的80%、应收账款长期为负数。
- 当期新增应付账款大于收入的80%。
- 预收账款减少但未记入收入、预收账款占销售收入的20%以上。
- 当期新增其他应收款大于销售收入的80%。

企业的应纳税额

1. 企业增值税额与企业毛利不匹配。
2. 企业期末存货与留底税金不匹配。
3. 企业缴纳了地税附加税费，但与国税增值税比对不一致。
4. 企业实收资本增资了，而印花税为0。
5. 企业增值税额偏低。

6. 企业所得税贡献率长期偏低。

7. 企业应纳税额变动太大。

通过以上介绍，我们可以很清楚地看出，以下几种行为很容易被税务部门重点关注。

第一，不及时报税。未按规定时间向税务局报税，或报税不完整。

第二，公司员工人数、经营场地与报表的收入规模不符。有些企业人员多，场地大，而报表上只有少量收入，不符合业务逻辑。或者有些企业人员少，销售收入多，可能存在虚开发票行为。

第三，每期收入利润、交税金额波动大，忽高忽低，不符合行业规律。

第四，预收账款、存货金额长期居高不下，存在少确认收入，少交税的可能。

第五，设备规模、用电、用水与营业收入不匹配。如果设备多、用的水电多，而报表上的收入少，那么税局就会关注是否少确认了收入。

第六，其他应收款、其他应付款金额大，长期挂账。有可能是股东分红不交税，通过其他应收款抽取公司资金。其他应付款有可能是收入长期不入对公账户，而公司各项成本费用开支在对公账户里，股东通过其他方式向对公账户输送资金，挂其他应付款。

第七，平均人员工资较市场上低，不符合逻辑。企业有可能为了少交个人所得税，将工资压在5 000元以下，特别是服务行业、高新技术行业等需要用到中高端人才的企业。

第八，没有缴纳印花税、房产税等小税种。一般来说，只要企业在经营，或多或少都会产生一些印花税。公司用的场地无论是自有的，还是租的，都涉及房产税。特别是租用的房屋，税局会关注是否签合同，出租方是否缴纳房产税。

第九，发生非经常性事项。例如，大额转让资产（包括厂房、土地、设备、对外投资等）、报废资产、产生大额坏账等，如果企业没有按规定交税或进行税务处理，就会引起税局的关注。

第十，铁公鸡企业。长期一分钱税都不交，或只交一点点税，税负率远低于同行业水平的，会引起税局的关注。

税收筹划

税务涵盖企业的方方面面，其实企业只要真实、准确、合法经营，开具、取得发票和做账，并按时按规申报，即使被金税三期查出异常也不用担心，毕竟金税三期查出异常只是第一步，还会有专门的人员来核实，所以无须太过担心。下面为大家列举一些需要注意的基本的税务节点。

第一，开出的销项发票的内容必须在公司的经营范围之内。

第二，贸易企业进项发票的品名必须与销项发票的品名匹配，包括数量、单位、货物名称。如果是贸易公司，进项品名与销项产能对应起来（产品有不同的零件按不同的比例组成，这些也在税局的监管之下）。

第三，进项发票的取得必须源于正规的供应商，供应商开具的发票内容必须在经营范围之内，并且获得的进项发票与销项匹配。

第四，对于之前已经认证的进项发票，如果不符合以上 3 点，那么也将受到核查，税务局一旦查出问题，就会要求企业进项转出补交全部税款，情节严重的将被移交公安机关处理。

第五，单笔超过 1 万元的金额必须过对公账户。

第六，备齐购货合同、销货合同、送货单、入库单等交易凭据。

《关于走逃（失联）企业开具增值税专用发票认定处理有关问题的公告》对走逃（失联）企业开具增值税专用发票的情况进行了明确说明，也值得重点关注：

- 商贸企业购进、销售货物名称严重背离的，如大量购进纸张，大量开具劳保用品发票。

- 生产企业无实际生产加工能力且无委托加工的，如有些公司就在一个写字楼的格子间里，开具的发票却是大量的建材发票。这有悖常理。
- 生产能耗与销售情况严重不符。例如，企业一个月的水电费为 1 000 元，但仅 LED 屏幕的销售额就高达 1 000 万元。
- 购进货物并不能直接生产其销售的货物且无委托加工的。例如，企业购进的是办公用品，生产的却是 LED 屏。
- 直接走逃失踪不纳税申报的。
- 虽然申报但通过填列增值税纳税申报表相关栏次，规避税务机关审核比对，进行虚假申报的。

税务规定细致琐碎，各地地方政府又有自己的返还条例和政策导向，以上要点仅用来帮助理解税收变化的逻辑，具体的保税工作还需要聘请专业人士进行操作。

《个人所得税法修正案（草案）》

2018 年 6 月 29 日，备受瞩目的《个人所得税法修正案（草案)》［简称个税修正案（草案)］全文公开向社会征求意见，备受关注。在 2020 年 5 月底之前，个人综合收入所得的纳税申报开启。实际上，该修正案的影响远不止于此。具体而言，个税修正案（草案）中较为重要的改变如下。

税务居民规则接轨国际

个税修正案（草案）第一条对税务居民和非税务居民的划分标准进行了修改，将原来“在境内居住满一年”的标准修改为“一个纳税年度内在中国境内居住满一百八十三天”。该修改除文字表述更准确外，还和我国与其他国家和地区签订的税收协定或安排相协调。

划分税务居民和非税务居民的主要意义在于，两者的征税对象（所得范围）不同。税务居民应就其来源于中国境内（目前指大陆地区，下同）和中国境外的全球所得纳税，而非税务居民仅就其来源于中国境内的所得纳税。

在中国境内无住所但居住天数达标的税务居民的判断标准尤其严格，改为一年居住满 183 天，比之前在中国境内居住满一年（之前一年一次性出境 30 天或多次出境 90 天就不算满一年）的标准更加严格，之前有移民人士在做税务居民身份筹划时考虑利用出境天数筹划，法规修改后会增加相应的筹划难度。

在中国境内有住所的个人，是指因户籍、家庭、经济利益关系而在中国境内习惯性居住的个人。所谓习惯性居住，是判定纳税义务人是居民还是非居民的一个法律意义上的标准，不是指实际居住或在某一个特定时期内居住。例如，对于因学习、工作、探亲、旅游等而在中国境外居住，在其原因消除之后，必须回到中国境内居住的个人，中国为该纳税人的习惯性居住地。根据个税修正案（草案）第十五条的规定，个人所得的纳税年度为公历 1 月 1 日至 12 月 31 日。

收入从 11 类缩至 9 类

个税修正案（草案）规定的收入类型包括：工资、薪金所得；劳务报酬所得；稿酬所得；特许权使用费所得；经营所得；利息、股息、红利所得；财产租赁所得；财产转让所得；偶然所得。

工资、薪金所得，是指个人因任职或者受雇而取得的工资、薪金、奖金、年终加薪、劳动分红、津贴、补贴以及与任职或者受雇有关的其他所得。

劳务报酬所得，是指个人从事设计、装潢、安装、制图、化验、测试、医疗、法律、会计、咨询、讲学、新闻、广播、翻译、审稿、书画、雕刻、影视、录音、录像、演出、表演、广告、展览、技术服务、介绍服务、经纪服务、代办服务以及其他劳务取得的所得。

稿酬所得，是指个人因其作品以图书、报刊形式出版、发表而取得的所得。

特许权使用费所得，是指个人提供专利权、商标权、著作权、非专利技术以及其他特许权的使用权的所得。提供著作权的使用权取得的所得，不包括稿酬所得。

经营所得，是指个体工商户、个人独资企业、合伙企业等非法人组织（不包括法人分支机构）从事工业、手工业、建筑业、交通运输业、商业、饮食业、服务业、修理业以及其他行业生产、经营的所得，包括经批准，从事办学、医疗、咨询以及其他有偿服务活动的所得，对企事业单位的承包经营、承租经营以及转包、转租的所得等。

利息、股息、红利所得，是指个人拥有债权、股权而取得的利息、股息、红利所得。

财产租赁所得，是指个人出租建筑物、土地使用权、机器设备、车船以及其他财产取得的所得。

财产转让所得，是指个人转让有价证券、股权、建筑物、土地使用权、机器设备、车船以及其他财产取得的所得。

偶然所得，是指个人得奖、中奖、中彩以及其他偶然性质的所得。

其中前 4 项，即工资、薪金所得，劳务报酬所得（原 20%，加成最高可达 40%），稿酬所得（原 20%），特许权使用费所得（原 20%）统称综合所得，修改后统一适用3% ~45%的税率，一定程度上降低了筹划空间。

个税修正案（草案）第二条确立了综合与分类相结合的个人所

得税制。综合所得实行按月扣缴，按年汇算清缴。原第二条第二项“个体工商户的生产、经营所得”、第三项“对企事业单位的承包经营、承租经营所得”合并为“经营所得”，表述更为科学。

而个人独立企业、合伙企业比照个体工商户的生产、经营所得征收个人所得税。

税率整体调低

个税修正案（草案）第三条根据综合与分类相结合所得税制的要求，对税率进行了调整。一是在原工资、薪金所得税率的基础上规定了综合所得的税率。具体是：扩大3%、10%、20% 3档低税率的级距，3%税率的级距扩大一倍，现行税率为10%的部分所得的税率降为3%；大幅扩大10%税率的级距，现行税率为20%的所得，以及现行税率为25%的部分所得的税率降为10%；现行税率为25%的部分所得的税率降为20%；相应缩小25%税率的级距，30%、35%、45%这3档较高税率的级距保持不变。我们以1 000万本金为例说明相应的税收情况，具体见表7－1。

表7－1　税率对投资收益的影响

收益率	本金（万元）	投资收益（万元）	个人所得税率	应纳税额（万元）	税后净收益（万元）
免税5%	1 000	50	免税	0	50
不免税6%	1 000	60	20%（投资所得）	10	48
不免税6.5%	1 000	65	35%（投资所得）	22.75	42.25
不免税7.5%	1 000	75	45%（综合所得）	33.75	41.25

二是以现行个体工商户的生产、经营所得和对企事业单位的承包经营、承租经营所得税率为基础规定了经营所得税率，保持5%～35%的5级税率不变，适当调整各档税率的级距，其中最高档税率级距下限从10万元提高至50万元。并入综合所得后，最高档税率

将上升至45%。

稿酬所得、特许权使用费所得由原来的比例税率变更为超额累进税率。这一变化将导致一定级距下的上述所得税负降低，而一定级距以上的上述所得税负增加。比如，按照现行规定，稿酬所得的实际税率为14%，在以工资、薪金所得为基础的综合所得达到月25 000元以上时，综合所得中的稿酬所得部分的实际税率将上升至17.5%。

跨境收入处理

我们直接对照法条来了解相关的税务规定，关于跨境收入的税务处理，主要体现在2018年的个税修正案（草案）第七条规定："纳税义务人从中国境外取得的所得，准予其在应纳税额中扣除已在境外缴纳的个人所得税税额。但扣除额不得超过该纳税义务人境外所得依照本法规定计算的应纳税额。"

该条是关于税额抵免的规定，主要目的是避免双重征税。我国采取的是分国分项限额扣除，即在计算扣除限额时，区别不同国家或者地区和不同所得项目，依照税法规定的费用减除标准和适用税率计算应纳税额；同一国家或者地区内不同所得项目的应纳税额之和，为该国家或者地区的扣除限额。纳税人在境外已缴税额小于扣除限额的，应缴纳差额部分；大于扣除限额的，按限额扣除，其超过部分在5年内补扣。

多元收入处理

个税修正案（草案）第五条对原第六条的修改主要是：

- 将费用减除标准（生计费）由原来的月3 500元提高至月

5 000元。

- 将《企业所得税法实施条例》第二十五条关于基本社会保险和住房公积金扣除的规定作为专项扣除上升为法律。
- 增加了专项附加扣除的规定。
- 删除了附加减除的规定（即每月在减除 3 500 元费用的基础上，附加减除费用 1 300 元）。

为方便征纳，专项扣除采取了有限法定扣除的方法，生计费的扣除无须提供发票等扣除凭证。扣除的具体范围、标准和实施步骤，授权财政部和国家税务总局规定，属于授权性立法。

授权性立法的优点在于，能够根据实际情况做出规定，并根据政策实施情况及时进行调整。最大的缺点在于，立法刚性较弱，容易限制和减损纳税人权利，增加权利行使成本，变相架空立法目的。

综合所得中的劳务报酬所得、稿酬所得、特许权使用费所得，在营业税改征增值税后多属于增值税应税项目，在计算综合所得时应当注意将增值税税前收入换算成税后收入作为个人所得税应税收入。

另外，为延续稿酬所得税收优惠，个税修正案（草案）将稿酬所得按应纳税额减征30%的税额减免优惠作为减计收入优惠进行了规定。

非税务居民除工资、薪金在计算应纳税所得时可以扣除生计费外，其他综合所得项目除另有规定应当以收入全额作为应纳税所得额。

经营所得现行的主要应纳税所得额计税依据为《个体工商户个人所得税计税办法》、《财政部国家税务总局关于印发〈关于个人独资企业和合伙企业投资者征收个人所得税的规定〉的通知》，其计算与企业所得趋同。

需要注意的是，与企业所得税不同，经营所得无论是否分配给投资人、合伙人，均应计算缴纳个人所得税，而在企业将利润留存于企业未做实际分配的情况下，股东个人不需要缴纳个人所得税。

另外，个人独资企业和合伙企业对外投资分回的利息或者股息、红利，不并入企业的收入，而应单独作为投资者个人取得的利息、股息、红利所得，按“利息、股息、红利所得”应税项目计算缴纳个人所得税。

根据《企业所得税法实施条例》，个人将其所得对教育事业和其他公益事业进行捐赠，捐赠额未超过纳税义务人申报的应纳税所得额30%的部分，可以从其应纳税所得额中扣除。

新增反避税条款

个税修正案（草案）第八条规定，有下列情形之一的，税务机关有权按照合理方法进行纳税调整：

- 个人与其关联方之间的业务往来，不符合独立交易原则且无正当理由。
- 居民个人控制的，或者居民个人和居民企业共同控制的设立在实际税负明显偏低的国家（地区）的企业，无合理经营需要，对应当归属于居民个人的利润不做分配或者减少分配。
- 个人实施其他不具有合理商业目的的安排而获取不当税收利益。

税务机关依照前款规定做出纳税调整，需要补征税款的，应当补征税款，并依法加收利息。

该条是个税修正案（草案）第六条新增条款，为反避税条款，也是与高净值人群关系非常紧密的一条。其中，第一项是转让定价条款；第二项是受控外国企业条款；第三项是一般反避税条款。

在做出该条规定之前，个人所得税的特别纳税调整主要以《税收征收管理法》及其实施细则作为主要法律依据。《税收征收管理法》第三十六条规定，企业或者外国企业在中国境内设立的从事生产、经营的机构、场所与其关联企业之间的业务往来，应当按照独立企业之间的业务往来收取或者支付价款、费用；不按照独立企业之间的业务往来收取或者支付价款、费用，而减少其应纳税的收入或者所得额的，税务机关有权进行合理调整。

《税收征收管理法实施细则》第五十一条规定，税收征管法第三十六条所称关联企业，是指有下列关系之一的公司、企业和其他经济组织：在资金、经营、购销等方面，存在直接或者间接的拥有或者控制关系；直接或者间接地同为第三者所拥有或者控制；在利益上具有相关联的其他关系。

显然，上述规定并不全面且适用性较差。需要注意的是，税法关于关联方及关联交易的规定与《企业会计准则》、《上市公司信息披露办法》、股票上市规则中关于关联方的规定并不一致，相对更宽泛。转让定价的调整方法包括可比非受控价格法、再销售价格法、成本加成法、交易净利润法、利润分割法等方法。

受控外国企业的“控制”，是指在股份、资金、经营、购销等方面构成实质控制，如持有外国企业50%以上的股权。根据《企业所得税法实施条例》的规定，实际税负明显偏低是指低于企业所得税25%税率的50%（即12.5%），这些国家或地区主要包括巴哈马、百慕大群岛、瑞士等，而美国、英国、法国、德国、日本、意大利、加拿大、澳大利亚、印度、南非、新西兰和挪威等基本上不属于低税率国家或地区。

一般反避税条款中的“不具有合理商业目的”，是指以减少、免除或者推迟缴纳税款为主要目的。该条款对纳税人而言非常严厉，与税收法定主义存在一定冲突，容易被滥用，侵害纳税人的合法权益，国务院在修改本法实施条例时应当进行必要的规制。

提出弃籍税

纳税人因移居境外注销中国户籍的，应当在注销中国户籍前办理税款清算。例如，实物资产的增值可能需要在弃籍时计算所得税。

强化征信体系

征信体系记录的不仅是纳税人的经济行为，还通过许多生活中的行为去推测、框定可能发生的纳税点，并为其他许多行为提供佐证。

个税修正案（草案）第十四条规定，公安、人民银行、金融监督管理等相关部门应当协助税务机关确认纳税人的身份、银行账户信息。教育、卫生、医疗保障、民政、人力资源社会保障、住房城乡建设、人民银行、金融监督管理等相关部门应当向税务机关提供纳税人子女教育、继续教育、大病医疗、住房贷款利息、住房租金等专项附加扣除信息。

个人转让不动产的，税务机关应当依据不动产登记信息核验应缴的个人所得税，登记机构办理转移登记时，应当查验与该不动产转让相关的个人所得税的完税凭证。个人转让股权办理变更登记的，登记机关应当查验与该股权交易相关的个人所得税的完税凭证。

有关部门依法将纳税人、扣缴义务人遵守本法的情况纳入信用信息系统，并实施联合激励或者惩戒。

个税大网已经铺就，从之前由机构、公司代扣代缴，到纳税人主动申报，模式的转变意味着纳税行为成为更多人生活的一部分。作为纳税人，需要提高纳税意识；作为涉及更多税目的高净值个人，持续关注相关法律法规，更是切身利益所系。

第八章

跨境税收筹划

当前的税收筹划有很大比例是基于税务信息不联动而带来的沟通审核成本而实现的。向境外发达国家征税模式靠拢是国内税务工作发展的必然方向。同时《海外账户税收遵从法案》（Foreign Account Tax Compliance Act，FATCA）与 CRS 的推行意味着中国税务机关将开始大规模与境外税务机构交换税务居民的金融账户信息。对花费巨大成本交换回来的税务数据不做好税收征缴，将意味着巨大的损失。在这种情况下，作为高净值个人和私人银行从业人员，一方面要了解和掌握最新的税收征缴规则与动向，另一方面要选择通过更加规范、恰当的方式进行税收筹划。这是服务高净值客户的必然要求。

FATCA 与税务筹划

FATCA，别称为肥猫法案，于 2010 年 3 月 18 日推出，专门应对和打击美国税收居民利用离岸账户在海外藏匿资产的行为和逃避本国纳税的行为。中国于 2014 年 6 月 26 日与美国政府草签了 FATCA 框架下的政府间协议。

FATCA 简介

FATCA 的监管对象，是美国税务居民在外国金融机构持有的金融账户（除余额不超过 5 万美元的存款账户和现金价值不超过 5 万美元的大额保单以外）。对于不报告所得的按 40% 进行处罚，若不报告金额大于账户金额的25%，则会使用为期6年的扩大报告义务。

2014年4月25日前，也就是开始执行金融机构遵从FATCA与世界大部分国家签订全面性政府间协议前，美国国税局发布了10多个修订通知，不断以打补丁的方式和纳税人或财富管理专业人士的灰色建议博弈，增加许多外国金融机构必须遵从有关规定的细节，FATCA日趋完善。

2014年FATCA定义下的第一批外国金融机构在美国国税局注册完毕。2014年6月30日，所有外国金融机构协议正式生效。2014年7月1日开始，与美国国税局签订协议的外国金融机构开始识别美国纳税人的金融账户，并于2015年3月31日前填报8966表格向美国国税局报告美国纳税人的海外金融账户信息。之后，美国国税局从2017年1月1日开始，对不合作的金融机构和金融账户采取扣缴总款项30%预交款的强制措施。2017年1月3日和1月4日，美国国税局又连续发布新的通知，修订了新的外国金融机构协议。

中美之间FATCA法案进程

当中国政府与美国国税局于2014年6月26日签订政府间替代性正式协议IGA模式一的时候，FATCA IGA模式一这个名词迅速进入中国人的视野，成为在外国金融机构协议中让纳税人和税务管辖区国家或地区最为关心的一个热点。截至2017年11月30日，中国共有1 734家金融机构全部在美国国税局注册了GIIN涉税信息申报号码，但是正式交换的工作时间表不明朗。

中国与美国草签的是互惠型政府间信息交换协议，即中国境内金融机构把FATCA规定的涉税信息提供给中国税务主管当局，然后再转交给美国国税局；与此同时，美国境内的金融机构也必须把中国居民在其境内设立的账户及相关信息通过美国国税局交换给中国税务主管当局。虽然中美两国签署的是互惠型协议，但由于两国经济和开放程度的差异，中国执行 FATCA 需要付出更多的努力，包括增加税务机关的工作量，加大金融机构的遵从成本以及税收征管法的修订等。

自 2018 年中美贸易摩擦升级以来，中美之间的 FATCA 数据交换也实质性受阻，离岸地也纷纷以各种原因选择推迟数据交换。比如开曼群岛政府将根据美国 FATCA 规定的提交 2019 年报告的截止日期，进一步延长至 2020 年 11 月 16 日。

美国 FATCA 自实施以来，按照美国国会当初的预估，美国纳税人在海外藏匿的逃避税赋高达 1 000 亿美元。但是在 2014 年 FATCA 第一期正式进程开始的时候，美国国会又预估美国纳税人在海外藏匿的逃避税赋高达 1 500 亿美元。但是事实上，到目前为止，直接与 FATCA 相关的审计行动中，仅仅涉及外国金融机构 9 000 万美元的逃避税行为，与当初的想法可谓是大相径庭。而目前美国在国际反避税方面，关于海外金融账户强制披露和主动披露已经收到的税负和罚款主要来自 20 世纪 70 年代就开始的 FBAR（外国银行账户披露）机制。FBAR 是 FATCA 的前世今生，依然发挥着不可替代的作用。

CRS 与税务筹划

CRS 实行 3 年多，成果斐然。所谓 CRS 审议，简单来理解，就是 100 个国家承诺实施二十国集团和经合组织框架下的 CRS 标准，首先要做的是将国际标准转化为国内法。2020 年 12 月，经合组织发布了全球涉税信息 CRS 法审同行评议报告，报告显示 2019 年有近 100 个税收主管当局自动交换了 8 400 万个金融账户信息，涉及 10 万亿美元的资产，成为全球税务透明度的里程碑。而 2018 年，90 个国家自动交换了 4 700 万个金融账户的信息，涉及总资产 4.9 万亿欧元。2017 年，仅有 49 个国家交换了 1 100 万个金融账户。CRS 的信息交换模式如图 8 – 1 所示。

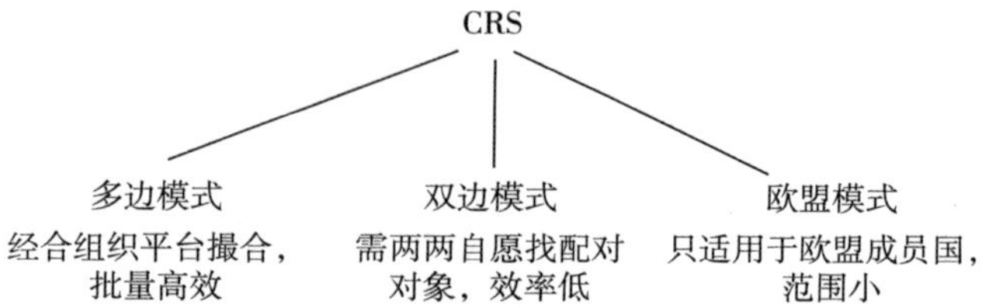

图 8 – 1　CRS 的信息交换模式

CRS 有 3 种信息交换模式，多边模式、双边模式和欧盟模式 。欧盟模式只适用于欧盟成员国，范围小。双边模式，需要两两自愿找配对对象，再签双边协议，而后再开始交换，效率并不高。大范围、高效率的就是多边模式，161 个国家中大部分选择的是多边模式，包括中国。与双边模式需要一对一沟通不同，多边模式由经合组织撮合配对，批量高效。

多边撮合流程，分 3 步走。首先，某国先签署 CRSMCAA（即 CRS 多边协议）；然后，再提交给经合组织一系列资料，包括本国 CRS 法规、信息加密方式、数据安全处理，以及“愿意与之进行信息交换的 CRSMCAA 签署国名单”等。最后，如果经合组织发现两个国家都选了对方，视为配对成功，然后把成功配对的信息公布出来。3 步走完，即自动开始信息交换。

一个国家承诺实施 CRS，其本质上就是承诺将二十国集团和经合组织的 CRS 规则纳入本国的法律体系中。中国现行税收征管法赋予税务机关对金融机构行使的检查权极为有限，为将 FATCA 和 CRS 遵从协议落到实处，需要修订两项内容：一是增加金融机构报送税务机关相关信息的义务，二是赋予税务机关对于金融机构提供的信息可以用于对外交换的权力。各国除了法律修订，有效执行的审议工作从 2020 年开始。

CRS 下税务信息如何处理和利用，对于每一个国家来说，都是高度保密的问题。基于在此前执行欧盟层面其他税务透明规定（例如欧盟储蓄指令等）上的反避税经验，一些欧盟国家已经开始利用CRS下的税务信息。比较常见的做法就是，税务机关事先将其在CRS下获得的纳税人海外账户信息录入年度纳税申报表中，然后让纳税人进行确认和更改，更改时必须提交相应的证明材料，说明更改的事由等。事实上，随着税务大数据的普及和运用，这种税务机关预先录入应申报资产项目和金额的做法已经在不少国家开始实行，例如在法国已经实行了10年之久。

CRS数据利用的另外一个途径就是国家之间的专项税务情报交换。CRS下交换的账户资产信息并不一定与应纳税额有必然的联系，但是这些信息给各国税务稽查部门对纳税人开展跨境税务稽查提供了可靠的情报基础。

我国参与CRS的进展

截至2019年4月，加入CRS的150多个国家或地区中，已有93个国家或地区与中国境内CRS“配对”成功，包括新加坡（2017年）、中国香港（2018年）、瑞士（2018年）和大家广为熟知的离岸避税天堂。目前确定从中国境内交换信息去往的辖区有66个、交换信息到中国境内的辖区有93个，从中国香港交换信息去往的辖区有55个，交换信息到中国香港的辖区有61个。未来还会有更多交换关系不断被激活。

值得一提的是，在国际合作方面，中国国家税务总局近年来共开展了12个国际双边和多边合作项目。例如，最为成熟和有效应对征管的项目，是中国与加拿大税务局一起牵头建立的。对于全球税收合作包容性框架，中国依然缺乏实施大规模交换后使用交换数据的实际经验。我国参与CRS的进展如图8－2所示。

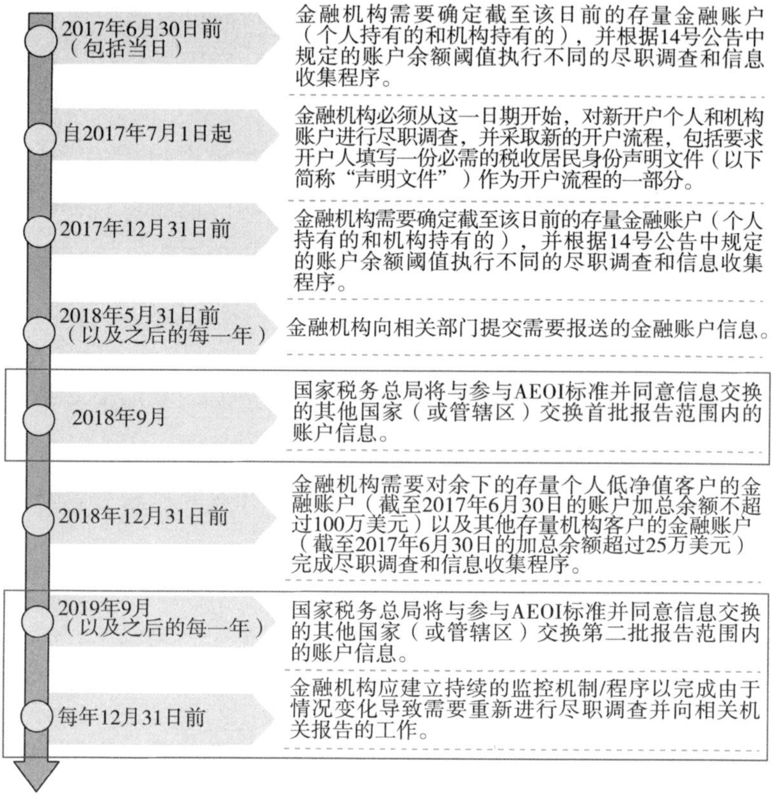

图 8－2　我国参与 CRS 的进展

资料来源：毕马威。

CRS 对离岸架构的影响

我们与 93 个 CRS 配对国的信息交换，几乎覆盖所有实体，包括离岸公司、离岸信托等，几乎覆盖所有海外金融账户信息，包括存款账户、托管账户、带现金价值的保单、证券公司的股票、信托架构下的信托受益权或投资公司的股权、年金合约等，都面临穿透和交换。中国版 CRS 的影响如图 8－3 所示。

以个人境外银行账户、个人所持离岸壳公司、所设离岸信托为

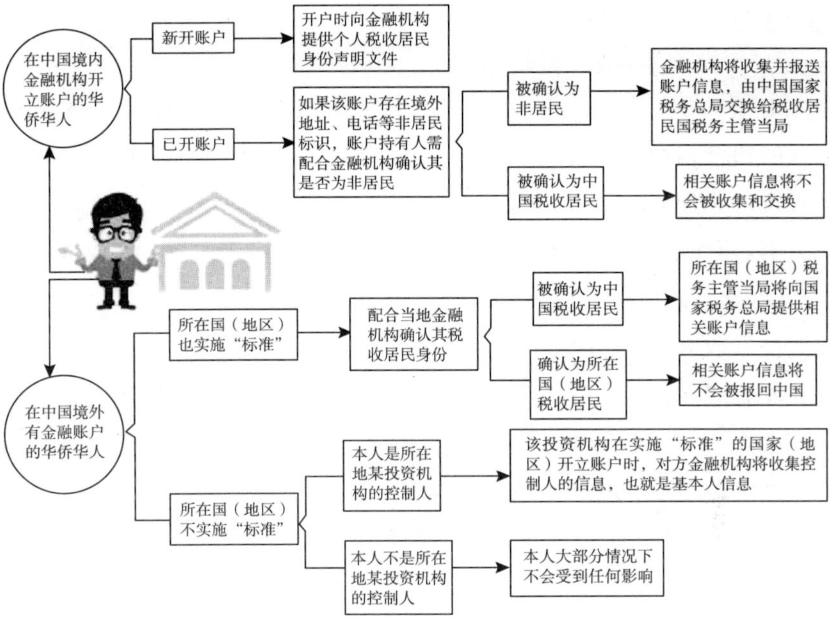

图 8－3　中国版 CRS 的影响

资料来源：中国国税局。

例进行介绍。

个人境外银行账户

如果在申报年度内销户，仍需申报。申报该账户关闭的事实，以及在申报年度内收到的利息总额。

如果在申报年度内持有人身份发生了变化，由中国税务居民变成了他国税务居民，或变成了不用 CRS 申报的居民，那么，在变更当年以及以后年度，都不必再申报。

离岸壳公司

一般来讲，中国居民持有的离岸壳公司几乎都是非金融机构，这些非金融机构又分积极的非金融机构和消极的非金融机构。两者

CRS 申报义务非常不同。

1. 积极的非金融机构。

上年（申报期）的收入半数以下是消极收入的（以及产生消极收入的资产占总资产半数以下），或上市的（如红筹），或非营利性的机构等都属积极非金融机构。

消极收入包括股息红利、利息或类利息、租金和特许权使用费、年金、金融资产类（期货、远期合约等）交易收益、外汇交易收益、掉期交易收入、具有现金价值的保险合同下的所得等。

如果离岸公司（如 BVI 公司）被认为是积极的非金融机构，那么不用穿透背后中国实际控制人，BVI 公司的开户行（如香港某行）只需把 BVI 公司的账户信息换回 BVI。

但是，换回 BVI 后，如果 BVI 政府认为该 BVI 公司在当地并不具备“经济实质”，仍可能会将信息穿透背后的实际受益人换回中国去。

2. 消极的非金融机构。

不被认定为积极的非金融机构，就是消极的非金融机构。而如果离岸公司（如 BVI 公司）被认为是消极的非金融机构，那么要穿透背后中国实际控制人，BVI 公司的开户行（如香港某行）会穿透实际控制人的身份信息，以及将其控制的 BVI 公司账户的余额（或价值）、当期收入总额全部换回中国。

对于实际控制人的认定，依次判定：直接（或间接）持有 BVI 公司 25% 以上股权（或投票权）的人、通过其他方式对 BVI 公司实施最终控制的人或该 BVI 公司的高管。

离岸信托

如果一个信托属于非金融机构，那么也分两种，即积极的非金融机构类信托和消极的非金融机构类信托。而实践中设一个信托做积极活动的情况极其少。作为消极非金融机构类信托，如果这个境外信托本身就属于某 CRS 参与国的税务居民（目前中国没有认定境外信托为税务居民），就需将信托所持金融账户信息换回去。

同时，还要再穿透看信托背后的实际控制人，包括委托人、固定受益人、保护人等，只要其中任一实际控制人是中国税务居民，该信托所持金融账户信息就会被换回中国。

CRS 对海外华人的影响

对于持有海外身份的华人，CRS 影响如何呢？我们以加拿大为例进行说明。中加在 2018 年 9 月于中国国税局批量交换和自动交换涉税信息。在华人圈比较著名的案例有，来自不列颠哥伦比亚省的税务局前审计员 Mathew Kai Ming Ma 曾经被控漏报在美国出租公寓的 57 958 加元租金收益，申报父母减税但事实上父母住在中国香港。

根据加拿大财政部的执行指引，加拿大版 CRS 金融账户涉税信息交换的执行首先从“非居民”开始，因此，首先受到影响的就是非居民人群。随着加拿大版 CRS 在 2017 年 7 月 1 日的全面铺开，受到影响和冲击的人群主要有：

1. 在加拿大金融机构开设账户的非加拿大税务居民，包括银行账户、证券账户、保险账户、信托账户、实体账户等。对于华人人群来讲，在加拿大拥有金融财务账户，却没有加拿大税务身份的人群，其账户信息将优先被加拿大金融机构和税务局收集，被交换到中国税务总局。

2. 在加拿大取得枫叶卡但是选择短登的中国移民人群，其在加拿大银行等财务机构开户时，填报了“非居民”留存信息，其豁除账户以外的低值账户、高值账户或实体账户将是被交换的信息。此类中国税务居民如果在加拿大有收入（如股息、红利、投资所得等）

而未向中国税务机关申报，将会出现中国税务风险。

3. 受到冲击最为严重的将是，因移民加拿大取得加拿大籍或枫叶卡永久居留权，但仍经常在国内工作生活的中国人的金融账户信息，将会按照两国交换原则和框架，被中国税务总局报送给加拿大税务局。

过往的移民保税中，一个非常典型的情况是，很多华人都在不知不觉中没有及时地申报在中国的投资资产，尤其是超过 10 万加元的投资资产。

申报披露 T1135 是应对加拿大版 CRS 冲击的最佳选择。根据加拿大《所得税法案》第 233 条，加拿大税务居民，无论是个人，还是公司实体、信托、合伙人公司，在过往一年任何一个时间点拥有超过 10 万加元的加拿大以外特定海外资产，就必须申报 T1135 表格，披露其收入和资产内容。2015 年 2 月 9 日后，税法规则又做了修订和补充，将资产报告改为两个梯级：一是超过 10 万加元但低于 25 万加元；二是 25 万加元以上资产。

拥有加拿大以外公司控权股份的中国移民人群，则还需要申报 T1134 披露表格，以保护资产和财富的安全性。

无论是申报 T1135 表格，还是 T1134 表格，都有很多方式和技巧，有简化申报法、成本申报法、合并申报法，还有特定资产分析和规划的一系列注意事项和细节，资深税务会计师的筹划和帮助就显得非常重要。家族办公室作为家庭财富的统筹机构，必须高度重视税务风险，未雨绸缪，防患于未然。

除了 FATCA 和 CRS，与高净值客户相关的税务规定，还有中国已经与 107 个国家签订的《避免双重征税协定》。目前世界上大约有 3 000 多个避免双重征税的协定，其中绝大多数都包含情报交换条款。但是，这些情报交换是根据申请进行，并非自动完成的，申请时需要提供涉税的证明材料，所以实践中作用非常有限。

保险金信托税务筹划

因为家族成员的税籍地不同，家族信托的税负可能也会受到影响，也可能因为某一位家族成员居住地的法律，或其个人家事问题（如离婚、继承）等原因，而造成对家族信托结构的影响。从税筹功能最强的保险金信托来看，保险不是天生就能够避税的。保险被应用于税收筹划，是由保单架构实现的。因为保险可以改变财产的性质、所有人。财产的性质、所有人不同，纳税的义务、税种就不同，从而产生筹划空间。比如，美国有赠与税，而中国没有赠与税，这样就产生了一定的筹划空间。

目前，中国所有的分红都没有筹划空间，需要按投资所得的20%纳税。生存、身故收益金根据《个人所得税法》是免个税的。保单主要收益相关人的权利与税务见表8－1。

表8－1　保单主要收益相关人的权利与税务

	投保人	被保险人	受益人
资产权利	现金价值 万能账户	生存年金 特别生存金 满期金	身故受益人 （保费）
法律权利	参与指定受益人的权利 终止合同的权利 保单借款的权利 减保的权利 万能账户部分领取权利 万能账户年金转化权利	指定受益人的权利	放弃受益的权利
税收架构	资本利得税/所得税 遗产税 赠与税	所得税	遗产税 所得税

投保人现金价值/万能账户超过本金、领取收益，需要交纳个人所得税。赠与税由原投保人来缴，中国没赠与税，美国有。遗产税谁得谁缴。对于被保险人而言，若投保人和被保险人不一致，则按

赠与算（在美国，赠与税由原投保人来缴，中国没有赠与税），若想进行税收筹划，则修改投保人即可。若投保人和被保险人一致，则会产生所得税（在有些国家是资本利得税）。对于身故受益人，则根据投保人和被保险人是否一致，视为遗产或所得，并缴纳相应的税费。

接下来，我们通过几个案例来介绍客户身份在境外、资产在境内的情况下，针对不同的诉求如何通过保险金信托来进行跨境税收筹划。

境外身份、境内资产

表8－2　境外身份、境内资产案例

投保人	被保险人	受益人
母亲（境外身份、境内资产） 现金价值；增值部分 年金保险/终身寿险	母亲（境外身份、境内资产） 解决生活开支 保单借款不算收入，降低成本	子女（境外身份） 解决生活开支

此时可以选择用年金保险或终身寿险来筹划。具有境外身份的人做投保人，用境内的保单持有境内的资产，通过自己做投保人、被保险人，实现税收筹划。

对于境外资产，这种架构在没有遗产税的国家使用最方便，比如加拿大——投保人和被保险人是同一个人，身故受益人是具有境外身份的子女，一旦投保人/被保险人去世，资产将直接分配给具有境外身份的子女。

对于有遗产税的国家，如美国，就需要投保人和被保险人不同，选购终身寿险，不仅赔付金额的领取是免费的，而且由于继承程序中其他遗产都是先冻结，在缴税后才可以继承，终身寿险的赔付金额可以用于支付其他遗产的遗产税。

另外，对于我们的投保人而言，如果需要用钱，建议不要选择减额领取，因为年金复利滚动之后利率往往都比较高，选择保单借款是更加划算的方式，保单借款最高可以到保单现金价值的80%，利率往往低于5%，同时借款不作为收入，也没有税收，又降低了一次成本。

部分境外身份、境内资产

1. 生前分配（见表8－3、表8－4）。

表8－3　生前分配的部分境外身份、境内资产案例一

投保人	被保险人	受益人
母亲（中国身份） 终身寿险	女儿（境外身份） 赠与 免遗产税	孙子女（境外身份）

通过终身寿险进行税收筹划：具有境内身份的母亲做投保人，具有境外身份的子女做被保险人和受益人，境内没有赠与税，目前不用缴纳遗产税。

表8－4　生前分配的部分境外身份、境内资产案例二

投保人	被保险人	受益人
母亲（中国身份） 年金保险 现金价值；增值部分	女儿（境外身份） 生存金 减免个人所得税（在某些国家为资本利得税）	孙子女（境外身份） 解决生活开支

通过年金保险进行税收筹划：每年交300万元保费，交10年，总保费为3 000万元。

具有境内身份的母亲做投保人，具有境外身份的子女做被保险人和身故受益人。每年的收益以赠与的方式赠与具有境外身份的子女，免缴个人所得税（在某些国家为资本利得税）。

2. 死后传承（见表8－5）。

表8－5　死后传承的部分境外身份、境内资产案例

投保人	被保险人	受益人
母亲（境内身份） 现金价值；增值部分	母亲（境内身份） 保险金信托	子女（境外身份） 信托内资产不产生遗产税

在客户没有孙子女的情况下，只能选择投保人和被保险人一致，此时一旦投保人/被保险人死亡，其资产就会被视为遗产，如果直接将资产交给具有境外身份的子女，那么需要缴纳遗产税。正确的做法是，将资产转入一个保险金信托，然后再分配给具有境外身份的子女，通过形态流转的方式避免这一部分财产的遗产税。

综上所述，保单架构是通过以下 3 种方式进行跨境税收筹划的，在纳税人、纳税范围、纳税税种、免税额度 4 个维度上进行筹划：

- 晚交税。考虑在领取时间上做文章，通过年金/万能账户做税收递延。
- 少缴税。考虑形态流转，借助保险金信托无遗产税的优惠条款。
- 不缴税。借助税收政策身故受益金免所得税的条款，避免相应税费。

在实践中，合理地运用各种工具进行税务筹划，还需要专业机构的辅助，量身定制。找到可信赖的专业机构和专业人士，对高净值人士的财务优化至关重要。

房产股权信托税务筹划

前面我们在第五章“境内传承工具”股权信托部分，曾经介绍了境内房产通过家族信托的方式持有来递延税务的安排。对于持有境外房产的家族而言，家族信托由于纳税的问题可以有更多的适用场景。

境外房产持有方式

房产投资方式

每个国家的房产投资规则都有各自的特点，在选定国家后最重要的是选择持有方式。不同的持有方式会对未来房屋的买卖、抵押、出租、转让、传承等问题产生影响，还会影响权利人各方的利益，是否有代扣税，以及卖房产生的税费。

通常，买家可以从个人、联名、公司、信托等 4 种常用持有形式中选择。我们以美国的规定为例进行阐释。

1. 个人持有（独立完全产权）。

在个人持有方式下，不动产的权益和责任都归个人所有，多适用于未婚单身男女。

2. 联名持有（两个人共同拥有产权）。

在美国，联名持有产权分为联合产权和共有产权两种形式。区别在于，若两人中一人去世，在联合产权下，产权直接归属另一所有权人，在共有产权下，产权要视作死者遗产进行分配。

3. 公司拥有产权。

公司拥有产权是指产权归公司所有。根据美国各州法律法规的不同，某些个人信息可能不会被公布在市政网站上，能够在一定程度上保护个人隐私。最重要的是，产权持有人仅需要以其在不动产投入的资金为限，承担有限的责任。在合伙出资和未来遗产继承等方面也有更多筹划空间。

4. 信托形式。

在美国，信托是常用的资产保护和高收益合理避税的产权持有形式。信托主要有 3 个重要的组成部分：一是信托管理人或控制人。二是信托财产。三是受益人。信托管理人或控制人，可以是个人也可以是公司。

信托是指受托人基于委托人的信任，以名义所有人的身份，就委托人授予的财产为受益人的利益进行管理和处分的行为。信托的有效设立必须满足以下条件：

- 委托人有设立信托的意图并出于合法目的。
- 受托人是基于委托人的信任持有信托财产并负有衡平法上的义务为受益人利益管理好信托财产。
- 有特定的信托财产，包括动产和不动产，可以实际交付给受托人。

一般来讲，若以房地产为信托财产，可以以房地产信托或者家族信托的形式来设立，但是这并不能一概而论，因为美国各州关于信托的规定各有不同，实践当中最好请当地有经验的信托领域的专业律师出一份专业意见书。

境外房地产信托税费

我们仍以美国的房地产为例。假设客户 C 先生本身是中国境内身份，且没有任何的境外身份，他在曼哈顿有一价值 500 万美元的房产。根据美国的税法，这个房产是受美国税务管辖的，会产生几项税务。

一是所得税。这个房产在未来出售时有任何的增值都需要在美国缴纳所得税。

二是遗产税和赠与税。美国的遗产税最高达 40%，也就是说，如果 C 先生在美国的房子在他去世的时候仍由他个人直接持有，那么他的继承人就需要去美国缴纳遗产税。

美国遗产税其实有一个豁免额度，一个美国公民一生当中可以享有 1 148 万美元的豁免额度。也就是说，如果 C 先生是美国身份，除了价值 500 万美元的房子，他在美国没有其他任何资产，并且在全球也没有其他任何资产，那么他的房子给到他的孩子的时候，是不需要缴纳遗产税的，因为还没有超出这个额度。

但是 C 先生没有美国身份，所以他无法享有 1 148 万美元的豁免额度。那么，C 先生有多少额度可以用呢？只有 6 万美元。这样 C 先生最后需要按 494 万（500 万 – 6 万）美元，以 40% 的比率去缴纳遗产税，对他来说，负担是非常重的。这就是关于美国遗产税的一个风险。

三是关于公司业务。更多时候，是关于股权。在个人未来遇到一些意外的情况下，是否能够比较平稳地由继承人继承公司股权，使公司业务不受任何的影响。

总而言之，有 3 类风险：中国个人所得税方面的风险、美国所得税和遗产税方面的风险、企业继承方面的风险。

第九章

全球资产配置

2020年，财富总额和人数规模继续增长，但亿万富豪群体内部出现了财富的两极分化。报告显示，截至2020年7月，在过去的两年间，受科技股飙升的影响，科技行业亿万富豪的财富总额增长42.5%至1.8万亿美元。同时，受新时代药物研发及诊断和医疗技术创新，以及新冠肺炎疫情治疗和设备的刺激，医疗保健领域亿万富豪的财富总额增长50.3%至6 586亿美元。[①] 2018—2020年富豪群体的资产规模如图9－1所示。

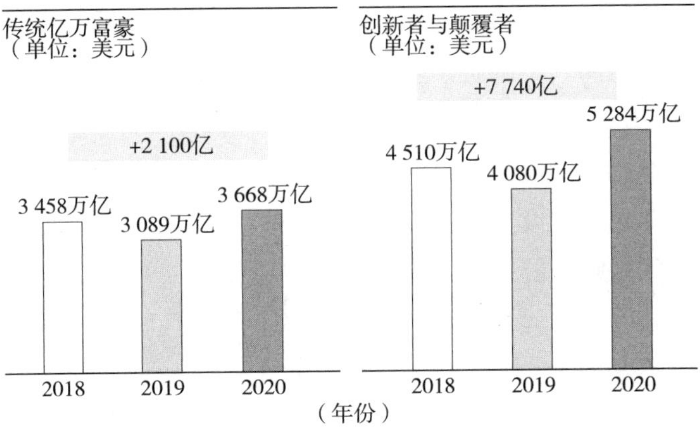

图9－1　2018—2020年富豪群体的资产规模

资料来源：瑞银和普华永道联合发布的《2020亿万富豪洞察报告》。

新冠肺炎疫情带来了机会和挑战，将近60%的企业掌门人因为疫情，都在考虑谁能够继承他的企业，并重新审视自己的长期投资战略和家族办公室的结构。亿万富豪近期和已计划的行动如图9－2所示。

① 资料来源：瑞银、普华永道，《2020亿万富豪洞察报告》。

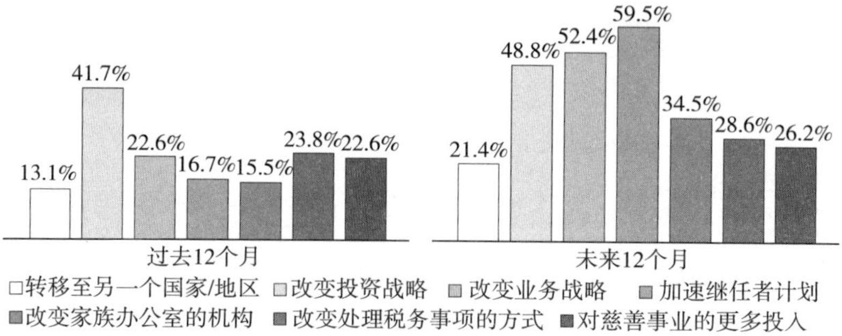

资料来源：瑞银、普华永道，《2020亿万富豪洞察报告》。

图9－2　亿万富豪近期和已计划的行动

2018年小米集团在港交所挂牌上市时，董事长雷军在公开信中表示，第一笔投资小米的500万美元风险投资的收益率是866倍。这笔风险投资的投资人是香港投资公司晨兴资本，晨兴资本的老板是香港恒隆集团、恒隆地产的创始人陈曾熙的次子陈乐宗。在陈曾熙于20世纪80年代去世后，长子陈启宗负责家族主业恒隆地产。他于20世纪90年代在上海兴建的恒隆广场是上海最成功的商业地产之一，后来又陆续在天津、济南、长沙、昆明等地兴建了恒隆广场。次子陈乐宗负责的晨兴资本专注于投资，主要集中在互联网科技行业，其投资的迅雷、YY、UC等多个项目后来都取得了巨大的成功。仅小米集团这一笔投资，晨兴资本的收益就高达43亿美元。在海外，KKR最早脱胎于一家家族办公室的投资部门。作为家族办公室的核心功能，全球资产配置的重要地位毋庸置疑。家族在投资上也是可以大有作为的。

本土家族办公室如何投资

国内家族办公室投资需求

目前国内大量年事偏高的老一代企业家，作为中国改革开放红利的第一批受益者，经历过多个经济周期，主要考虑家族财富的世代传承和实业企业的转型升级，在财富传承规划、股权结构设计、税务信托规划之外，偏好稳健的资产配置与相对长期的 VC/PE 投资等。成熟的家族企业与经济发展潮流相结合，成功探索出革新之路：家族财富的增长主要来源于分红，当财富增长到一定规模时，家族财富结构变得复杂，财富再创能力提高，愿意尝试风险更大、周期更长、流动性欠佳但回报更高的资产类别。家族办公室投资需要配合家族企业产业升级和多元化的战略布局。

年轻的新一代企业家得益于 TMT（科技、媒体和通信）、生物医药等行业的发展，国际化程度更高，思想更开放，希望进取地创造财富，更关注财富创造，以及有潜力、商业发展前景优质的投资机会。家族财富主要由上市公司的股票体现，成立家族办公室的动机主要为管理股票变现或质押产生的大量现金。家族财富的增长主要来自股价的提升，具有强烈的家族资产配置多元化需求，以抵御科技行业可能会产生的变化。2009—2020 年，按行业划分，在财富年增长率上，科技和医疗保健行业亿万富豪一路领先，如图 9－3 所示。

随着宏观环境的变化，对于财富家族第二代成员无意接班，或者主业遭遇流动性事件丧失创造新财富的能力的情况，家族办公室建立系统化、机构化、正规化的财富管理需求，看重财富安全，强调完善的资产配置和完备的风控系统，成为家族财富管理的核心。

中国财富结构持续优化。中国经济增长模式已经实现了转型，由劳动密集型和资源密集型成功转为技术推动型，由高碳经济转为低碳经济。来自高科技、互联网和综合型商业的富豪占富豪名单的大多数，科技产业创富位居第一。家族企业与家族办公室的特征如图 9－4 所示。

金融投资仍然是中国家族办公室的核心关注点，绝大部分家族设立家族办公室的动力来自巨额现金管理的需要。家族办公室的投

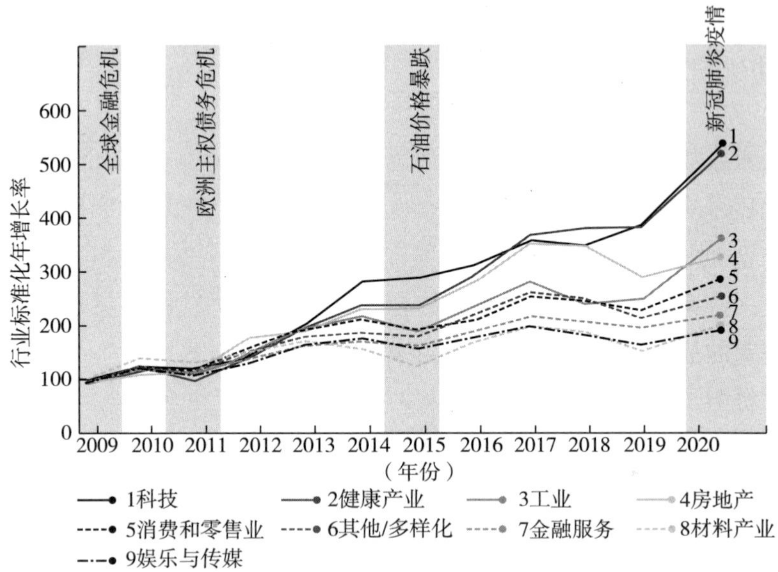

图 9－3　按行业划分的亿万富豪财富年增长率（2009—2020 年）

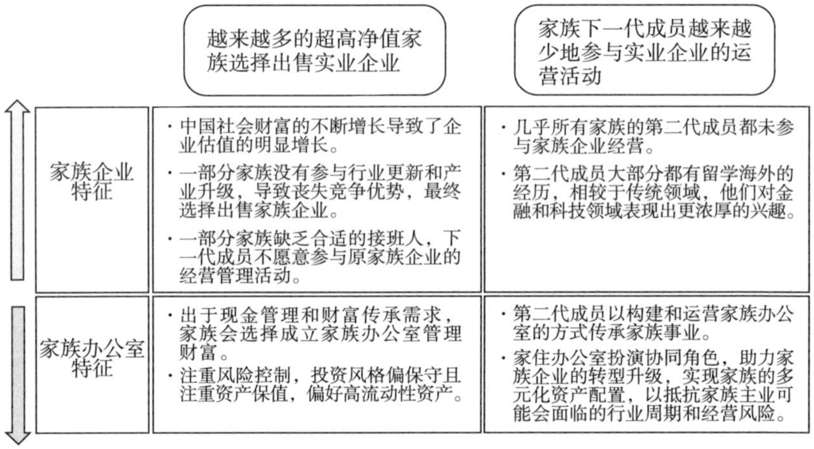

图 9－4　家族企业与家族办公室的特征

资目标与家族企业的战略目标紧密结合，家族实物资产管理、家族治理与传承等职能目前并不多见。

借助外部私人银行

家族的家族办公室基于自身运营系统等原因，与大型金融机构相比显得略有些势单力薄，可以通过开放平台整合私人银行中家族办公室能提供的服务。

一些家族与国内第三方机构合作设立定制化家族办公室，家族办公室的战略目标及投资偏好由家族做主，但团队及架构均隶属第三方机构。金科地产的黄红云家族采用此模式，与民生银行合作设立了家族办公室。

此外，私人银行中还有一些服务是可以被家族办公室择优采购的。比如，在新技术运营上，大型机构基于规模效应也有过人之处。花旗银行总部有由约20名专业人士组成的全球投资实验室，专职从事各项研究。除了定期为客户出具优化投资组合的报告和行动建议，还可以根据客户的投资目标和风险偏好，评估其资产、债务和商业利益，并给出个性化定制建议。瑞银集团家族客户可以优先点名客户投资办公室的明星投资顾问给予资产配置建议。同时，瑞银还为家族客户提供专属的积极组合管理服务，为客户进行动态的全权委托投资。金融机构还可以通过专户等形式，定期给出家族办公室的资产配置报告、资产增值情况、数字化配置建议、交易盈亏分析、资产负债表簿记等，这些都可以极大地节省家族办公室自身的研发运营成本。

私人银行还可以成为一些稀缺的投资机会的来源——市场上稀有的项目投资机会经常在几家家族办公室之间就瓜分殆尽。华兴财富管理、摩根大通都会根据市场热点进行定制化产品开发，为客户提供稀缺优质资产投资机会。有些与投行联动比较好的私人银行会帮客户获取优质稀缺资产，比如为超高净值客户提供贝壳、京东健康、泡泡玛特的IPO锚定配售优先申购权，KKR、黑石的私募基金申购份额等。基于私人银行丰富的产品货架，有相当多的家族办公室可以采购全市场的产品给自己做风险充分对冲的组合配置。

拿多少钱投资

退而结网，我们需要先考虑一下家族资产在企业内外的配置比例问题。股东所需的现金流、企业增长所需和家族保持控制权这 3 个重要目标相互制约，彼此影响。如何平衡它们之间的关系，是不同阶段、不同诉求下安排资产比例的主要依据。境外家族资金安排经典模型如图 9－5 所示。

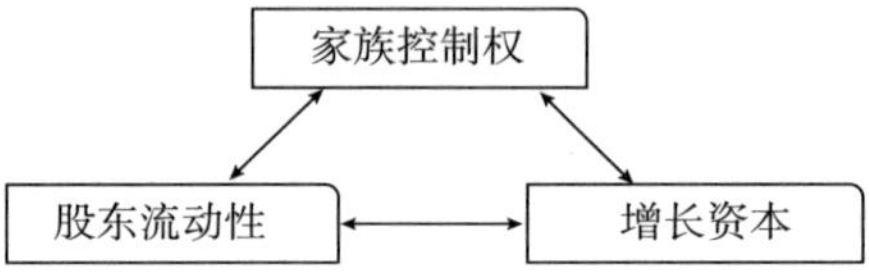

图 9－5　境外家族资金安排经典模型

就国内而言，企业经营如烈火烹油，相当多“老派”企业家一辈子都在管理企业，“退出”或者“退休”是不存在的。但对于新兴经济领域的企业家来说，一个创业项目成功或企业上市股权可以出售后，有相当多人会考虑至少将一部分资产用于投资，享受资本利得带来的好处。在“老派”企业家交棒给下一代的时候，选择一部分资金用于金融投资同样变得必要。

国内家族办公室在试图借鉴美国一些家族办公室模式时，往往发现两者差别巨大。核心的一点是，中国家族办公室的资金还掌握在一代手中，其对流动性的要求低，因而 VC、PE 等另类投资的占比应该更高。

想要满足股东个人过高的流动性需求，就需要向企业施压进行高比例现金分红，或是出售其所持股份以换取流动性。假设这是家族中某位成员的行为，那么家族为了保持对企业的控制力，就需要紧急筹措资金回购这部分股权，家族中的某些个人或者企业就要承担极高的负债压力而无法耐心经营。

只有通过家族金融资产的有效管理，才能在一定程度上满足成员的个人财富需要，解决他们的后顾之忧，他们才能产生耐心资本，去关注企业的长期可持续发展。

另外，耐心资本不等同于受限资本，在家族企业层面设立平稳的退出机制，并尽量将家族和企业的不利影响降到最低。让不适合担任企业所有者、控制者和经营者的家族成员顺利退出后，可引入外部独立董事、职业经理人等，借助外部治理的竞争机制，形成鲶鱼效应，促进企业管理水平的整体提升。本章所讨论的全球资产配置，在狭义范围（即金融资产投资），讨论企业经营之外的资产配置问题，介绍如何考虑短期、中期、长期的资金需求，在不同的风险偏好下如何做一揽子的整体安排以保证各类流动性需求得到充分满足。

对于已确定用于金融投资的部分，我将从横向投资、跨周期投资管理、个人生命周期和投资标的几个角度，为大家提出几个需要思考的主要问题和相应的线索，帮助大家建立自己的投资框架。

阅读接下来的部分，可以使你在与专业人士聊天的时候，听得懂、问得准。如果你想自己逐渐开始投资，或者与专业人士一起开始投资，顺着下文的框架，就可以形成属于自己的可以不断验证和积累的基础框架。类似于跟网球教练学完对打之后，虽然时不时跟教练磨炼一下技术细节很有裨益，但总的来说，可以靠自己的反复训练去不断提升。

横向配置范本

· 资产配置的概念被广泛接受始于美国学者布林森（Brinson）、胡德（Hood）、比鲍尔（Beebower）3 人于 1986 年发表在《金融分析家杂志》上的一篇文章《组合绩效的决定》，在这篇文章中，3 人指出，投资收益的 91.5% 是由资产配置决定的，具体的证券选择、择时操作以及其他因素所带来的投资收益不足 10%。1990 年马科维茨的组合投资理论获得诺贝尔经济学奖，在一定程度上反映了一种共识——分散风险组合投资是利益最大化的选择。当是否应当进行组合配置不再是问题时，如何建立组合就成了投资面临的最大问题。

2020 年 12 月，中国银行私人银行中心针对超过 1 000 位企业家的调研显示，大部分企业家的金融资产配置结构难以支撑其回报预期。近六成受访企业家追求的投资年化回报率超过 8%，但现有投资组合集中在存款和银行理财，使得实际投资回报率难以达到预期，具体如图 9 –6 所示。

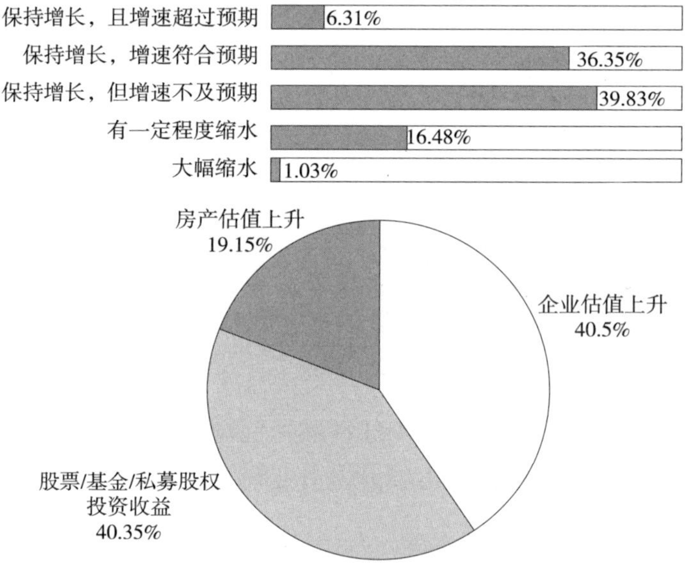

图 9 –6　中国企业家金融资产投资回报

资料来源：中国银行，《2020 中国企业家家族财富管理白皮书》。

目前，我国企业家金融资产配置集中在现金类及理财类产品，银行存款、理财等的占比较高，而股票、公募/私募股权投资、贵金属、艺术品及其他另类投资产品配置比重则较低，分散化程度不足，具体如图9－7所示。且市场无风险收益率整体呈下行趋势，这些产品获得超额回报的概率较低，导致受访企业家真实回报率普遍低于回报预期。

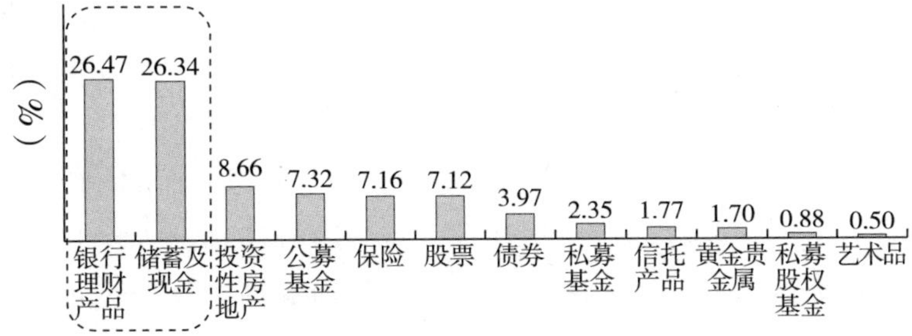

图9－7　中国企业家金融资产配置

资料来源：中国银行，《2020中国企业家家族财富管理白皮书》。

与成熟金融市场国家的高净值客户相比，我国企业家群体的资产配置分散化程度有待提升。根据瑞士银行2020年对全球121家最大的家族办公室的调研，这些家族办公室平均配置13%的现金类资产，17%的债券类资产，29%的股票类资产，35%的另类投资资产（以私募股权、REITs与对冲基金为代表）。①

只有采取合理的资产配置，适当调整配置结构，才能更接近预期投资目标。为提升整体投资组合的风险收益表现，家族办公室等财富管理机构可以在资产组合中加入权益类资产、另类投资等不同种类资产，在有效分散市场风险的基础上，提高投资组合收益。

家族办公室资产配置总览

根据瑞银和著名的调查公司坎普登财富研究2018年的调查，基于2018年2月5日311个家族办公室的投资组合比例得到的平均资

---

① 资料来源：中国银行，《2020中国企业家家族财富管理白皮书》。

产投资配置比例展示了家族办公室中大多数人的选择。

家族办公室作为手握重金、思路开阔的投资人，在世界范围的并购、投资中有着举足轻重的作用。近几年来，家族办公室的投资组合中，PE 的比例逐渐上升，目前已经超过总资产的 20%（PE 直投 14%、PE 基金 7.6%），仅次于股票投资的 28%。而传统上被认为可以作为安全垫的债券只有 16.2%，甚至低于物业的 18.1%，对冲基金 5.7%，大宗商品 3.4%，现金及其等价物 7%，仅次于股票（见图 9-8）。彭博认为这种变化是“私募股权的富有化”，而坎普登财富研究的另一份报告提出，PE 的投资份额将继续大幅上升。

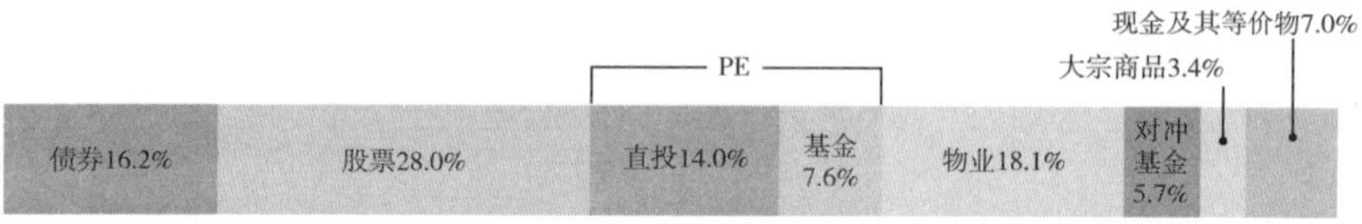

图 9-8　家族办公室大类资产配置情况

资料来源：瑞银、坎普登财富研究，《2018 全球家族办公室报告》。

耶鲁大学捐赠基金

接下来，我们介绍一种在市场上久负盛名的组合投资机构——耶鲁大学捐赠基金，作为范本，供家族办公室的投资人参考。

耶鲁大学捐赠基金的投资配置比例

耶鲁大学捐赠基金近 30 年的成功案例一直被投资界视为标杆。1985 年上任的 CIO 大卫·史文森将 50% 的股票和 50% 的债券的传统模型加以改造，应用资本资产定价模型下的有效前沿配置，创新性地把另类投资的比例提高，使耶鲁大学在过去 20 年获得了年化 11.4% 远超市场基准的投资收益，[①] 如果扣除耶鲁大学每年支出，收

① 资料来源：《2019 年耶鲁大学捐赠基金报告》。

益率则会更高。具体比例可以参见 2019 年耶鲁大学捐赠基金报告公布的收益率情况（表 9－1）。

表 9－1　2019 年耶鲁大学捐赠基金收益率情况

投资品类	收益率（%）
绝对回报	26.0
VC	18.0
海外股票	15.5
杠杆收购	15.0
房地产	9.5
现金和债券	6.5
自然资源	6.5
国内股票	3.0

资料来源：《2019 年耶鲁大学捐赠基金报告》。

绝对回报指的是机动套利资金，用来买入事件套利和价值套利机会。事件是指类似资产重组、破产清算这一类的机会；价值驱动指的是套利。VC 资金占比高达 18%。杠杆收购是指致力于此的 PE 资金占比高达 15%。VC、PE 两者合计为 33%。股票投资方面，海外股票高达 15.5%，可见耶鲁大学捐赠基金的配置是多么国际化。国内股票只占 3%，在整个表单中排在最后。股票类两者合计为 18.5%。房地产占比为 9.5%，也相当高。自然资源指大宗商品，占比 6.7%。传统的现金和债券只有 6.5%，而这已经是近几年中非常高的比例了。2015 年这一比例甚至只有 2.8%，应当说这在一定程度上体现了耶鲁大学捐赠基金对于整个经济周期的看法。

总的来看，史文森有两个制胜法宝。第一个是有更高的另类资产比例。这主要是基于大学捐赠基金长期的资金属性，因此可以更多地投资低流动性资产。第二个是积极的管理策略。由于另类投资市场的低透明度，基金管理人要抓住投资机会需要花费大量的时间、精力跟进市场信息和发掘投资机会。实际上，耶鲁大学捐赠基金几乎在每个资产类别上都跑赢了大盘。截至 2020 年 6 月 30 日，这一基金的规模是 303 亿美元。

Vulcan

由于家族办公室的投资信息通常不对外披露，比如，将大部分财富捐助给比尔及梅琳达盖茨基金会的微软创始人比尔·盖茨，其家族办公室是从名字上完全看不出痕迹的 Cascade Investment。

这里仅根据公开信息对海外知名家族办公室的投资做一个简单介绍：Vulcan 是微软联合创始人保罗·艾伦的家族办公室，成立于 2003 年，打理保罗·艾伦 177 亿美元的资产。500 人的家族办公室团队中既有职业投资人，也有诸多领域的科学家，其工作内容包括：

- 金融投资，多元化资产配置实现财富增值，包括从早期到成长期的一级市场投资，公布的证券组合有 60 多个，包括阿里巴巴和优步，还包括上市公司的股票和债券等。
- 地产投资和运营，在西雅图投资了 20 多亿美元的地产，管理当地最大的体育馆和影院，还管理伦敦的一个艺术家俱乐部。
- 球队投资，由于保罗·艾伦是个铁杆球迷，收购了波特兰开拓者队、西雅图海鹰队和西雅图海湾人队。
- 科研，旗下有 Vulcan Technology 公司，合作/资助各种用图像识别、数据分析和可视化、传感器和卫星发射来保护濒危物种、防盗猎的技术；还有 3 家研究所，分别研究脑科学、细胞科学和人工智能。
- 太空探索，保罗·艾伦和其他几个亿万富翁一样，对上天也很感兴趣。资助过第一个民间投资的太空飞船太空船一号（SpaceShipOne），现在旗下有 Vulcan Aerospace，进行低成本航天科技的研发，造太空飞船。

- 慈善，和美国交通部合作资助智能城市解决方案，资助各种保护海洋的非政府组织，出资 1 亿美元用于埃博拉病毒治疗的科学研究，还有一只自己的影响力基金 Vulcan Impact Investing。

由于保罗·艾伦和他姐朱迪·艾伦对艺术很感兴趣，Vulcan 还资助了不少艺术和博物馆，旗下有一家影视制作公司 Vulcan Productions，作品拿过艾美奖和格莱美奖。

除此之外，Vulcan 内部有一个自己的公关团队和律师团队，用来处理和艾伦家族相关的媒体关系和法律诉讼。

双湖资本

家族办公室的核心要义之一是：使资产长期发展，并能够顺利地跨代传承和保值增值。可以说，对“长期”的坚持是写在家族办公室基因中的。中国改革开放 40 多年，诞生了相当一批的财富新贵，但多数企业家惯以个人投资、设立信托、机构代管等方式来获得财富增值，鲜有成体系的资产配置。2013 年诞生的双湖资本，出资人是龙湖集团吴氏家族，是中国境内真正意义上的第一家家族办公室。

双湖资本的专业性就体现在，其试图将企业家的家族财富予以机构化的专业管理，运用成熟的产业经验协助创业者，进行资源的撮合和优化配置。从团队来看，双湖与市面上成建制的资管平台无异：20 余人的团队包括投资、研究和中后台，团队成员大多数来自成熟投资机构或特定产业。在资产类别上，双湖覆盖了 FOF（基金中的基金）、二级市场和项目直投3个版块，形成“三轮联动”。

双湖起家的第一支基金与康桥汇世合作，放在纯美元市场。2013年，中国家族办公室的资金还处在“第一代”，能够撬开多家头部美元基金大门，主要是由于其对流动性的要求低，资金具备永续性，因而VC、PE等另类投资的占比更高，受到美国普通合伙人的欢迎。

从FOF起家，双湖先后访谈了上千家普通合伙人，最终投入100多家基金，包括私募股权和二级市场基金，几乎囊括了市面上品牌度最高的那些名字，如境内的红杉资本中国基金、高瓴资本、晨兴资本、真格基金、蓝驰创投、凯雷等，境外的Silver Lake、DFJ、Generation、True Ventures以及Thoma Bravo等。

2015年，当双湖已经在FOF版块建立了足够自信后，开始发展直投业务。双湖与其他被动型资产配置机构的最大区别就是，其直投并非常见的“有限合伙人跟投”模式，而是鼓励遵循“寻找那些抗周期能力更强、有长期投资价值的公司”的目标，由直投团队主动发起项目投资，甚至领投。

投资领域围绕高科技、大消费、教育和医疗健康等领域展开。过去6年，双湖投资了30多家创业公司，代表案例包括宝宝树、英语流利说、亚信科技（参与私有化）、地平线机器人、百融金服、育学园、来也、有养、Travel X等，其中前3家已于2019年上市。

而在双湖直投的30多个项目中，没有一个是依赖普通合伙人完成的。双湖甚至会和普通合伙人形成相左的判断。比如宝宝树一案。2015年年初，宝宝树将要拿到双湖投资的一家普通合伙人的领投，虽然最终对方由于种种原因放弃了这次投资，但双湖坚定地看好母婴社区赛道。回忆起当时的交流，宝宝树CEO王怀南用“沟通坦诚、交流透彻”8个字来形容，最终双湖做出了独立投资的决定。回想起这项投资，张艳坦承“真是对团队的高压考验，我们反复问自己，真看清和想清了吗，后来公司的发展验证了我们的判断，这也给了团队直投的宝贵信心”。

跨周期配置逻辑

资产配置是一门科学，也是一门艺术。如同交响乐，既有演进的结构和调式，同时也具备多元的表现手法和丰富的音乐情绪。一曲交响乐需要各种乐器的弹奏者各司其职。交响乐的乐曲会不断调整，时而激昂时而婉转，资产配置要根据市场的调整，时而积极，时而稳健。了解周期可以让我们更好地把握自己在周期中的位置，以及未来的演变方向。

短期、中期和长期

市场上充斥着各种各样的投资建议，这些投资建议不同的一个很重要的原因是，这些投资建议所针对的时间窗口、投资周期、交易时点是不同的。股票、债券投资中的长期一般指 5 ~ 10 年。短期在境外一般指一年以内，而在中国境内可能指的是 3 个月、一周甚至几天。两者之间就是中期。这分别代表了境内外投资者的调仓频率。相对于两三年的小投资周期，7 ~ 10 年的 PE 融资就是跨周期资产配置。在考察每个阶段的配置组合的同时，要想逐渐调整、组合配置，就需要对经济大势有准确把握和研判，因时而动才是“节奏大师”。

根据熊彼特的三周期嵌套模型，经济周期分为长（康德拉季耶夫）、中（朱格拉）、短（基钦）3 个层次。目前结构主义五周期嵌套模型包括工业革命周期、康波周期、房地产周期、中周期以及库存周期，具体见表 9 - 2。

表9-2　五周期嵌套模型

周期变量	周期时长	内容
工业革命周期变量	100年左右	生产要素根本性的更新
长周期变量	40～60年	技术革命（技术）、分配体系（货币）、产权制度（政治）
房地产周期变量	18～22年	库兹涅茨周期（康波中有两个房地产周期：主导和追赶国的房地产时差）
中周期变量	8～10年	固定资产投资走势；资本投资占GDP的比重；就业率的周期性变化（以美国为例）
库存周期变量	40个月	工业产出缺口、库存变化、价格、增长、利润

一轮工业革命周期包含2个康波周期。工业革命周期的终极是追求效率的顶点。当前分配问题的矛盾和1929年类似，未来很长时间社会制度框架或以追求公平为主。从周期视角看全球经济变迁（见图9-9）。

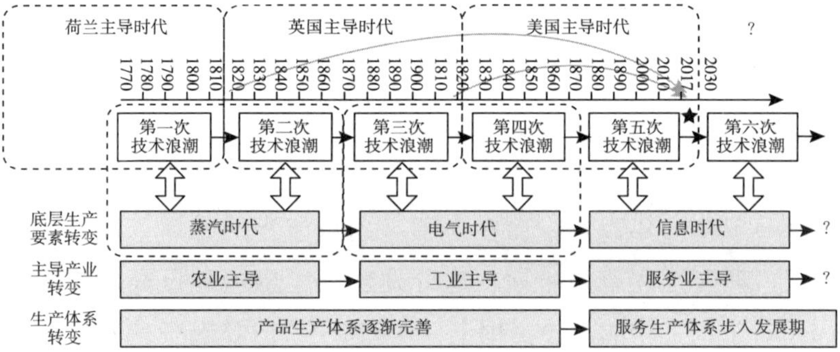

图9-9　从周期视角看全球经济变迁

近代世界主导国从荷兰开始，英荷战争后到英国，二战后到美国。伴随着主导国变迁，世界经济也发生了重大变迁，包括债务重组与债务危机、国家内部冲突，冲突最终导致财富重新分配、外部战争、储备货币地位崩溃、新一代的国内与国际秩序。世界经济史上的五轮长波如表9-3所示。英国、美国PPI（生产价格指数）、CPI（消费者物价指数）周期波动情况如图9-10所示。

表 9-3　世界经济史上的五轮长波

长波（主导技术创新）	繁荣	衰退	萧条	复苏
第一波（纺织工业和蒸汽机技术）（63 年）	1782—1802 年（20 年）	1815—1825 年（10 年）（战争 1802—1815 年）	1825—1836 年（11 年）	1836—1845 年（9 年）
第二波（钢铁和铁路技术）（47 年）	1845—1866 年（21 年）	1866—1873 年（7 年）	1873—1883 年（10 年）	1883—1892 年（9 年）
第三波（电气和重化工业）（56 年）	1792—1913 年（21 年）	1920—1929 年（9 年）（战争 1913—1920 年）	1929—1937 年（8 年）	1937—1948 年（11 年）
第四波（汽车和电子计算机）（43 年）	1948—1966 年（18 年）	1966—1973 年（7 年）	1973—1982 年（9 年）	1982—1991 年（9 年）
第五波（信息技术）	1991—2004 年（13 年）	2004—2020 年（16 年）	2020—?	?

资料来源：外国经济学说研究会. 现代外国经济学论文选（第 10 期）[C]. 北京：商务印书馆，1986.

陈漓高，齐俊妍. 信息技术的外溢与第五轮经济长波的发展趋势 [J]. 世界经济研究，2007（7）.

注：1973 年以前参见雅各布·范·杜因的“创新随时间的波动”，1973 年以后为陈漓高、齐俊妍所续。

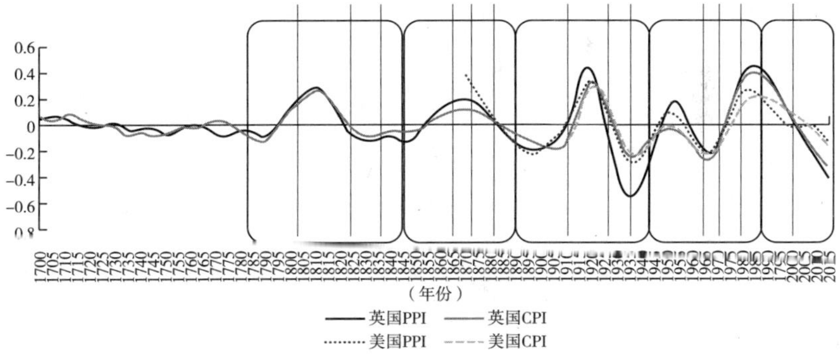

图 9-10　英国、美国 PPI、CPI 周期波动情况

资料来源：木船久雄，《经济的长期波动与能源》，1970 年以后数据为周金涛添加。

2020 年上半年处于萧条期。原因是总需求不足，经济增长通过存量博弈完成，各个行业集中度提高，消费被动成为支撑经济增长的核心。未来可能的解决方法是，继续拓展市场，如向新兴市场扩张、节约成本如优化供应链与体制改革、进行基础创新活动以寻求新的机遇。

几个周期嵌套下来后，我们可以对自己所处的周期位置和未来的发展趋势有更为清晰的判断，从而决定自己在一段时间内的操作方向。比如，投资目标是“7 年内涨 5 倍”还是“半年内涨 15%”，以及对亏损的认识是“全亏了我也认”还是“跌 10% 后我就平仓”等。基于对投资标的的判断设定投资纪律，会使我们从跟风性焦虑与后悔中解脱出来。至于具体在某天的哪个时点操作，是交易员的工作。现金流分析、投资标的属性，乃至很少有人提及的交易规则，都是新手很容易交学费的地方。对于家族办公室而言，更好的选择是雇用专业人士，或者从向专业人士学习和反复训练开始。

美林投资时钟

接下来，我们为大家介绍一种经典的实操性周期工具——美林投资时钟。对应到前文的介绍，每个周期内的演变都有类似的逻辑，但实际上主要指 40 个月左右的库存周期这个层面，也是与投资者日常的时间表最为接近的一个周期。美林投资时钟是美国投行美林证券提出的资产配置理论，基于 GDP 和 CPI 这两个宏观指标的高和低，将经济周期分成衰退、复苏、过热、滞涨 4 个阶段，这 4 个阶段在图 9－11 所示的 4 个象限上顺时针轮动。

在衰退阶段，GDP 增长缓慢。产能过剩和大宗商品价格下跌使得通胀率低、利润率低，实际收益率下降。央行降低短期利率刺激经济的努力使得收益率曲线下移并变得陡峭。债券是这个阶段最好的投资标的。

在复苏阶段，经济增长开始加速。宽松货币政策逐步开始奏效，经济增长开始加速。CPI 会持续走低，因为多余的产能还没

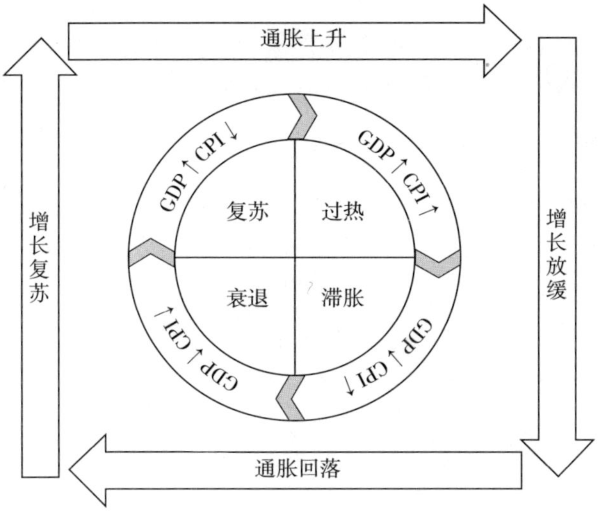

图9－11 美林投资时钟

有被利用起来，周期性生产力的增长强劲，库存也开始修复。央行保持政策宽松使得债券收益率曲线持续低位。股票是这个阶段最佳的投资标的，因为股市是左侧指标（先行指标），反映未来收益的折现。

在过热阶段，CPI 上升。此时 GDP 增长放缓，产能过剩，CPI 上升，央行加息使过热的经济回到可持续增长路径。债券表现较差，因为收益率曲线向上移动并平坦化，即呈现所谓的“熊平”形态。股票回报如何取决于利润增长导致的估值上升和利率上升导致的估值下降两方面的博弈。大宗商品表现最佳，保值类资产如黄金资产会稳定增值。

在滞涨阶段，通胀率持续上升。GDP 增长率低于潜在经济增速，但是 CPI 持续上升（比如由于石油价格冲击等）。生产力下降，工资、商品价格螺旋式上升，公司提高商品价格以保护其利润边际。只有急速上升的失业率可以打破这种恶性循环。CPI 过高致使央行不愿意放松货币政策，债券表现较差。股票由于企业利润下行，也会下跌。在滞涨阶段，现金为王。

基于前面的基本逻辑，对标中观行业层面，美林投资时钟还可以有更进一步的应用，见图 9－12。以此去指导一二级市场的权益投资具有更高的实操性。

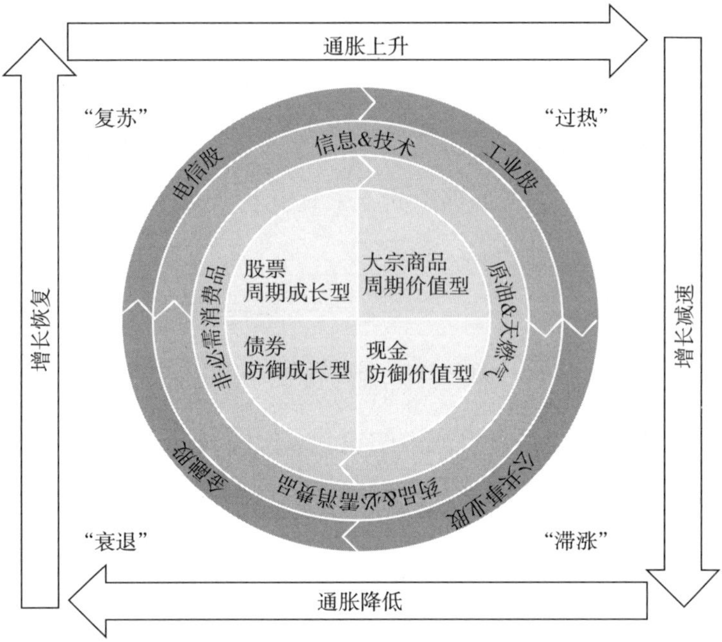

图 9－12　行业视角下的美林投资时钟

在一些市场环境下，资产价格演变的规律可能会让投资人质疑美林投资时钟是否准确。究其原因，可能是核心变量选取有误。以 2020 年的 A 股市场为例进行分析，市场上有货币、通胀的因素扰动，使得资产价格演变相较美林投资时钟有一定的偏差。如果仅考虑供需关系的互动和演变，美林投资时钟还是非常准确的。实际上，在 2020 年基于现代货币理论（主要观点是央行压低利率最好在 0 附近；主要使用赤字等财政政策进行逆周期调节；央行为财政赤字融资进行货币化，作为货币创造的主要渠道）这样的在传统金融中被视为异端邪说的理论的做法成为各国央行的普遍操作，经典的美林投资时钟理论也必须将政策的变化和扰动加以考虑。这也是随着时间推移，大类资产配置会出现变化的原因之一。

大类资产配置轮动

我们可以通过一个例子来感受一下资产配置的力量。

图 9－13 是 2007—2019 年标普 500 指数基金、沪深 300 指数基金和一个简单资产组合的风险收益表现。这个资产组合包括 60% 的沪深 300 指数基金与年化收益率为 3% 的现金类固收资产，每年年初做一次再平衡以保持 6∶4 的仓位。这个资产组合可以跑赢标普 500 指数基金的平均收益率，并且波动性也比简单地投资沪深 300 指数基金有巨大的改善。如此简单的一个组合配置就可以产生这么明显的效果，因此投资界有分析指出，长期来看，90% 的资金是靠资产配置取得的。

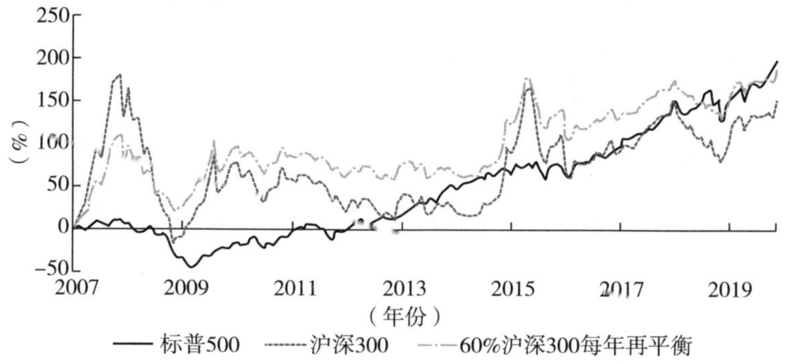

图 9－13　2007—2019 年标普 500、沪深 300 和一个简单资产组合的风险收益表现

前面我们介绍了一般金融机构最常使用的美林投资时钟，对于家族办公室而言，家族可以更有耐心，资金可以也应该在更长的时间维度上进行考量。比如，当市场不景气时，再好的公司的股票也很难逆势上扬，但如果放到更长的时间区间去考量，就可以遴选出

优质资产。很多事情不是在选股这个层面解决的，财富增长要符合经济周期的波动。一个国家的经济区间、城市化进程、人口变化阶段、国际间政治博弈的情况等都是影响股票类资产投资的重要因素。

在跨期资产配置中，康德拉季耶夫周期是最重要的一个影响因素，是苏联科学家提出的跨度在50~60年的长周期波动理论。它把科学技术体系分为科学原理、技术原理和应用技术3个层次，科学原理决定技术原理的发展，技术原理的发展不可能超过科学原理的限度。同理，技术原理决定应用技术的发展，应用技术又受到技术原理的限制。回到国内，城镇化驱动的基础设施建设依然会成为国内经济十几年的引擎之一，而工业企业的经济转型则意味着行业板块会轮动，与创新相关的5G、信息技术、人工智能、大数据等行业会得到更多的资金和更高的估值。这可以被看作本章开头提到的美林投资时钟在股票类资产中的细化。实际上，未来十几二十年的时间，就是要洗去过去30多年繁荣中过度需求的部分，探索未来新的经济动力源，从而为下一次繁荣做准备。为在这一进程中叠加货币政策的变化和影响，现在已经可以基本厘清板块轮动的主要逻辑了。周期中的产业轮动示意图如图9－14所示。

另外一个中长期的影响因素是库兹涅茨周期，又被称作房地产周期，它的时间周期通常在20年左右，前15年上涨，后5年下跌。由于主导和追赶国的房地产时差，一个康波中有两个房地产周期。

标的产品分析

即使宏观分析、市场梳理很多，如果不落实到投资标的和投资操作上，也无法获得投资收益。掌握投资标的的主要属性，是投资实战的开始。

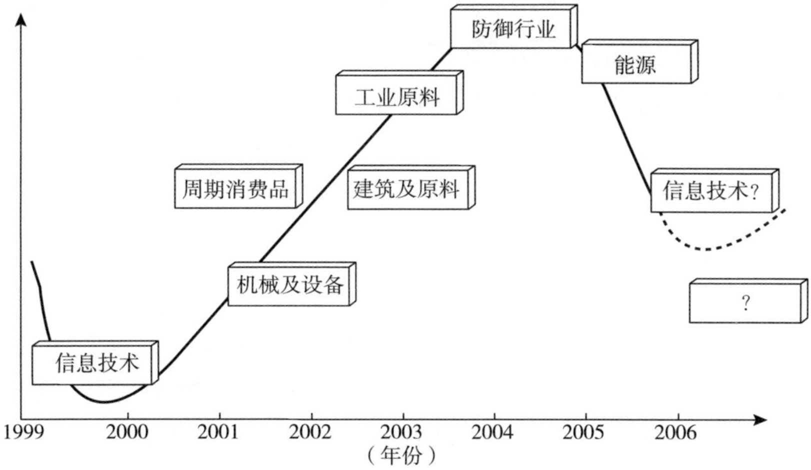

图 9－14　周期中的产业轮动示意图

现金或现金等价物

从对全球 311 个家族办公室的调查中发现，平均只有 7% 的资产投资现金和现金等价物。但是在中国，无论是个人客户，还是高净值客户，其资产组合中 1 年以内的金融资产的投资比例相当高。

货币基金、银行理财都可以归到这个范畴。国内银行大量的保本类理财产品属于高收益无风险产品，在经济下行周期，是一个巨大的风险堰塞湖。券商、第三方机构售卖的类似产品在性质上大同小异，风险收益更高。2018 年资管新规打破刚兑，其实是对投资者负责。但打破刚兑之后，遴选投资标的不能只看期限、收益、投资门槛，还需要对底层标的、投资能力、机构资质等做更多了解，需要投资者擦亮眼睛，仔细分辨。

国内 $T+0$ 类产品主要是以余额宝为代表的互联网产品和银行系的“××宝”、“天天××”，通常银行此类产品的收益会比互联网 $T+0$ 类产品的收益高 0.5% ~1%。一些险资资管为其他金融机构发

行的 $T+1$、$T+3$ 类产品，配置了一定比例的协议存款等高门槛、高安全性的金融产品，在宝宝类产品的基础上增厚了收益，基于巨大的资金量也能够兼顾安全性、收益性和流动性，对于资金量比较高的家族办公室和高净值人士而言是优质的投资标的。

中美债券市场与中资美元债

国内债券市场的主流投资者都在银行间债券市场，对信息搜集和分析专业度要求高。到 2020 年年底，国内债券市场的规模有 113.87 万亿元左右，每天的交易量也长期保持在 1 万亿元左右，整体在 2018 年资管新规颁布后打破刚兑的大背景下经历了一轮扩容。虽然家族办公室作为资金量较大的投资人，可以定增参与一些债券的发行，但总体而言，由于单笔金额往往非常巨大，债券市场更多的是以机构参与为主。债券基金和各类金融机构发行的“固收 +”产品对个人而言是更为方便的工具。

债券投资的关键点在于项目本身的回款来源和信用背书。投资标的是利率债、信用债两类，具体的还有国开债、地方债、同业存单、企业债、中票短融和可转债等产品形式。就债券基金而言，有纯债（全部投资于债券）、一级债基（债券 + 可转债）、二级债基（债券 + 股票）几种形式。

利率债基于国家信用，不存在兑付问题。历史上经济复苏阶段债市基本表现承压，相同的经济复苏环境，不同的政策方式下，会有不同的市场表现。2009—2010 年金融危机发生后，在政策的逆周期调节下，经济触底后快速回升，虽然 2009 年全年并未实施升准或加息的货币政策，但在经济复苏的预期下，10 年期国债收益率持续上行，幅度达到了 90 个基点左右。经济复苏的后期，虽然国债收益率上行放缓，但依然处于高位区间，直到经济增速放缓才重回下行。2020 年同样是新冠肺炎疫情突发后的逆周期调节，在货币政策边际收紧以及经济持续复苏的预期下，10 年期国债收益率也经过了一段快速回升，债市仍将承压，收益率需一个寻顶的过程。

就信用债而言，国内债券市场的信用定价也在不断地演进。2020 年 5 月之前，“宽货币 + 宽信用”政策让信用债一级发行和二级交易火热，利好向低等级主体和民企外溢，民企净融资金额转正，市场并未因新冠肺炎疫情突发爆发规模性信用风险。2020 年 5 月之后，货币政策进一步宽松预期落空，利率快速上行，部分低等级主体或弱资质国企违约。比如，2020 年 11 月出现的“永煤”“华晨”“紫光”等城投债暴雷的情况，都是国企的信用担保没有实现而带来的估值重塑，就细分品类而言，是会不断发酵的，并且方向确定且不可逆。前几年民企债券到期不兑付带来了信用分化，利差扩大，除少数头部民企外，发债难、利率贵的问题，因此未来票息策略仍是重要选择，更需注重品种资质，谨慎下沉。相比股票，债券基金的交易费用低很多，投资期限在 3 个月以上的赎回费为 0.1% 左右，有的 1 个月以上的基本就没有赎回费了。

在债券基金的挑选上可以考察以下 3 个角度。

1. 确定投不投股票。债券波动较小，如果一个债券基金中加入了股票的仓位，那么收益的波动属性就会发生巨大的变化。

2. 了解债券基金的定位（久期长不长）。“短债”、“超短债”的久期在 1 年以内；“中短债”的久期一般在 3 年以内。短久期债券基金的主要策略是“吃”票息；长久期债券基金主要通过资本利得获利。我国信用债较少，久期一般为 3 ~ 5 年，国外的可以达到 7 ~ 10 年。名称中出现“灵活”字样的，则是票息和利得都作为贡献因子的债券基金。

3. 匹配之后选择一名基金经理。根据自己资产配置的需要和风险偏好，选择产品种类，之后选择一名基金经理。有些基金名称上没有写清楚投资策略，需要向基金经理详细了解该基金的具体类型和操作策略。

海外债券市场对个人投资者更为友好。通常用20万美元开户，即可参与债券市场投资。从产品品类上看，除了国债之外主要分为高收益债券和投资级债券。

海外债券市场对个人投资者更为友好。通常用20万美元开户后，就可以参与债券市场投资。美国投资级债券2020年前4个月的表现如图9－15所示。美国高收益债券2020年前4个月的表现如图9－16所示。

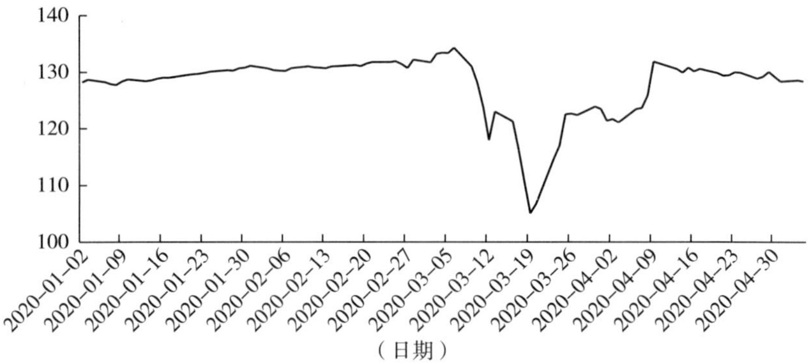

图9－15　美国投资级债券2020年前4个月的表现

资料来源：万得资讯。

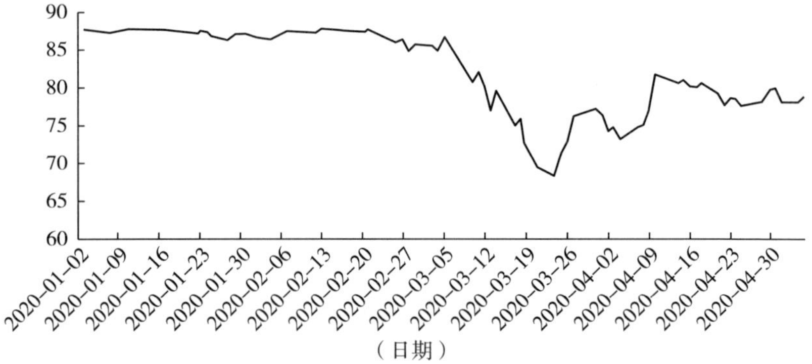

图9－16　美国高收益债券2020年前4个月表现

资料来源：万得资讯。

美国债券根据风险等级由低到高，分为国债/类主权债及银行间拆借类债券，公司债，高收益债、公司贷款、结构性信用3个层级。

国债/类主权债及银行间拆借类债券

国债/类主权债由美联储定价，提供无风险利率，也是目前我国外汇储备的主要投资标的。2020 年 5 月，10 年期美国国债的利率为 0.618%，处于历史低分位（历史低点），进一步下行的概率较低。个人投资者可以通过 ETF（交易型开放式指数基金）参与投资。

银行间拆借类债券是美国银行同业调节头寸的工具，在美国国债利率上仅有很少的一点升水，风险极低。截至 2020 年 5 月，其利率为 0.5% ~2%，个人投资者一般通过货币市场基金参与投资。

投资级债券

投资级债券是指由公司发行，评级在 BBB－或以上的信用债券。

美国的“All in ”量化宽松政策对这一类债券有很大的助推作用。2020 年 3 月，美国新发的投资级债券规模达到 2 607 亿美元，创单月发债额历史新高，2020 年前 3 个月累计新发债规模增至 5 097 亿美元，这也创下了史上最快的一季度发债速度纪录，比 2019 年同期提高 47%。

截至 2020 年 5 月，美国投资级债券的市场利率为 2%~4%，流动性高，市场规模巨大，行业分化程度高。个人投资者可通过私人银行线下柜台（OTC）小额认购短久期债券、现金管理型基金（公募）、债券型基金（公募）、ETF 等方式投资。

高收益债券、公司银行贷款、结构性信用、票据

高收益债券，又名垃圾债，主要是指穆迪评级在 Baa3 以下，标普和惠誉评级在 BBB-以下的债券。

高收益债券为补偿其信用风险，一般具有较高的收益。投资机构如果能较好地进行组合，其收益不仅能够覆盖风险，还可能获得超额收益。

截至 2020 年 5 月，美国高收益债券的市场利率为 5%～10%。个人投资者可以通过私人银行线下柜台小额认购。

公司银行贷款是指提供给公司的银团贷款或贸易融资类贷款，前者的久期一般为 5～10 年，后者的久期一般在 2 年以内。截至 2020 年 5 月，美国公司银行贷款的市场收益率为 4%～10%。机构参与的场外交易市场的流动性较好，个人投资者可以通过基金或 ETF 涉猎。

结构性信用工具包括以下几种：

- 贷款抵押证券（CLO）是公司贷款打包结构性票据。美国公开发行的贷款抵押证券一般有评级，在结构性信用市场中的流动性较好。
- 抵押支持证券（MBS）为按揭贷款打包票据，地产类资产类别相关性明显。
- 资产支持证券（ABS）为资产打包票据，但底层资产的范围较广，常见的为个人信用或飞机/航运类资产或收益权。

票据一般根据现金流偿还优先顺序分级，对标债券市场的投资级债券和高收益债券，收益中包含一些结构性溢价。票据有固定的发行机构及二级市场做市商，流动性较好，但整体流动性低于信用债市场。目前美国票据的收益率为 4%～15%，个人投资者可以通过

私人银行的线下柜台小额认购，但小额认购机会较少，也可以通过基金或 ETF 涉猎。

在美国国债和高收益债市场上均有管理团队和历史业绩非常优秀的债券基金，家族办公室可以通过组合的方式进行投资。

中资美元债是中国企业在美元市场上发行的债券，美元市场也有国债、投资级债券、高收益债券和结构化产品等风险等级不同的品类。从发行主体上看，国内地产类企业的发行量通常占总规模的 25% ~50%，金融机构如银行的发行量占 25%。

基于境外投资者对中国市场不了解等原因，中资美元债往往存在相当可观的境内外利差，占比最高的房地产美元债相比国内收益高出几百至上千个基点的情况很普遍。自 2019 年以来，中资美元债被大量家族办公室关注，在规模上屡破新高。在中国香港市场还存在一些专门针对中资美元债的对冲基金，也可以作为家族办公室的投资标的。

股票投资与量化、对冲基金

股票投资是权益市场的二级投资标的。2019 年 6 月试行科创板、2020 年新三板推出精选层并试行小额 IPO，2020 年 8 月推行创业板注册制、新三板转板，全面推行注册制有望在 2021 年实施，在这个多层次资本市场框架之下，股市作为经济晴雨表的功能进一步强化。

从大类资产配置的角度看，股票类资产的年化收益长期领先于债券，同时股债具有一定的负相关性。在利率下行周期中，股票类资产配置性价比则更加突出。面对固定收益投资领域收益率的趋势性下行，信用债爆雷常态化使得高分红权益资产的性价比提升。根据胡润研究发布的榜单，股票投资位列中国个人投资者投资偏好的榜首。2020 年主要股票市场指数变化率对比如图 9－17 所示。

同时股票市场也是最方便的全球资产配置途径，上市公司的信

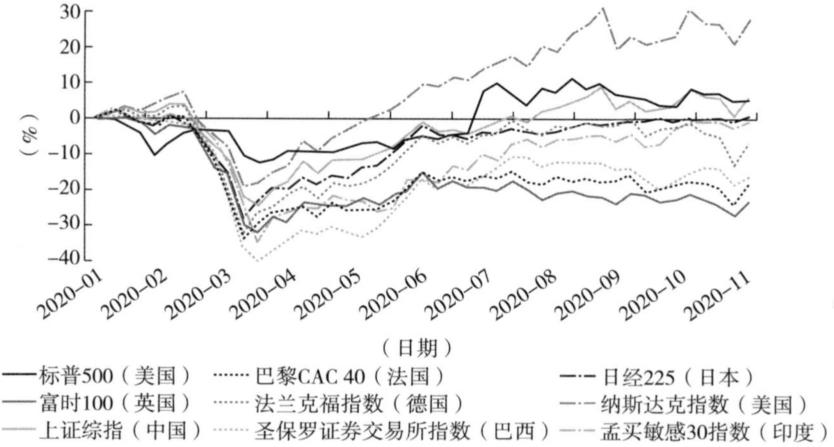

图9－17　2020年主要股票市场指数变化率对比

息披露标准相对成熟，流动性也非常好。挑选一个市场中比较优质的对冲基金，借助专业人士的力量，是高净值人士和家族办公室投资境外股市性价比非常高的选择。

具体到行业中个股的选择，家族办公室在资金方面往往有一定的优势。因为企业家常常是自身所从事行业的专家，对于行业内部的信息有优于外界的了解和判断。当然，如果是上市公司的所有者或管理者，还要特别注意遵守运用“内幕信息”的相关规定。价量分析、交易择时则具有更大的难度和不确定性，除了专业的交易员，其他人没有必要花太多精力挑战这些高门槛、高难度、高风险的领域。

基金中的基金（FOF）的设计思路比较接近“不要把鸡蛋放在同一个篮子里”的古老智慧，组合的投资标的主要是基金。类似的概念有管理人的管理人基金（MOM），筛选几个基金经理，将他们管理的基金组合在一起。FOF投资组合构建的焦点是，以得到市场普遍性的收益为主，通过挑选过往表现、投资逻辑、内控制度相对优质的基金来尽可能地获得超越市场的一定收益。对于家族办公室，

FOF 是一个不错的选择。

从供给角度看，2020 年全年偏股基金发行规模已超过 3 万亿元大关。2020 年私募基金受资管新规影响逐步弱化，“房住不炒”概念深入，非标和 P2P 治理持续推进的效果显现。本轮资金扩张已持续两年时间，在权益类基金连续两年盈利中位数超过 30% 的赚钱效应驱动下，预计未来居民储蓄产品化，尤其是购买公募基金和私募基金的趋势仍将延续。

在挑选基金和基金经理的时候，一方面要考察历史业绩、回撤，另一方面也要考察管理人的投资逻辑和投资赛道。毕竟投资逻辑更面向未来。

比如公募基金（这里指二级市场股票公募基金，下同），相对来说，股票仓位往往更加分散，业绩变现也会更加未见，而私募基金通常对于比较认可的股票，所持仓位更集中，通常不超过 20 只，尤其长仓仓位会更集中。比如，前 5 个多仓可能达到 70% ~80%，前 5 个空仓占 20% 等，更倾向于下重注。这样当这些股票业绩好的时候，私募基金的收益往往会更加亮眼，同样如果择股不慎，跌起来也是很快的。

有些基金对长仓和短仓股票挑选有不同的标准。比如长仓选择高呼声和高壁垒的行业领导者，考察公司的管理团队和眼光，有些基金经理会进一步强调公司管理层和大股东的利益与小股东一致，是否通过不同的方法来回馈股东。比如，历史分红的状况、股票的回购状况，这样的基金经理往往会青睐类似美的、茅台、五粮液这种拿 60% 的利润来分红的公司。有些基金经理会结合账上的现金，以及公司的一些操作来判断其是否影响或者损害了普通的股东，等等。

在短仓部分，基金经理可能会考察标的公司 3 ~5 年的商业模式，比如持续性、竞争力是否下降，比如，有一些消费必需品公司可能创新力比较差，但是渠道很强，业绩不错，因此也会入选。但是随着现代移动互联网消费平台的不断渗透，基金经理认为这些企业，从长期来讲，其竞争力在衰退。

这些投资逻辑也会在历史业绩中有所体现，业绩反映了基金经理是否真正看懂一家公司，另外基金经理还要能掌握波段，使基金能有一个平滑的较好的收益，成长期优秀的境外对冲基金可以做到20%～30%的年化收益。

量化对冲基金

量化投资，是以数据为驱动的一种投资方式。这个投资方式起步较晚，严格来讲，量化投资到20世纪70年代末80年代初才有。理论上，有定量研究的投资就可以叫量化投资。实践中，量化投资通常表现为用计算机按照算法进行，以高频交易为主要特征的一种投资方法。量化投资有5种常见的策略：

- 动力，最简单的量化交易策略，通过买卖订单追踪市场即将上涨或下跌的趋势，通过历史数据和现有数据对未来进行预测。
- 均值回归，假设市场80%的时间在一个价格范围内波动，计算平均价格，并预期价格会回到平均价格，在此基础上做出买入或卖出决定。
- 做市商，双边报价，同时买卖，每单赚取很小的利润差，但频繁交易，累积起来的利润多。
- 统计套利，基于资产的统计错误定价，也是均值回归的一种，例如配对交易，一对协整资产中表现不佳的资产价格要上升，所以要买入；表现优异的资产价格要下跌，所以要卖出。
- 基于情绪的交易，交易系统和新闻系统连接，基于历史数据判断新闻信息对价格变化方向的影响，自动产生买入或卖出的交易信号。

评估一个量化机构的水平，要看它的超额收益能力。不管是通过择时做出来，还是通过择风格、择股或者交易，超额收益能力都是评估一家投资机构最客观的标准。相对于主观判断方式，这种方式更加系统，在海外的市场中已经占据了过半的管理资金规模。美国最早于 2005 年开始有人采用量化的方法投资，2010 年之后，量化成为比较重要的投资方法，被广泛应用，发展也更加正统深入。2015 年之后，随着各种策略算法的精进，市场也从群雄混战趋于寡头“称霸”。截至 2020 年，量化策略基金市场规模占比在 10% 左右，是一种在市场无效性中寻找套利机会的方式。主流量化基金中 α 收益和日内交易贡献的收益通常会占总收益的 1/3、2/3。2020 年年底国内量化投资公司资产管理规模排名如图 9 – 18 所示

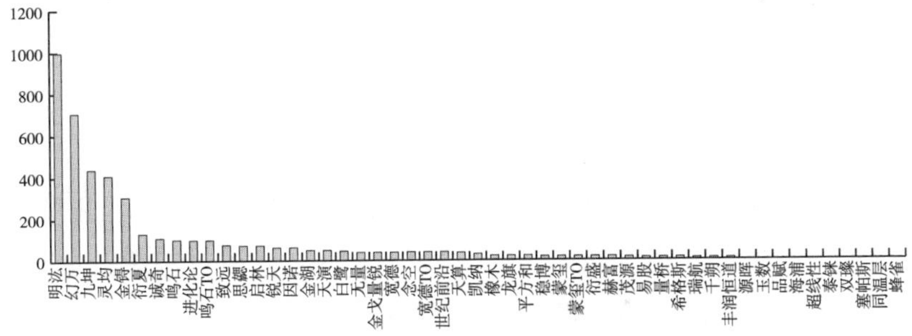

图 9 – 18　2020 年年底国内量化投资公司资产管理规模排名

根据中国基金业协会的数据，2019 年实际管理规模为 3 500 亿 ~ 4 500 亿元。量化基金的管理规模占私募证券类基金的比例，从 2019 年的 11% 提高到 2020 年的 16% 左右，这个数字未来还会增加。根据深交所的数据，2020 年国内程序化交易占总成交量的 20% 左右。从中可以看到，在规模上，我国与海外市场还是有巨大差距的。2001 年美国市场可交易的股票有 3 000 多只，现在美国市场有流动性同时还有一定市值的股票仍有 3 000 多只，同时平均市值扩大很多。但是中国不同，到 2020 年 11 月，中国新增上市公司 300 多家。

量化投资方式基于大数据的统计，投资标的越分散越好。这意味着先进的投资工具、投资方法可以有更大的成长空间，量化机构具有带来更大回报的可能性。

对冲基金其实是一个非常宽泛的说法，可以理解为私募股权基金，一、二级都有。它广泛投资于各种证券和资产，通常具有对冲机制，规避市场的不可控风险，放大可控风险，追求绝对收益，在国内目前普遍被定义为做多股票或做空股指期货的机构。在海外市场，对冲基金是相对于对不特定公众募集的共同基金而出现的叫法。

对冲基金遵循不同的监管要求，比如在美国没有按照《1940年投资法案》进行注册，因此不能像共同基金那样，面向投资者销售基金股份，而是发行有限合伙权益，即对达到一定收入和资产标准的私人客户进行销售，即所谓的合格投资者——典型的正是家族办公室和高净值个人。通常对冲基金的管理费是1%～2%，另含20%的激励费，也就是说，对冲基金经理更多的是通过为客户赚到钱来为自己赚钱。

主要的对冲基金投资策略包括α策略、CTA策略、套利策略、股票多空策略、宏观对冲策略等。其中α策略简单来说就是构建优势股票组合，同时卖空股指期货，对冲掉股票组合中市场涨跌影响因子β，来获得股票组合超越指数的收益α。对冲基金的获利来源如图9－19所示。

图9－19　对冲基金的获利来源

前面说到对冲基金最主要的特征是追求绝对收益。简单来说，对冲基金的基本策略就是在全球范围寻求市场的无效性并从中获益。它的投资标的列表包括其他基金，从股票、债券、货币，延伸到期权、

ETF、商品合约、衍生品、私募、贸易索赔等，甚至还可以继续延伸。

亚洲对冲基金产业起步晚，2001 年左右，背后主要是欧洲投资者推动了亚洲市场的起步。2007 年后，美国的机构投资者加入，使基金管理更加机构化。直到 2008 年亚洲金融业出现断层，获取超额收益 α 更加困难。从结构上看，机构投资者的进入迅速推高了对冲基金的行业规模。此外，随着科技的进步，以及 Bloomberg 系统和它仿制品的普遍使用，分析、跟踪、建模越来越容易，比起前几年，市场的有效性已经有了很大提高，对冲基金的活力空间也越来越小。

优秀的对冲基金应当具备以下的风险收益特征：

- 与公开债券市场和股票市场不相关或相关性较低，因此被用于组合投资客户，通过投资对冲基金来降低投资组合整体的波动性和风险敞口。
- 市场环境不佳时业绩能够战胜市场（不亏损），市场回暖后能够抓住机会获得丰厚回报。

而这也对投资者的范围产生了一定的影响，它需要在固定收益和信贷方面具备专业技能，或有专业投资团队来分析单个对冲基金策略。

权益一级市场 VC/PE 基金

总体而言，VC/PE 是家族办公室获得长期高回报的必要投资标的，也是企业转型、二代接班的优质试验田，是家族办公室需要重点关注的投资领域。其中 VC 是最早期的，PE 也分相对早期、中后期和 Pre-IPO，投资回报的确定性逐渐增加。

国内许多企业，在传统行业完成了一代创富，但随着经济环境和政策的变化，之前的行业往往已经不再适合加大投资。这时候，PE/VC 的作用就显得非常突出。比如，近年来非常热门的互联网、消费和医疗主题，就是家族办公室非常偏好的赛道。前面我们提到跨周期投资，周期是靠科技和创新驱动的。新经济的核心逻辑在于提升效率，实现供需再平衡，基于当前的国际国内环境，技术创新、进口替代、消费升级都是政策大力支持的方向。

一级市场股权投资的时点非常重要。从阶段来看，国内私募股权基金中，创业投资基金和并购基金的占比仍然较小，成长期投资基金的占比较大。阿里巴巴上市带来的巨大的造福运动带来一波募资的爆发，导致当时的项目往往估值比较高，到 2019 年还存在很普遍的一二级市场倒挂问题。近年来行业募资环境降温，这与国际国内经济金融环境、资本市场波动、投资回报不足及监管政策调整等因素有关。在投资者情绪开始冷静，更客观审慎地看待项目之后，在难以募资的年份往往能够找到估值更合理、项目回报也非常丰厚的投资机会。可以说 VC/PE 投资就像红酒，有些年份的项目和基金普遍很好，有些年份的就不赚钱。

从结构上来看，募资加速向头部私募股权基金管理人聚集，集中度高于成熟市场。出资人对于基金管理人的筛选因素更为全面，管理团队、历史表现、风险管理及投资策略是出资人选择管理人时最看重的内容。

尽管近年来，私募股权投资市场有所降温，但热门行业和热门区域仍延续近年来快速发展的趋势。政策红利释放，中小、高新、初创科技型企业标的增幅明显，科技、消费、大健康产业投资最受关注，增长较快。被投企业的高成长性是投资策略的最核心驱动因素，因此一级市场投资需要深入调研去筛选出高成长性企业。

以护城河较高的医疗行业为例，全市场综合性医疗基金的布局分为 3 个方向：

- 医疗器械，以进口替代为主，包含一部分硬技术的创新。
- 药物制剂，以技术创新为主，也有一些进口替代逻辑，包括很多仿制药的投资机会，典型公司有药明康德等。

- 医疗服务，以消费升级为主，比如专科医院等，典型的公司有京东健康、阿里健康、平安好医生等。

一般医疗基金布局的三大赛道如图 9 －20 所示。

图 9 －20　一般医疗基金布局的三大赛道

在了解赛道的大致分布之后，还需要进一步了解所要投资的具体子领域的核心演进逻辑。以 2019 年 IPO 热潮以来，二级市场最受欢迎的行业之一生物科技为例，前沿技术是每年都在发展变化的。生物技术领域的兵器谱如表 9 －4 所示。

表 9 －4　生物技术领域的兵器谱

年份	兵器
2000 年	二代测序
2008 年	超高分辨率荧光显微镜
2009 年	诱导多能干细胞
2010 年	光学遗传学
2011 年	基因组编辑
2012 年	靶向蛋白质组分析
2013 年	单细胞测序
2014 年	薄层荧光显微镜
2015 年	单粒子冷冻电镜
2016 年	表观转录组分析
2017 年	类器官
2018 年	动物自由行为成像
2019 年	单细胞多模态组学

人才的回归、资本的投入、交叉学科的发展、技术的突破等，加速了整个生物科技领域的发展，但是科技突破前需要大量的资金投入。而在项目的筛选上，还需要考察产品管线的具体情况、技术研发平台、团队执行力、渠道拓展能力以及公司治理结构等。具备了专业眼光或借助专业投资机构，参与优质的一级市场股权投资，可以在推进全世界最好的科学家研究进程的同时，助力社会生产力的提升，获得颠覆性成果带来的巨大商业价值和时代给予的丰厚回报。

家族办公室随着每一代造富运动而诞生，也应每个时代每个国家和地区的顶尖富豪的需求而生。美国西岸的家族办公室大量聚焦于创投项目的获取和投资，大量的优质项目往往在几个家族办公室就已经筹资完毕。项目的稀有性决定了其时效性，加上项目筛选需要专业性，有大量资源和财力的富豪家族想要获得这些投资机会就需要专门人员为其服务。专业化投资往往是各国家族办公室的起点，国内上榜富豪中，有相当数量已经聘请专门的投资人员为其做闲置资金的投资，形成往往少则三四人，多则十几人的团队，就其感兴趣、有一定了解的领域进行一、二级市场的专门性投资。一些头部地产公司的家族办公室，年投资额可以高达几十亿元人民币。不过这些家族办公室的功能往往相对单一。

目前市场上一级股权投资的收益分配情况通常是采用8%门槛、20%分成的模式。有时候为了激励团队，会设置水线，比如当基金或者项目的投资收益达到200%之后，改用7∶3的比例安排分配。通常管理能力和盈利预期高的管理团队才会提出这样的分配安排。

伴随着科创板和创业板注册制试点、减持新规等资本市场改革措施的推出，中国资本市场退出渠道越发多元。私募股权市场存量投资风险正在加速化解，退出案例金额和数量明显增加。越来越多的私募股权投资基金通过专业化运营，专注于投早、投小、投科技，为家族办公室资产配置提供了良好的另类投资渠道。

黄金、原油、外汇

根据前面对美林投资时钟的介绍，可以看出，从经济衰退到修复转换的阶段是大宗商品投资的良好时机。大宗商品在资产配置中的价值主要是，与主要资产相关性低，长期具备较高的预期复合增长率以及明显的通胀保护特征，能够有效地降低组合波动，提高组合收益。

具体到品类，大宗商品包括黄金这样有避险属性的特殊标的，铜、铁等矿产类标的，豆粕、小麦等粮食类标的等。通常基于投资属性的相似性，还会与外汇交易员一起投资。海外商品与各类资产年度总回报之间的相关性分析（1970—2004 年）见表 9 -5。美国不同通胀下各类资产的回报（1972—2012 年）见图 9 -21。

表 9 -5　海外商品与各类资产年度总回报之间的相关性分析（1970—2004 年）

资产类别	短期国库券	通胀保值债券	美国国债	海外债券	美国股票	海外股票	大宗商品	美国通胀
短期国库券	1.00	-0.08	0.23	-0.35	0.03	-0.12	-0.14	0.61
通胀保值债券	-0.08	1.00	0.02	0.38	-0.10	-0.04	0.41	0.19
美国国债	0.23	0.02	1.00	0.14	0.24	-0.03	-0.32	-0.29
海外债券	-0.35	0.38	0.14	1.00	0.03	0.40	0.15	-0.09
美国股票	0.03	-0.10	0.24	0.03	1.00	0.58	0.24	-0.19
海外股票	-0.12	-0.04	-0.03	0.40	0.58	1.00	0.07	-0.20
大宗商品	-0.10	0.41	-0.32	0.15	-0.24	-0.07	1.00	0.29
美国通胀	0.61	0.19	-0.29	-0.09	-0.19	-0.20	0.29	1.00
平均相关系数（包含通胀）	-0.06	0.10	0.05	0.12	0.09	0.12	-0.03	0.05

PIMCO 的数据显示，假设 1970 年用 1 美元分别进行投资，到 2004 年，大宗商品的最终收益是 71.62 美元，远远高于美国股票和

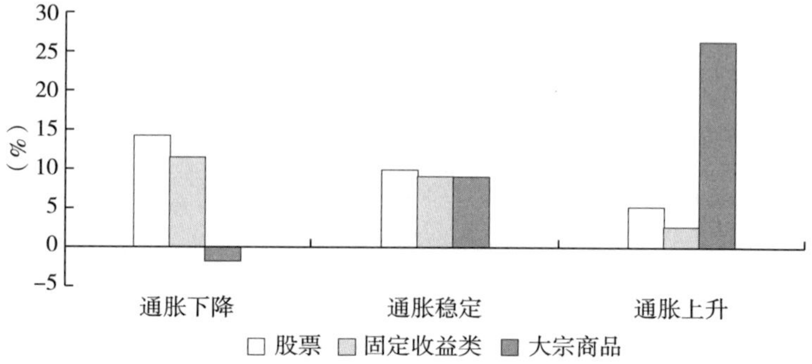

图 9-21 美国不同通胀下各类资产的回报（1972—2012 年）

资料来源：PIMCO。

海外股票，后两者的价值是 42.21 美元和 42.16 美元。

2019 年是我国期货市场上市品种最多的年份，上市了包括红枣、粳米在内的 6 个商品期货，包括棉花、玉米在内的 8 个商品期权。截至 2019 年年底，期货公司资产管理业务总规模达到 1 429 亿元，同比增长 12%。展望未来，随着期货市场期货品种的愈加丰富，期货产品风险对冲、资产配置的价值将逐渐凸显。

我们在此先论述 3 个最为成熟的大宗商品的投资逻辑。

黄金的投资逻辑是持有成本，即实际利率 = 名义利率 - 通胀预期。黄金的投资标的通常有积存金（境内市场交易、可兑换实物）、账户金（境内外市场 7×24 小时交易）、黄金 TD（加了杠杆）、黄金股等。黄金价格基本受宏观因素影响，价格波动与主要发达国家 CPI 对比来看，由通胀预期推动。作为避险资产，黄金近几年稳健增长。在 2020 年新冠肺炎疫情防控进程中，在纾困政策预期转向、通胀预期见顶和投资者情绪极值的互相作用下，黄金或将在 2021 年三季度迎来考验。

原油的价格受供需、流动性、地缘政治等多方面因素的影响，波动幅度相对黄金要大得多。下面我们以 2020 年 4 月 21 日结算时爆出负价格的中行“原油宝”为例，来介绍一下大宗商品交易中的复杂性。家族办公室若要参与此类产品的投资，则一定要聘请专业的投资机构和管理人操作。

中行“原油宝”的产品设计

账户原油产品是我国商业银行推出的挂钩WTI（西得克萨斯中间基原油）原油期货合约和Brent（布伦特）油期货合约，以美元和人民币计价的不带杠杆（100%保证金）的不可实物交割的账户交易产品。根据每家银行推出的产品的不同，又可细分为期次产品和连续产品。期次产品指挂钩具体月份合约的产品（比如美元账户北美原油2005），对于此类产品，客户在银行和客户约定的最后交易日前均可选择按照结算价结算或者转月。连续产品指挂钩WTI或者Brent期货连续合约的产品［比如美元账户北美原油（连续产品）］，对于此类产品，若客户在约定的最后交易日仍有持仓，银行将自动替客户进行转月操作。对于保证金的要求，每家银行各有不同，所有银行对于空头持仓都要求缴纳保证金和进行盯市管理，有些银行对于多头持仓不要求缴纳保证金。

对于账户原油产品来说，替客户做的转月操作即将现有持仓按照最后交易日的结算价进行结算，同时新开仓下一个主力合约，开仓价格为此主力合约的结算价格。其中，结算价是按照合约所在交易所的规则执行，如WTI是按照收盘前最后3分钟（北京时间2：28－2：30）的加权均价。转月的操作实际上是将持有合约平仓，将浮动盈亏兑现，然后用平仓得到的资金再买入新的主力合约。例如，客户在2020年4月以15美元/桶的价格买入工行美元账户北美原油（连续产品）（此时为2005合约）100桶，4月14日工行转月，结算价为10美元/桶，转成的2006合约结算价为20美元/桶，则2005合约结算后可以获得资金 1 000 美元，然后工行替客户买入 2006 合约，共可以买入 50 桶，所以 2005 合约和 2006 合约之间相差的 50 桶为客户兑现的浮亏和转月的成本。由于原油一直是远期升水的结构，即使客户没有盈亏，每次转月都需要支付一次转月的成本，所以如果遇上极端的市场行情，基差急剧扩大，曲线呈现近陡远平的形态，客户的持仓很可能会无限趋近于 0 甚至负数，所以说账户原油是一种不适宜做长期投资的金融产品。

外汇与政治、经济、宏观基本面密切相关。以 2020 年为例，人民币汇率从 5 月的 7.18 大幅上升到 12 月的 6.52，这当中有新冠肺炎疫情的原因（中国率先控制住了疫情），也有货币政策的原因（央行 2020 年 5 月就结束了针对疫情的非常态宽松），使中美利差破纪录地达到 200 个基点并一直保持，也有贸易的原因（境外产业链迟迟无法恢复，对中国的进口需求非常强劲）等。反过来，汇率也直接影响不同国家间资产的相对价格，影响外贸企业的资金管理，影响居民的国际出行和跨国采买等问题（2020 年，疫情下的安全、政治问题可能更突出）。对于外贸企业而言，做好外汇远期就显得至关重要了。

与外汇相关的定价理论有十几个，是国际金融学的主要内容。短期中决定汇率变动的直接因素是贸易和资本科目的供需。中长期而言，两国的经济实力是决定汇率作为货币的相对价格这一指标的决定性因素。根据预期实现理论，对于一国经济政治等的判断，则可能促使资本科目大宗流入流出，使得汇率出现剧烈波动。

相应的投资工具有 CTA（商品交易顾问）基金、受影响行业的股权债权类资产，乃至直接开仓做外汇交易等，外汇更多的是作为其他投资的一个基础背景因素。

跨国不动产投资

不动产与大宗商品的区别在于，不动产不具有全球共时性，是一个国家自身经济增长的原因和结果，而经济增长本身的影响因素又是多方面的。境内不动产投资经历了近20年的快速发展，已经开始进入相对平稳期，在“房住不炒”的政策规范下，其使用属性日益增强。从分散国别风险的角度来看，不动产投资是中国高净值客户非常青睐的一个选择，配合身份筹划、全球生活方式安排等，也是家族办公室不可忽视的职责之一。

国别轮动

在全球不动产互动中，核心主导国、外围主导国、追赶国、附属经济体、资源国等不同层次之间存在着较为明显的领先滞后关系。[①] 以经济主导性来做划分，比如在上一波经济增长中，美国超越英国成为全球经济主导国，英国演变为外围国，日本、澳大利亚、加拿大等国由于处于技术创新和经济增长较快的阶段，属于这一时期的追赶国。新加坡等则是附属经济体，相应的房价增长速度也是按这个顺序和幅度在演进。而在本轮经济增长中，日本经济增幅大幅下降，变为外围国，中国技术创新和经济增长活跃，进入追赶国行列。

从各国不动产周期的角度看，基于各种政策、人口、社会观念等因素，每个国家又有自己的节奏。2020年Numbeo的最新数据显示，在剔除公摊面积等因素之后，香港、北京、上海、深圳中心城区的房价已经超越伦敦、纽约、新加坡。2019年全球20个核心城市中心城区房价（修正后）如图9－22所示。

---

① 周金涛．涛动周期论［M］．北京：机械工业出版社，2017.

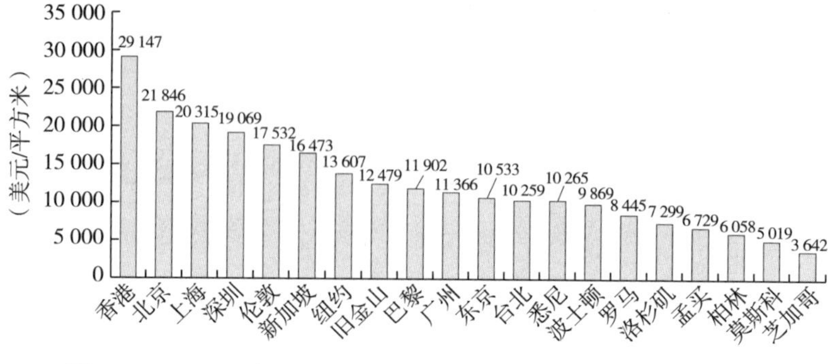

图 9－22　2019 年全球 20 个核心城市中心城区房价　（修正）

资料来源：Numbeo、如是金融研究院。

在近 10 年的从业生涯中，我曾经先后帮助客户投资过美国、加拿大、日本和英国的房产，而这当中的每一次，都是由客户主动提出需求的。正如黑石创始人苏世民在《苏世民：我的经验与教训》一书中所说："当有人主动来找你买一样东西的时候，他一定不是唯一愿意付钱的买家。"

除了考虑某个国家或地区的政治、文化环境是不是自己喜欢的，经济环境是不是适合作为主要地点以外，从投资的角度看也有一些需要注意的问题。

在 2020 年新冠肺炎疫情之前，美国经济处于黄金时期。2010—2019 年美国失业率如图 9－23 所示。标普美国二十大主要城市房价指数如图 9－24 所示。密歇根大学美国消费者信心指数如图 9－25 所示。

比如，美国的地产市场中出租公寓占很大比例，新冠肺炎疫情期间大量租客退租导致资产价格下降，而疫苗推出之后这些租住需求会快速恢复，未来的现金流有相当的保障，所以会带来一个不错的投资窗口期。

日本的地产市场投资可以分为住宅和办公楼，住宅又分自住和出租两种。在一个稳定的社会结构中，租金也会带来非常稳定的长

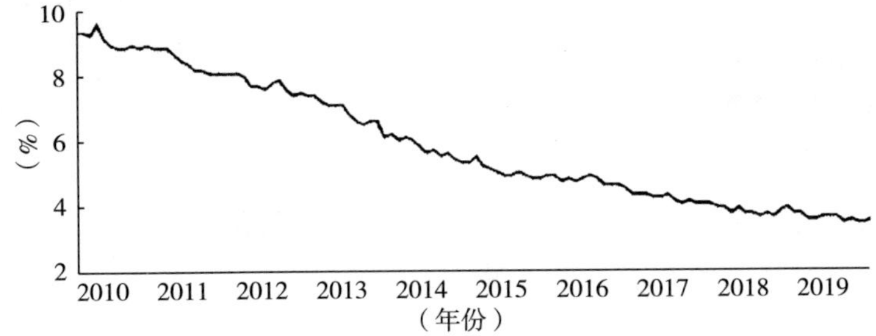

图9-23　2010—2019年美国失业率

资料来源：美国劳工部。

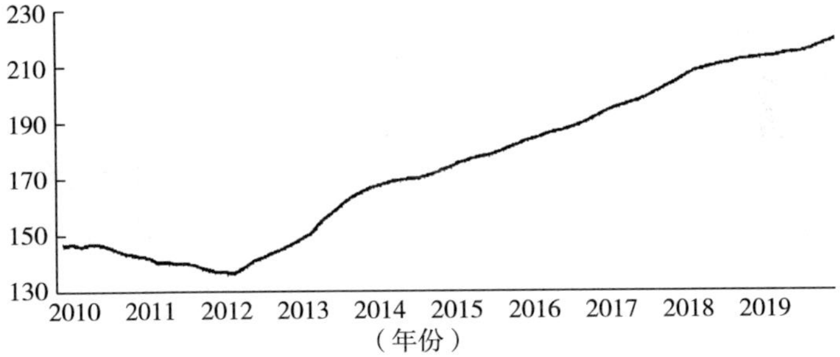

图9-24　标普美国二十大主要城市房价指数

资料来源：标普。

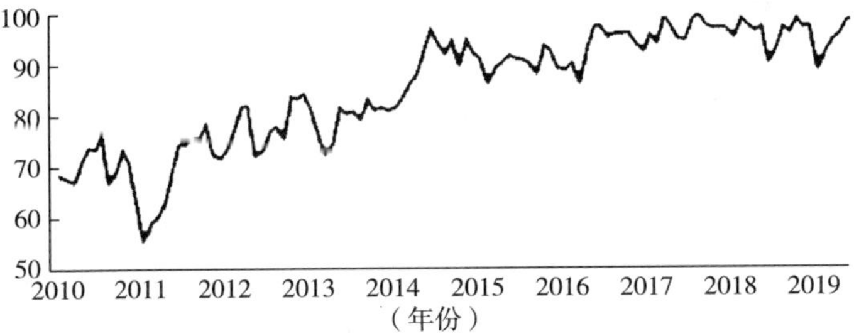

图9-25　密歇根大学美国消费者信心指数

资料来源：密歇根大学。

期回报。相对于美国，日本物业投资更适合提供养老和传承所需的稳定现金流。并且，与美国大量标准化可复制的模式不同，日本房产高度细分，每一个物业位置不同，户型不同，价格也不同，最好亲自或者请朋友去看一下现场。另外，有些初出国门的中国投资者在日本只买房不买地，是典型的不了情况才做出的选择，其他问题包括物业由谁来负责，口碑如何，在哪里付款，如何贷款，利率如何，税目包括哪些，分别是多少，甚至合同是否正规等，一定要通过专业可信赖的人士将其中包括的风险规避掉。

“固收+”产品

作为国内传统银行理财产品的主要替代类产品，“固收+”产品已经成为目前资管新规出台后的主流产品。所谓“固收+”产品，就是指以标准化的固定收益类资产为基础，加入一部分权益类资产、商品、衍生品，乃至海外 IPO 项目等，形成的资产产品，被业内戏称为“大饼夹一切”。

各家银行的“固收+”产品大同小异，截至 2020 年 5 月，还没有“固收+”产品的盈利为负。没有哪家银行敢做第一个打破刚兑的机构，甚至在大部分的时间里，各家银行“固收+”产品的收益都很少跌破参考收益（比如 3.3% ~5.4%）的下限。当然，极端情况除外。有些银行的“固收+”产品一直处在参考收益的上限甚至远超于此，比如民生银行。

稳健、一站式，是这类净值型产品的主要特点。需要注意的是，未来银行“固收+”产品的盈利为负是绝对有可能的。投资者在购买前，应看清楚合同中“+”所包含的品类和投资比例限制，了解投资的底层资产究竟是什么。

在资管新规过渡期延长和“大资管”的监管导向下，压降结构化存款，限制现金管理产品，银行理财净值化转型过程中权益类和“固收+”产品将越发具备优势。还有更多的非银行金融机构，如基金公司、保险公司、家族办公室等也在提供“固收 +”产品。这些产品风控可靠，收益也很可观，非常值得关注。

截至 2020 年 5 月，券商运营的“固收 +”产品，即“券商集合计划”的表现较差。以中金公司为例，该公司仅有的一只“固收 +”产品马上要转为公募基金。信托公司的“固收 +”产品叫作“强债策略”，大部分作为银行的通道，决策方和底层资产仍由银行提供，少部分信托公司主动管理的产品的周期在一年半以上，流动性相对较低。

基金公司和保险公司的“固收 +”产品的差异比较大。基金公司的“固收 +”产品的流动性强，是按照公募基金每日申赎的方法进行交易的，而且从 2013 年开始就有基金公司运营。以某大型公募的一只基金为例，从 2015 年成立到 2020 年 4 月底，其年化收益率为 9.56%，2019 年的最大回撤率仅为 1.81%。这样一只各方面表现都堪称优异的基金从成立至 2020 年 4 月底只有 7 亿多元的规模，这是为什么？因为投资者往往无法坚定地持有。连跌 3 天就会有很多投资者出售。因为投资者往往不够有定力，俗称“拿不住”，基金净值连跌 3 天就会有很多人想要出售。以国内另一家大型公募基金为例，2020 年 2 月开市当天，春节前新募集的资金被赎回了 40%。节前正是市场如火如荼的时候，千亿预售，2% 配额还历历在目，转头就有 40% 的人交了学费。可以想见 1.81% 的回撤虽然多，亏钱的感觉对于很多保守型投资者来说还是新鲜而剧烈的。

多家族办公室的“固收 +”产品介于银行系资产与公募基金之间，是高净值客户独有的选择。以某只明星产品为例，该产品既有半年的锁定期，可以保证一定的运行收益，又有半年后的每周开放，可以提供流动性选择。同时，在最关键的投资标的和投资人的选择上，多家族办公室有更强的灵活性。目前国内多家族办公室的“固收 +”产品业务处于初期阶段，因此更加慎重，是银行“固收 +”产品的升级版。

保险中的年金保险是一种被越来越多的高净值投资者重视的产品。年金保险与财险、车险、医疗险、意外险有很大的不同，年金保险是金融属性很强的一种投资标的。在“固收+”产品中，年金保险可能是国内历史最悠久的品类。4.025%的复利对应到较长期限上，收益会十分可观，对应到二三十年的投资期限，将意味着7%～8%甚至更高的平均年化收益率。最重要的是，目前中国境内的年金保险是全球唯一保本保收益的年金保险，考虑到全球无风险收益率不断下降的大趋势，这类产品的收益率是非常划算的。

银保监会已经发文要求调整这个收益上限至3.5%，因为这个收益率上限对于保险公司而言意味着过高的资金成本和相当的风险。窗口期有限，但投资逻辑不变。对于有长期资金、风险偏好度低的客户，年金保险是相当不错的选择。年金保险提供的与生命等长的现金流不仅给长辈养老打了放心针，也帮年轻人系好了安全带，解除了后顾之忧。

更进一步，这样的产品格局除了机构属性，更多的是由监管塑造的。资管新规出台后，进一步改革大资管行业仍有一定困难，主要原因是缺乏顶层设计层面的安排。在原先的机构监管框架下，不同类别的资管机构对应《信托法》《证券投资基金法》《商业银行法》和《保险法》，而资管新规也未能解决统一上位法的问题。

在上位法缺失的情况下，不同类别的资产管理产品需要接受不同监管机构或者自律组织的监管，不同监管机构制定和出台的监管标准不完全一样，导致横向统一大资管行业的监管存在困难，监管套利仍然存在。

应当说，2020年是国家建设多层次资本市场，鼓励金融创新的关键时点，各类政策层出不穷。产品的多样化、复杂化正是这一大背景下的具体表现。未来资管行业的顶层设计将迎来几个突破，一是资管产品的法律关系将明晰，二是资管行业将迎来统一的行业法，三是资管产品的证券属性被确认后，资管新规有望得以完善。

对于要素相对较少、一站式配置的“固收+”产品，从读合同、抓要素，到横向对比、全市场对比，再到政策格局解读，确实不是普通投资者能够做到的，这也正是专业人士存在的意义之所在。

以一个家族作为总账户，高风险高收益和稳健低收益投资标的的配比是应该有一定的安排的。选择买不买和买多少股票基金、债券、黄金、艺术品等投资标的对最终收益的影响，要远大于具体选择了哪只股票、债券基金产品。这也是家族办公室区别于其他金融机构的核心价值之一。

有些富豪客户对于投资本身就很有心得，但要对每一类投资标的都精通几乎是不可能的，与其花大量时间精力去力求全精通，不如委托专业人士，站在家族整体利益的角度来做规划和建议。家族办公室坐拥大量资金，可以建立更为系统的决策体系，进行更加细致的组合配置。

图9－26展示的是某万亿规模的资产管理机构的决策指标系统，基于宏微观分析，对市场情况做不同程度的拆解，在各类资产中做组合配置，跟时间做朋友，自会得到玫瑰的芬芳。

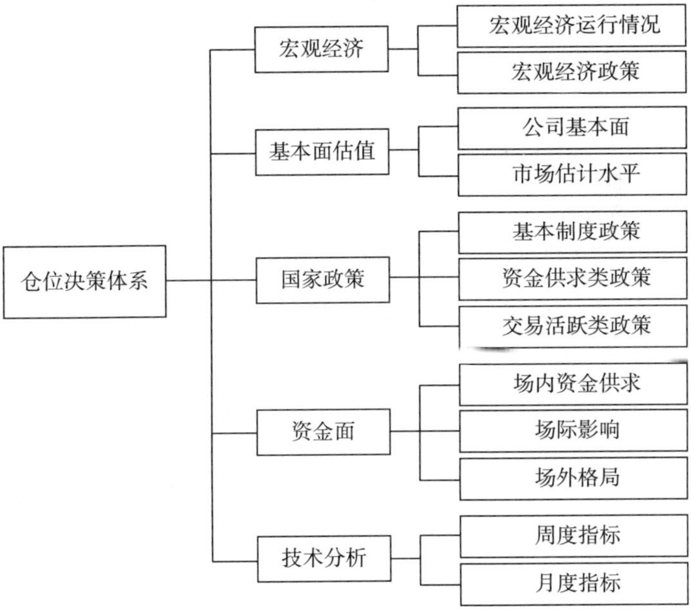

图9－26　某万亿规模的资产管理机构的决策指标系统

资产配置是一门内涵深厚的学科，是每个人可以参与一生的有趣事业。对于家族办公室来说，借助专业力量、专业人士，顺“时”而动，顺“势”而为，是最佳选择。从把握投资周期、时间维度的“纵有千古”，到研究产品、组合配置的“横有八荒”，再到匹配个人/家族资金需求、风险偏好、兴趣能力的反复练习，成就家族办公室系统的投资体系，方可在投资这件事上“是为道也”，形成自己的体系、原则、逻辑和打法。

第十章

家族企业的扩张与融资

企业选择扩张还是转型甚至出售，是公司战略的基本点。在与交接班交织时往往显得更为复杂，而这正是目前国内家族企业普遍面临的问题。

不管是哪种选择，低成本的融资都是企业战略实施最重要的支撑。当企业遇到困难时，为了生存要融资；当企业经营顺风顺水，为了成为行业龙头、获取国际竞争力，也需要融资。融资冲动仿佛成了企业家的第二天性。然而这种冲动背后需要有源源不断的资金做保证，审视自己的战略机遇及股东的流动性需求，先评估是要扩张还是出售，再评估所有可得的资本来源，然后选择正确的资本来源是非常重要的。联合外部资金综合运用发债、配资、员工持股、pre-IPO、上市辅导、市值管理、并购融资、发债、股票质押等各种方式推动企业的发展。

家族企业扩张

战略与接班交织

企业战略交接班是每个家族面临的难度最高的挑战。每一代创富家族在面临一代向二代的交接班问题时，都会发现它蕴藏着巨大的不确定性，存在相当高的风险。根据海外的经验，接班人要成长为家族企业下一代领导者，通常需要经历 3 ~5 次小的战略转型。[①]

---

① 维斯切，阿伦诺夫，沃德．资本的平衡［M］．蒋松丞，刘洋，译．北京：电子工业出版社，2015。

家族企业如果未考虑家族因素——价值观、家族成员构成、个性、风格和文化，就会使企业和家族陷入困境。

传承一方面是家族内部财富和领导角色的重新分配，另一方面也是企业的改朝换代，可能还会伴随经营理念和制度的新旧交替，牵涉人员和利益甚广，是矛盾和冲突集中爆发的时期，相关融资工具的使用和筹划需要更多的规划与准备。

在中国，战略转型问题和交接班问题是交织在一起的，并且是当前和未来一段时间会集中出现的。改革开放 40 多年来，我国经济取得了高速的发展。随着人口红利的逐步消减，投资的边际产出逐渐下降。用工贵、土地贵、产能过剩，盈利能力下降。在 2020 年新冠肺炎疫情的冲击下，海外生产线、供应链全面受挫。中国由于疫情控制得当，工业、制造业一直保持良好运行。出口率创新高，供给全球，也为我国迈向高端制造行列提供了战略机遇。

近年来企业债券频繁爆雷，之后的市场震动，显示出我国没有经历过完整的债务周期，对经济周期波动缺乏经验和准备。2020 年年底国企债爆雷之前，早在 2018 年监管机构出台去杠杆政策后，民营企业就受到了巨大的冲击。民营企业债券信用利差中位数一度达到 330 个基点左右，屡创新高，居高难下。融资难是民营企业长期会面临的问题。

当家族成员内部的偏好、能力与外部经济政治环境和产业更迭交织在一起时，采用系统性、制度化、有步骤的方式降低传承的跨期不确定性，是家族最为稳妥的选择。

企业战略选择

前面我们有提到过，企业战略包括扩张、转型和出售。应当说，在目前的国内企业家战略选择中，扩张战略都有不小的占比。扩张的不仅有新经济、医疗、消费这些优化社会生产力从而有巨大获利空间的新兴行业，传统产业的互联网化、技术升级也伴随着巨大的扩张机遇，还有些在外部环境变化下得到发展机遇的公司也在抓紧产能扩张。

一些单纯的纺织、养殖等行业，在升级自身主营业务的同时，也一直在寻找“第二主业”作为经营的新方向。

还有一些行业的家族企业，比如钢铁、煤炭等行业，二代成员对长辈的产业兴趣不大，或者力有不逮，行业未来的获利空间也相对有限。这样的企业可能会将资金逐渐投入单纯的财务投资中，不亲力亲为参与企业的管理，满足于做“二股东”。这方面的经典投资案例是巴菲特出资 10 亿美元，一举购入可口可乐公司 6.2% 的股票，并在可口可乐公司董事会一坐 17 年。可口可乐平均每年给“股神”带来 60% 以上的回报，其股价更是上涨近 20 倍。

这 3 种模式在海外都有相应的对标，比如杜邦家族一直都在化工领域扩张，宝马家族从纺织业起家，到如今是广为人知的飞机发动机和汽车生产商，很多家族完全靠信托获利来保障大部分后代家族成员的生活等。

在企业扩张中，要区分战略和核心价值观。战略是要不断调整的，而核心价值观则要保持稳定。詹姆斯·柯林斯和杰里·波拉斯在《追求持久》（*Empresas Que Perduran*）中写道：“最重要的变量，并不是企业意识形态的内容，而是企业如何深信自己的意识形态，如何传达和践行这一意识形态，使之具有生命力。有远见的企业几乎会虔诚地维护自己的核心意识形态。”战略选择的变与不变见表 10－1。

表 10－1　战略选择的变与不变

无论在何种情况下都应该保留的	面对变革应该调整的
企业价值观与意识形态	企业战略
家族传承与承诺	企业结构
员工的培养和提升	引入新的外部领导者和董事
品质	技术
服务	政策和流程

资料来源：阿伦诺夫，沃德．家族企业战略转型［M］．张晓初，李海铭，译．北京：电子工业出版社，2016。

基于家族企业的长期价值观，往往可以有更长期的发展观。相对于只为股东负责，家族企业可以容忍更长的投资期去为自身的兴趣爱好和价值观努力。当然在中国目前的环境中，这种氛围和选择还在逐渐形成。

个人生命周期

不同世代家族成员之间关于企业的意见分歧通常牵涉深刻的个人问题。对于家族成员，尤其是不参与企业经营的家族成员，保证个人生命周期中的现金流动性，看似与家族企业扩张、战略选择不相关，实则关系密切。当家族成员都能感到安心、安全，家族企业才能平稳运行。

定期提供流动性比一次性提供流动性更可取。对于那些以分红作为获取现金流主要渠道的家族成员，他们的资金需求和现金流的匹配程度可能会影响企业战略的推进和落实。

考量家族、家族成员所处的财富阶段，可以更好地规划整体资金需求。就人的一生而言，支出曲线是从出生开始的，而收入曲线却从 25 ~30 岁才开始。孩子的教育费用要提前准备，当子女到了适婚年龄，又要为购房、生活度假等支出做准备。风险准备、医疗准备、子女教育、退休养老、节税安排等，不同时期有不同的重点和安排。这些需要考虑每个时点的资产负债表，结合近 3 年的现金流情况、来源以及未来 3 年的现金流预计、来源和可靠性，对移民计划、婚姻结构、传承规划、事业规划等进行统筹安排。个人生命周期中的财富需求变化如图 10 –1 所示。

结合企业的战略变化，随着时间的推移、家族成员的增加，第四章提到的三圈模型中不同位置的人的诉求逐渐产生差异，隐藏在表象下的情感问题和财务问题至关重要，这也是第九章境外家族资金安排模型中所提及的股东流动性问题。境外家族资金安排经典模

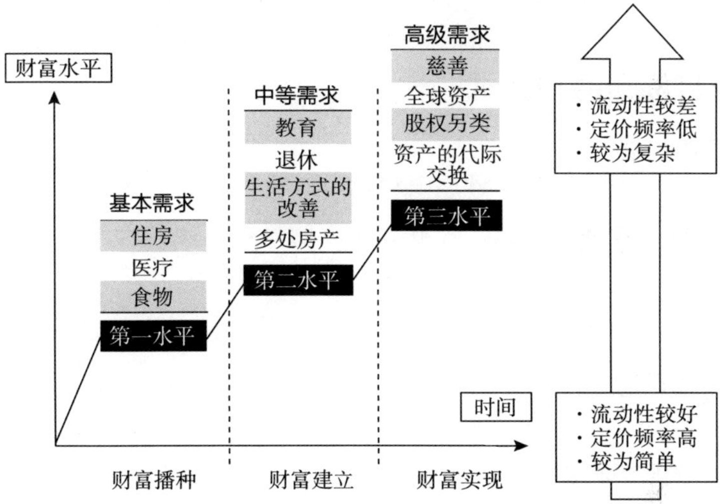

图 10－1　个人生命周期中的财富需求变化

型如图 10－2 所示。

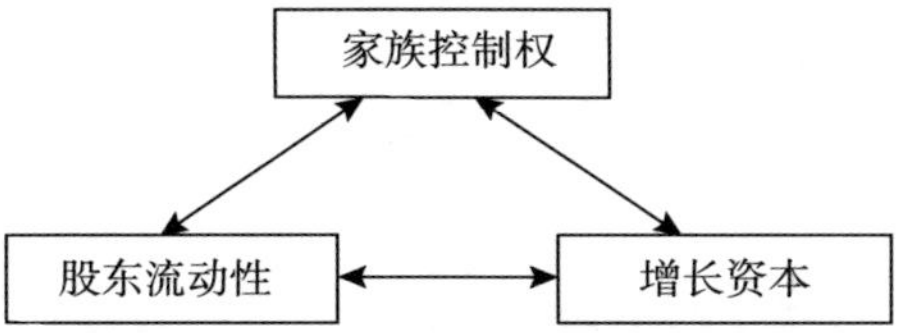

图 10－2　境外家族资金安排经典模型

资料来源：维斯切，阿伦诺夫，沃德．资本的平衡［M］．蒋松丞，刘洋，译．北京：电子工业出版社，2015。

对于那些不直接参与投资的家族成员，明确知道自己投资价值的多少、如何进行比较、其他可选投资方案，以及必要时如何将自己的投资变现是非常重要的。比如，家族中一些成员倾向于将资金全部投入企业经营，扩大再生产，有些成员不参与其中，不了解情况，可能会觉得风险过大，如果自身资金需求还无法得到保障，那么就容易产生对立。要尽可能利用手头的财务资源，同时最大限度地使家族成员求同存异、凝结一心。将支出、投资计划整合进信托、大额保单，有利于整个生命周期资产的安排和运用。

财务目标与融资方式

在当前中国宏观环境、中观行业、微观企业3个维度转换叠加的大环境下，结合行业、企业和家族的具体情况，合理决定企业的发展战略、融资规模和具体融资工具，十分重要。

企业财务目标

英国财务权威卢斯·班德和凯斯·沃德在他们合作的《公司财务战略》一书中特别强调了设定财务战略“最适当的方式”是由企业的全局战略和主要相关利益权衡决定的。不少年轻的继承人在进入企业后，往往选择担任CFO（首席财务官）、董秘这一类的角色，企业财务的解决是值得家族成员学习的重要内容。具体融资工具的选择需要严格的内部精算，但从经验的角度看，有一些基本原则：

- 当企业负债率超过60%，建议进行股权融资。上市公司可以考虑增发新股，或发行几年以上的可转债。在降低资产负债率后，企业才能安全运行。
- 在经济环境向上的情况下，高额负债并不可怕，由于负债融资成本低，速度快，股东权益没有被摊薄，可优先选择债券融资。在选择期限上，长期比短期好。信用借款优于担保借款，担保借款优于抵押借款。当然，这种判断要非常慎重。

碧桂园前CFO吴建斌在他早年的专著《财务智慧》中说过，身为CFO，价值创造观体现在3个层面：一是运营层面，有责任也有权力通过财务管理，为企业运营提供财务上的专业支持；二是资本运作层面，主推资产盘活、企业上市或进行投融资管理，长袖善舞，顺势而为；三是提升企业竞争力层面，要从幕后走向台前，敢于直接面对媒体，面对投资人，树立“个人魅力”提升企业整体价值。（在我看来主要是一、二点，分别对应资产负债表的两边，解决公司的运营策略和资本策略。）

理论上，资本运作是价值创造的 3 个重要手段之一，是最能展现魔力的正道。我们常说的资本运作又称资本运营，包括发行股票、发行债券、配股、增发新股、转让股权、派送红股、转增股本、股权回购等，还包括企业合并、托管、收购、兼并、分立以及风险投资等，以及资产重组，即对企业资产进行剥离、置换、出售、转让，以实现资本结构或债务结构的合理改善，为实现资本增值而做出努力。简而言之，就是积极利用资本市场通行的各种金融工具，通过成功操作，为股东创造非生产经营能实现的价值。

融资工具分析

在分析了选择融资工具的原则和要点之后，我们再介绍一下各类企业融资工具及其优缺点。

上市融资、股票定增、配股

对于符合上市标准的企业来说，通过上市融资，一方面可以提高企业知名度，另一方面没有债务融资的还款压力，因此是企业家的首选。通过增发股票的方式融资要注意避免股权过度稀释、控制权降低、被收购风险增加等问题。同时，上市融资对于企业家的经营方式也有一定的影响，因为要保持高股价往往需要企业有相对较高的股东回报，对过于保守的财务政策并不友好，也可能与企业的经营战略选择并不总是一致。

股票增发是向包括原有股东在内的全体社会公众投资者发售股

票。其优点在于，限制条件较少，融资规模大。增发比配股更符合市场化原则，更能满足公司的筹资要求，同时由于发行价较高，一般不受公司二级市场价格的限制，更能满足公司的筹资要求。但从本质上看，增发与配股没有大的区别，都是股权融资。

配股即向老股东按一定比例配售新股。由于不涉及新老股东之间利益的平衡，且操作简单，审批快捷，是上市公司最为熟悉和得心应手的融资方式。但是，目前关于配股资产的要求越来越严格，只能以现金进行配股，不能用资产进行配股。随着中国证券市场的不断发展和与国际惯例的接轨，配股将逐步退出上市公司再融资的舞台。

发债、 商业信用、 供应链金融

债务融资对于发债主体有着非常强的约束性，债权市场大体上分为银行间市场、交易所市场、机构间私募产品报价与服务系统，其中银行间市场是债券市场的主体，债券品种丰富，包括国债、政策性金融债、企业债、短期融资券、中期票据等长短期投资品种，且体量较大，债券余额占债券市场总量的 80% 以上。在我国，债券有三大监管主体：一是证监会，监管上市公司发行的债券，如公司债。二是央行，直接审批金融债，其下属的银行间市场交易商协会监管 PPN（非公开定向债务融资工具）、中期票据、短期融资等。三是发展改革委，负责企业债的审批。

按照发行主体的信用风险，债券分为利率债和信用债两大类。利率债的发行主体为国家或国家机构，几乎不存在信用风险，收益变动取决于利率，包括国债、地方政府债、政策性银行金融债、政府支持机构债（汇金债、铁道债）。信用债的发行无国家信用背书，存在信用风险，收益取决于发行主体的信用水平，主要包括金融债（银行债券和非银金融债）、一般企业债（短期融资券、中期票据、PPN、公司债、企业债等）和资产支持证券（信贷资产支持证券、企业资产支持证券、资产支持票据、资产支持计划）。

在此对几个相关的用得比较多的债券品种做一个简单介绍。

1. 短期融资券、中期票据。

短期融资券、中期票据由银行间交易商协会监管，采用注册制发行，在银行间市场流通交易，对发行主体无明确财务要求，发行规模不超过企业净资产的40%，审批周期为2～3个月，短融发行期限在1年以内，中期票据多为3～5年期，募集资金用于企业生产经营活动，可用于置换贷款、补充流动资金、项目投资及兼并收购等，不可用作资本金。

2. PPN。

PPN是在银行间债券市场以非公开定向发行方式发行的债务融资工具。PPN由银行间交易商协会监管，采用注册制发行，在签署定向发行协议的投资者之间转让，对发行主体无明确财务要求，发行规模原则上不超过企业净资产的100%，审批周期为2～3个月，发行期限多为5年以内，对募集资金的用途没有明确的限制。

3. 公司债。

公司债由证监会监管。公司债原先的发行主体必须是上市公司，2015年《公司债券发行与交易管理办法》的更新将主体拓展到所有公司制法人，现有公募和私募两种发行方式，公募的要求相对较高，要求发行规模不超过企业净资产的40%，企业最近3年年均净利润超过债券1年利息的1.5倍。审批周期约为3个月，发行期限多为中长期，3～5年。私募的要求较低，审批速度也比公募快，成本会比相同条款下的公募高100个基点左右。

4. 企业债。

企业债由发展改革委审批，要求募集资金用于指定的项目建设，发行规模不超过企业净资产的40%，企业最近3年持续盈利，年均净利润能覆盖债券1年的利息。可以在银行间和交易所市场同时流通，一般审核十分严格，审核周期长达6个月，发行期限多为中长期，5年以上。

5. 资产支持证券。

资产支持证券一般分为由银保监会主管的信贷资产支持证券、由证监会主管的券商专项资产支持证券及由交易商协会主管的资产支持票据。随着市场需求、制度的完善，资产证券化在不断发展，由试点逐渐走向常规化。

6. 可转换债券。

对于上市公司来说，还可以考虑可转换债券。可转换债券兼具债权融资和股权融资的双重特点，在其没有转股之前属于债权融资，因而更具灵活性。

如果企业的实力比较雄厚，则银行会给予企业一定的商业信用额度，在商业信用额度范围内，企业可以按需支取，按实际使用期限和金额支付利息，从而能够有效地缓解企业的一部分资金压力。

企业上下游的资金占用也可以通过供应链金融的方式获得一定的支持。早年经销商付款模式、专营店的分润机制设计合理与否是一大批商贸企业生死存亡的大考。

银团贷款、项目放款、融资租赁

银行贷款适用范围更广，是经典的间接融资渠道。不过国内银行贷款对起步阶段的民营企业不是十分友好，对于抵质押物的要求非常严格。如果企业实力较强，则还可以考虑更具扩展性的银团贷款，也就是向多家银行、信托等金融机构借贷。例如，万达地产、恒大集团等都曾经获得巨额借贷，后者甚至有万亿元级别的债券融资。这一方面是借贷能力的体现，另一方面势必会对企业的经营形成压力。例如，中国民生投资集团2019年年初召开债权人会议，有120多家银行代表参与。

项目贷款更多指的是信托公司等机构针对企业某一具体项目所进行的审批放款，与企业额度授信的区别是资金更加强调专款专用，对企业整体的资质要求可适当降低。从可选机构范围来看，更多愿意承担高风险、追求高收益的机构可以进入视野。

融资租赁常见于航空、大型机械类企业。这类企业通过购买锁定贵重设备，再以租金的形式分期付款使用，摊销成本。在不同的会计规则下可以选择体现为企业负债，或体现为费用，给企业留出更多的选择空间。

小额贷款公司、第三方理财机构、典当行的贷款

对于资质较弱的企业而言，门槛更低、成本更高的小额贷款公司、第三方理财机构、典当行就成了可以考虑的资金来源，甚至一些大型企业在社会融资环境较差的时候也可能需要同它们打交道。

过高的融资成本给企业带来的盈利压力是不言而喻的，随着国内经济增速趋于平稳，企业从第三方借钱无法偿还导致产品爆雷的情况屡见不鲜，避免企业陷入现金流紧张的状况应当是企业战略规划的首要考量。

经营模式与融资

前面讲到不同的融资工具各有优势，那在融资决策中到底要选择什么样的方式来具体操作呢？一方面是哪种更容易的问题——对于房地产类固定资产相对比较多，市场定价也比较标准且普遍接受的公司而言，发债融资当然更容易；对于互联网类、生物医药尤其是主要依靠专利等软性资产的公司，抵押物、担保物几乎为零，相反市场往往看好其未来成长性，所以股权融资可能更加容易。

从公司的成本角度而言，高成长性、市值更可能呈几何级数增长的公司，股权价值更高，所以实控人会希望多发债避免实控人股权被稀释。而对于资金链压力比较大的公司，股权融资更受公司实控人的青睐——杠杆率的平衡也是公司经营稳健的必然诉求。

接下来，我们以美国养老地产行业的前四大公司 PEAK、

Ventas、HCN、SNH 为例，分析不同经营模式下不同融资方式的选择，以及经营模式和融资方式的互动关系。

低成本融资和多元化投资的 PEAK

PEAK（Healthpeak Properties Inc ），原 HCP，成立于 1985 年，是目前美国最大的养老养生及医疗类房地产投资基金公司，根据公司 2020 年第三季度季报，其市值达到 157.52 亿美元，年营收近 20 亿美元。公司主要从事收购、开发、租赁、管理医疗保健房地产和为医疗保健机构提供融资。

"多元化投资 + 低成本融资" 推动了 PEAK 规模的快速增长，并使其获得了低谷中的扩张能力。PEAK 提出了 5 × 5 的投资模式，即采用 5 种投资渠道（出租型物业、投资管理平台、开发和再开发、债权投资、DownREITs）投资于 5 类资产（养老养生社区、生命科学物业、医疗办公楼、专业护理机构的物业、医院物业），在投资方向和收益上做到了多元。

1. 低成本融资渠道。

多元投资推动了公司规模的快速扩张，但资产扩张的背后更是得益于便利的资本市场融资通道。仅 2010 年一年，PEAK 就在 6 月、11 月和 12 月进行了 3 次股票市场增发，总融资额达 25 亿美元。

2011 年 1 月，PEAK 又发行了总额 24 亿美元的无抵押票据融资，4 种票据的加权平均期限达到 10.3 年，而融资成本仅为 4.83%，低于 2010 年年末公司加权平均利率成本 6.19%，从而使总利率成本下降约 0.5%。2019 年年底 PEAK 总负债率为 52.98%，畅通的融资渠道是公司低谷扩张的弹药。

2. 稳定的业绩与股东回报。

PEAK 的大部分物业采用净出租模式运营，经营业绩十分稳定。人力成本方面，在净出租模式下，根据 2018 年披露的数据，公司仅有 201 名员工。年均回报率持续稳定，2018 年每季度每股派息 1.48

美元。PEAK 的大股东分别是先锋基金（15.98%）、黑石基金（9.66%）等，非常适合家族办公室投资。

同时 PEAK 积极采用伞形架构，通过房地产投资基金子公司的非管理份额换取其他公司的物业资产。给出售方以税务递延，给出资方以更低的收购成本，并避免母公司股权被过度稀释。此外，各类夹层贷款也作为资产包随时出售，保持了良好的流动性。

成本方面，在净租赁模式下，根据 2019 年年报披露的数据，公司仅有 204 名员工。年均回报率稳步上升，2019 年每股利润达 0.09 万元，2020 年达到 0.5 万元。

委托经营模式下的股市宠儿 Ventas

美国第二大养老养生及医疗类房地产公司 Ventas 的经营策略是，以委托经营模式提高回报率。在这一模式下，作为物业持有人的 Ventas 除了能够获取租金收益外，还能从客户处收取全部经营收入（包括生活服务和医疗服务的收入，平均每单元的月收入可达 3 000～4 000美元，是租金的数倍）。尽管 Ventas 的资产规模不到 PEAK 的一半，但收入规模与之相当。但这种模式也意味着成本费用更高、利润率偏低。在净出租模式下，所有的直接经营成本、亏损风险都由运营方承担，物业所有方只收取固定租金收益，毛利润率可达 80% 以上。但在委托经营模式下，运营方只收取固定比例的管理费，物业所有方承担所有直接经营成本、亏损风险，因此毛利润率降到 30%～40%，并且物业所有方还要承担金融危机中的业绩波动。针对资金成本优势的丧失，Ventas 力求在净出租模式与委托经营模式间求得平衡，因此其风险和收益都略高于 PEAK，相应地，其在债权市场的融资成本略高，但在股票市场的表现更好。

Ventas 物业组合中 2/3 的养老养生社区采用净出租模式，1/3 采用委托经营模式（其他医疗办公物业均采用净出租模式），所以员工人数略多，达到 500 人左右，是 PEAK 员工数量的约 2.5 倍。高估值下，与债券融资相比，Ventas 更倾向于采用换股收购的扩张路径。

Ventas 的股东还是家族办公室青睐的机构，有黑石公司（10.3%）、先锋基金（7.63%）等（2018 年年底数据）。

运营商参股模式下低成本扩张的 HCN

HCN（Health Care REITs）于 1970 年成立，最初投资于专业护理院，后拓展至养老养生地产领域，是美国第三大养老养生与医疗类房地产投资基金公司。净出租模式与委托经营模式的平衡，以及运营商参股（收益分享）模式下对运营商的吸引成为 HCN 赶超 PEAK 和 Ventas 的主要支撑。

净出租模式下的 SNH

坚持采用净出租模式运营的养老地产代表企业是 SNH（Senior Housing Properities Trust）。

SNH 的诞生是美国养老养生地产领域专业化分工的结果。1999 年，美国写字楼 REITs 公司 CommonWeath 将旗下养老养生地产业务拆分出独立的房地产投资基金公司上市，SNH 由此诞生。2002 年，SNH 进一步拆分出旗下医疗物业管理公司 Five Star 独立上市，此后，SNH 定位于净出租模式下的养老养生类地产投资商，而 Five Star 则定位于净出租模式下的养老养生与医疗类物业运营商。SNH 将旗下物业分别整租给同系运营公司 Five Star 和美国第二大运营商 Sunrise、第三大运营商 Brookdale，获取稳定的租金收益。在成本费用方面，由于净出租模式下承租人几乎承担了全部运营费用，SNH 的直接经营费用很低，仅相当于总收入的 5.5%，与“净出租 + 委托经营”模式下的回报率相当。SNH 在经营上追求稳定租金，在财务上力求风险最低。在这种保守的财务策略下，低谷中 SNH 并没有大规模扩张计划。

PE 融资与基石投资人

对于家族企业来说，PE 不仅是二代继承人负责的重要领域，对于那些独立创业的一代、二代而言，拿到钱也至关重要。市场化的标准对家族成员提出了更高的要求，比如财务规范、税务规范，以及商业模式和核心竞争力明确，从而具有一定的倒逼效应。与 VC、天使资本提供增长基金相比，PE 还可以用于满足股东的紧急，有时甚至是持续的流动性需求。与银行融资相比，PE 强化了家族企业的资产负债表，给企业未来可能的债务融资留下了空间。

核心 PE 融资

除了上一章中我们讲到的单纯的财务投资，PE 还可以在资源、战略、团队等各个方面给予加强。有些协同效应的 PE 投资人可以被认为是战略投资人，它们出现在上市之前的场景中，能直接帮企业拓展边界、度过危机。我们可以从下面的案例中窥见一斑。

高瓴投资京东

在提供资金的同时为初创企业赋能，高瓴投资京东是经典的投资案例。与“门口的野蛮人”不同，关注长期收益，帮企业创造价值、不断超越的资本是有再造之功的。2010 年，高瓴投资京东 3 亿美元，而不是京东一开始设想的 7 000 万美元，就是为了通过巨资投入在物流和供应链管理方面建立竞争壁垒。高瓴投资后的第二周，张磊就安排刘强东去了美国，在沃尔玛总部待了四五天，全面了解沃尔玛的物流和仓储系统，并很快在京东展开供应链再造和物流渠道优化。2013 年，高瓴又撮合京东和腾讯旗下易迅在电商方面的合并，成就了当时最大的电子商务交易。

在2018年京东出现售假货、客服差、管理层声誉危机等一系列负面事件之后，高瓴进行了大幅减持，转投拼多多，但资本的特性本就如此，善加利用才能合作共赢。

PE战略投资者通常在上市前进入，并持有较大比例拟上市公司的股份，在公司上市后继续以战略投资者身份持股较长时间。PE战略投资者通常拥有一系列投资者的特殊权利，相关持股锁定36～60个月甚至更长。出于对投资资金的负责和公司获取协同效用的需要，通常还要求PE战略投资者派董事深度参与公司治理、经营管理或提供战略规划、客户渠道、市场营销等方面的增值服务。

最有名的是2003—2007年五大行重组改制、引进战略投资者和上市三部曲中的第二部曲——引进战略投资者。由于当时国有商业银行在技术上处于破产并亟须走出困境的阶段，其需要提升竞争力，实现整体优化从而为第三步上市做准备。当时引进的境外大行主要希望实现深度的业务合作和技术支持以帮助五大行改善资产负债表和公司治理。合作的机构是摩根大通、苏格兰皇家银行等顶尖机构。除了必备的持股锁定承诺安排外，PE战略投资者通常还会签署具有实质内容的业务技术合作协议，很多还要与持股比例相互绑定。

基石投资人

另外一种在上市过程中拿到的有协同作用的资金，基于IPO时的战略配售，对标的基石投资人在中国香港IPO中非常常见，涉及公司选择和谁“做朋友”的重要问题。这也是境外上市中设定发行价格的重要依据之一。1999年7月28日，中国证监会颁布的《关于进一步完善股票发行方式的通知》首次引入了IPO发行中战略投资者的概念。

根据现行《证券发行与承销管理办法》，IPO 发行数量在 4 亿股以上的，可向战略投资者直接配售股票。不论境内还是境外，战略投资者可以签署认购配售协议的方式而无须以摇号中签的方式获配股票，被认为是“市场稳定器”，减轻对二级市场形成的大面积“抽血效应”的压力。境内的规则明确要求战略投资者应当承诺获得本次配售的股票的持有期限不少于 12 个月，而且具备良好的市场声誉和影响力，具有较强的资金实力，认可发行人长期投资价值。

因此，除了与发行人具有战略合作关系或长期合作愿景的大型企业或其下属企业、大型保险机构、国有机构投资者，公募基金、发行人内部员工设立的专项资产管理计划均可以作为战略投资者参与战略配售。由于证监会担心基石投资人存在利益输送问题，境内的操作一度被中止。在 2018 年 5 月工业富联 IPO 重启之前，距其最近一次的是 2014 年 1 月陕西煤业的 IPO。2019 年 7 月，科创板发行上市最大融资金额的中国通号当时也采用了战略配售。28 家战略投资者获得的战略配售数量达到 IPO 发行总数量的 30.00%。572 名高级管理人员及核心员工以设立专项资产管理计划的方式作为战略投资者参与战略配售。

战略投资者与再融资

在企业上市后，上市再融资的定增，即非公开发行，是国内普遍意义上的战略投资。2020 年 3 月 20 日，证监会发布“发行监管问答”，对《上市公司非公开发行股票实施细则》（以下简称《实施细则》）中有关“战略投资者”的含义做出解答。证监会认为，战略投资者必须满足以下要求：一是具有同行业或相关行业较强的重要战略性资源；二是愿意长期持有上市公司较大比例股份；三是委派董事实际参与公司治理。家族企业的退出/引入战略投资如图 10－3 所示。

对于家族企业而言，公司上市后的再融资，尤其是战略投资者

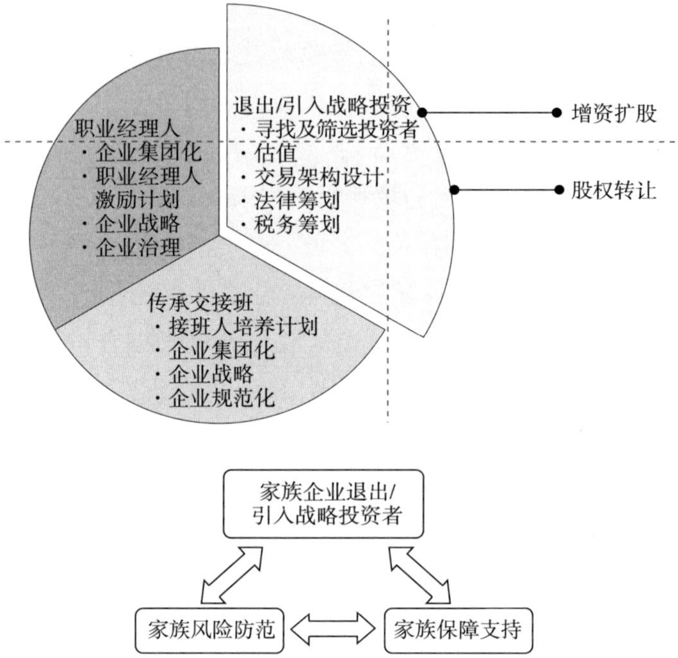

图 10－3　家族企业的退出/引入战略投资

的引入，需要结合家族保障和家族风险防范综合考虑，基本的逻辑与本章开头的描述一致，在此不再赘述。

再融资战略投资者的选择

从领投人角度看，战略投资者做领投人的只有 7.8%，对冲基金做领投人的占 48.9%，私募基金、风投基金做领投人的占 9.4%，其他机构投资者——公募基金、养老基金、大学基金、保险公司、主权基金和其他金融机构——做领投人的比例是 9%。换言之，财务投资者做领投人的整体比例在 2/3 以上。[①]

① Lim et al., The Economics of PIPEs, working paper, 2019.

境内上市公司定增的发行对象包括：投资咨询公司、私募基金，董监高，员工持股计划，自然人，公募基金、资管产品、保险产品。

投资咨询公司、私募基金

国内案例，如凯莱英的定增预案，发行对象中设“不超过35名特定投资者”将高瓴资本成功引入凯莱英。

董监高

2020年4月7日，东珠生态在发行对象中设“公司控股股东、实际控制人之一席惠明及其一致行动人席晨超、谈劭旸，共三名特定对象”。

员工持股计划

垒知集团引入的战略投资者中包括员工持股计划。计划承诺在36个月内完成以下任务：本次公司增发完成当年及其后两个会计年度，公司净利润复合增长率不低于25%。

自然人

七彩化学2020年4月10日披露非公开预案，发行对象包含自然人张朝益，以现金1亿元认购，股票发行价格22.3元/股，相比2020年4月15日收盘价，浮盈约43%。2012年11月至今，张朝益任美联新材董事、总经理。七彩化学的产品为美联新材生产所需的重要原材料，两者在产业链上是上下游关系。

公募基金、资管产品、保险产品

在监管要求出台后，很多上市公司修改预案，剔除了公募基金等发行对象。但是，也有公司没有修改方案，比如药石科技拟募资6.5亿元，由兴全基金全额认购。

监管要求出台后，市场上 18 个月期锁价方案的占比下滑，6 个月期询价定增明显上升，正逐步受到投资者的青睐，成为定增市场的主流品种。

主要战投方案的调整策略是，放弃战略投资式“锁价定增”，定价方式改为“竞价定增”；发行对象由 PE 机构等各类“战略投资者”，换成“不超过 35 名特定投资者”，新方案无须再符合战略投资者的相关规定。采用这种方式的认购方锁定期仅为 6 个月。对于对战略投资锁价发行，董事会基准日打 8 折锁 36 个月更合理，用长期持股来确定战略投资者身份，比认定资金性质或确定是否有实际产业扶持更靠谱。

境内外再融资战略投资

境外战略投资的案例有，2008 年 9 月 23 号巴菲特购买 50 亿美元高盛优先股。还有 2016 年美国知名化妆品直销企业如新（Nu Skin）为进一步开拓中国市场，以非公开方式向中国投资者发行 2.1 亿美元可转换债券。如新公司在向美国证交会提交的公告中明确称其为“战略投资”。

我们再来看一个上市公司再融资私有化战略投资的案例。

腾讯－搜狗

2020 年 7 月 28 日晚间，搜狗发布公告称，腾讯向公司发出初步非约束性收购要约，交易价格为 9 美元/ADS（美国存托股票）。在此之前，腾讯已经持有搜狗 36.5% 的股份，是搜狗的单一最大股东。此次收购意味着腾讯会将搜狗的全部股份收入囊中，另一大股东搜狐将得到 11.65 亿美元的对价，是当时搜狐公司市值的两倍。而搜狗将被腾讯私有化从纽交所退市。腾讯收购搜狗的代价要超过 21 亿美元（约合人民币 147 亿元）。

搜狗最早是搜狐旗下的一个部门，后来独立成为一家公司。2013 年 9 月，腾讯向搜狗注资 4.48 亿美元，将旗下的腾讯搜搜业务和其他相关资产并入搜狗，交易完成后腾讯获得搜狗摊薄后 36.5% 的股份。2017 年 11 月 9 日，搜狗正式登陆美股市场。搜狗业务中有两个主要板块：输入法——占有国内 90% 的市占率、搜索引擎——10% 的市占率，后者中有 30% 以上是靠微信引流获得的。2020 年一季度搜狗来自腾讯的流量占比 36%，剩下的 25% 来自自有渠道，39% 通过付费购买。流量获得成本一直是搜狗营收成本的主要构成，2020 年一季度占总营收 70.5%，远高出 2019 年同期的 56.6%。

业内称这笔交易是一场双赢交易——作为一个常年亏损，流量的 30% 以上靠腾讯导流的公司，搜狗名正言顺地得到了腾讯的流量。在流量获取成本日益升高的时候，获得腾讯的流量和挖掘腾讯版图下更大领域的流量对于搜狗的发展至关重要。而腾讯得到的，是搜索带来的更精准的内容提供、输入法带来的数据和二者共同提供的与其他被投公司、与微信外世界的链接。简言之，微信可能要强化搜索功能了。

过去几年微信推出的新功能，很成功的有小程序、看一看、视频号；不成功的有时刻视频、好物圈（圈子），可以通过搜一搜进一步巩固微信在媒体内容分发方面的优势。搜狗输入法是中国日活跃用户量（DAU）最高的 App 之一，按照北京贵士信息科技有限公司（QuestMobile）的统计甚至可以列入前二，高于淘宝、支付宝、抖音；但是由于它是工具型 App，这些日活跃用户量没有产生很大的战略或财务效应，在腾讯旗下进一步深挖和协同有很大的想象空间。例如，我们在微信里跟朋友聊到吹风机、想吃梨子，打开京东、拼多多就会发现这些东西被优先推送了，这就是腾讯系的联动。截至 2020 年 1 月，腾讯的被投企业已经超过 800 家，其中 70 多家已经上市，超过 160 家成为市值或者估值超过10亿美元的独角兽。而在这些公司里面，有15家公司帮腾讯赚了超过10亿美元，有6家帮腾讯赚了超过50亿美元，还有1家公司帮腾讯赚了超过100亿美元。这些公司分布在各个行业，包括教育行业的VIPKID、猿辅导、高斯，社交领域的B站、快手、知乎，电商领域的拼多多、京东、唯品会、每日优鲜、小红书、瓜子二手车等。对搜狗的收购，是增加腾讯与旗下被投企业在财务投资之外进一步形成数据内循环、流量导流与深挖的重要一环。

搜狗CEO王小川表示，感谢腾讯公司对搜狗公司价值以及技术能力、产品创新能力的认可。接下来会对相关事宜进行认真的讨论和衡量，让搜狗能够持续为用户创造更大的价值。这种对于被投企业的巨大协同效应，正是战略投资的魅力所在。

目前国内行业升级如火如荼，从前两年的消费互联网到近些年的产业互联网，大量战略投资者通过借助前沿技术、引入精益管理对传统行业做全供应链升级，帮助实体行业做技术创新和产业升级的尝试。这种连接技术与需求、算法与场景，在尊重实体行业规律的基础上探索技术创新、优化成本效率结构的尝试，给更多面临转型升级的企业提供了一个模式和路径参考，也展示了战略投资者作为融资来源对企业的增益。

家族企业的每个发展阶段都会有不同的问题。在初创阶段，限制企业成功的只有创始人的愿景和动力，融资和实现盈利至关重要；处于稳定阶段的企业，要实现增长还要投入更多的资源、时间和人员等。对于企业的领导者，这些问题不一定是其缺乏能力的反映，而是不同阶段必然会面临的问题，就像我们无法避免人生道路上的种种挫折一样。了解这些典型，甚至可以预见的问题，做好充足的准备以更好地做出应对方案，就能尽可能帮家族企业顺利地度过每一个阶段了。

第十一章

艺术、慈善与精神传承

2019年4月，拥有800多年历史的巴黎圣母院失火令很多人痛心不已。在大火还没被扑灭时，法国第三大奢侈品集团开云集团的老板，弗朗索瓦·亨利·皮诺宣布个人捐出1亿欧元（约合人民币7.58亿元）用于巴黎圣母院的修复重建。消息一出，震惊四座。几个小时之后路易威登集团也宣布捐款2亿欧元（约合人民币15亿元）。从中我们可以看到欧洲老牌家族对慈善、艺术品的重视程度和实际做法。

财富家族为什么要做公益慈善

奢侈品牌有捐赠修复历史古迹的传统和习惯，历史古迹是穿越时间的经典以及美学体验，正是奢侈品牌产品最想对标的对象。像巴黎圣母院这种具有全球极高知名度的古迹，出了如此大的事故，是很少见的。"参与重建"能够把家族形象、公司品牌与巴黎圣母院这样的传世艺术结合起来，宣传作用和投资价值非常可观。具体的我们在家族艺术事业部分加以详述。公益慈善之所以会在欧美流行几个世纪，还有很多更深层次的原因。

慈善无疆界，影响力无疆界

业界有"影响力投资"的说法，指的是家族慈善可以作为开展民间外交的重要途径，成为跨行业、跨领域、跨国界的最佳衔接点，让有共同愿望的人走到一起，凝聚人心。

史上连接最多人的慈善捐赠项目可能就是比尔·盖茨的“捐赠誓言”了，比尔和巴菲特游说其他的亿万富翁和成功人士，让他们为慈善事业承诺捐出半数资产，到2019年5月28日为止，已有204位慈善家加入“捐赠誓言”。2006年巴菲特承诺将个人资产的95%陆续捐赠到盖茨基金会中。比尔说：“这件事情美妙的地方在于，我们一年聚一次，一起讨论你雇了谁，你给了他们什么，我们并不是试图一致行动。慈善的魅力在于不同思维火花的擦碰，即便在同样的领域进行投入，人们也有各自的办法。我们需要更多实践。这是件了不起的事，可以结识不同的人，分享慈善事业的经历，如何让孩子们也能参与进来，他们做事的方法有何不同。这远比我们期待的更加成功。现在看来，在未来几年，它还会持续增长。”

河仁慈善基金会是由福耀玻璃董事局主席曹德旺捐资创立的基金会，是全国首家以金融资产（股票）创办的全国性非公募基金会。2011年5月5日，在基金会成立大会上，曹德旺与妻子陈凤英宣布捐赠个人所持福耀玻璃3亿股股票，过户当日市值为35.49亿元人民币，当时被称为“中国股权第一捐赠”。河仁慈善基金会2020年的最新数据表明，曹德旺向社会捐赠的现金已达58亿元，其中在基金会成立后的捐赠为33.06亿元，当年捐赠给基金会的股票现在价值100亿元。

2014年，阿里巴巴联合创始人马云、蔡崇信捐出了阿里巴巴集团2%的股票认购权，于新加坡成立独立慈善基金会接收和持有该笔捐赠，用于设立他的私人慈善基金会并将资金分发给慈善机构，这项捐款的现时总价值约50亿美元，也是马云国际化影响力的重要舞台。慈善结构的国际化安排让慈善资金的影响力从一开始就具备先进性、专业性和国际性的优势基础。

慈善是帮助弱势群体，进行社会资源再分配的过程，家族和家族企业每一次参与社会慈善、社会公益，都是一次良好的形象展示，有利于加强社会的认知。长期的慈善行为会持续提升家族企业的品牌价值，全方位提升家族的社会影响力。

回到开头的案例，当时有不少人查阅媒体后发现，开云集团的持有人皮诺家族曾经在2013年拍卖购得的圆明园兽首，并无偿归还给中国。这样的做法无疑提升了开云集团在中国的好感度，和中国政商各界都有了良好的情感积累。

慈善架构，让商业价值有序传承

老子在《道德经》中说："上善若水，水利万物而不争。"开放自己，帮助他人成长，能够更好地成就自己。许家印说"我的一切都属于国家"，马云说"让天下没有难做的生意"，这些理念向前一步就是慈善。

早年石油大亨洛克菲勒惊人的财富使许多人想向他寻求帮助，甚至有人觉得他有义务帮助自己，雪花般的劝募信一度可以塞满几个房间，难以拒绝的慈善劝募请求和道德绑架令洛克菲勒不胜其扰。与其被动处理面临的冲突和危险，不如主动做慈善方面的战略思考和系统规划。洛克菲勒基金会的设立形成了家族从"个人无限责任"到"机构法人有限预算"的第一道防线，慈善顾问的聘请形成了企业家在社交场合所需的体面和第二道防线，基于投入产出比的战略慈善投资决策、跨界影响力构建及家族下一代传承的全面布局互为犄角，为家族构建了更为坚固的风险防御网。

2017年3月20日，101岁的洛克菲勒家族族长戴维·洛克菲勒去世。百年来，洛克菲勒家族已累计发起创立超过100家慈善机构，慈善捐赠总额折合至今超过1 500亿美元。财富与慈善规划双轨进行使家族成长、慈善的翅膀世代绵延。

慈善极强的利他属性经过合理的设计，甚至可以控制一部分商业实体，避免恶意收购。目前世界上资产规模最大的基金会宜家基金会，就是这方面的典型代表。

宜家创始人英格瓦·坎普拉德，出于企业永续存在的愿望和“促进支持建筑和室内设计创新”的公益目的，将高达370亿美元的宜家集团的全部股份，放在斯地廷·英格卡基金会、英特罗格基金会和宜家基金会这一系列的慈善基金会中。企业的税负也从行业通用的18%降低到3%。

从治理架构看，以斯地廷·英格卡基金会为例，五人董事会中创始人本人和其长子各占一席，可以修改基金会的章程。而在宜家集团控股公司中，由次子担任董事长，这样就实现了家族对基金会和公司的双重控制。

正如哈佛大学研究所指出的，金钱固然可以带来各种物质享受和不凡体验，但强大的力量并不依赖于金钱的多少，而在于如何支配金钱。①

战略慈善，让“道德传家”有依托

“富贵传家，不过三代。”这句话前面还有一句，是“道德传家，十代以上”。美国“镀金时代”的资本大鳄资助创建高等学府、研究机构、图书馆、博物馆等公共设施，其慈善行为犹如“财富的福音”，对美国商界成功人士的财富观产生了重大影响。慈善，正是“道德传家”的最好载体。传递爱与关怀，可以滋养人的心灵，促进家族全面成长。

根据深圳公益研究院2018年度报告的数据，60%的下一代慈善家曾获得慈善相关的荣誉称号和奖项，具有广泛的社会影响力；80%的下一代慈善家拥有对社会产生深远影响的慈善项目。此外，下一代负责人因慈善产生的价值观，对其事业发展也有促进作用，

---

① DUNN，NORTON. Happy Money：The Science of Happier Spending [M]. New York：Simon & Schuster，2014.

80%的下一代慈善家通过企业开展慈善活动，推动企业履行社会责任。

台塑集团创始人王永庆以父亲的名字设立长庚医院，福耀玻璃集团创始人曹德旺以父亲的名字设立河仁慈善基金会，万向集团董事长鲁伟鼎继承父亲遗志设立鲁冠球三农扶志基金。家族慈善从“基因”上就有长辈对晚辈期许的意思——在点滴实践中体会帮助他人的快乐，在直面苦难时学习感恩和加倍珍惜。这份“正能量”的事业最容易让后辈与前人产生精神共鸣。

系统化地做慈善在辅助企业交接班上也有独特的效果。万向集团鲁伟鼎家族总额数百亿元的家族慈善基金，给还未成年的长子设置了董事席位。从18岁起，年轻的家族成员就可以和各位长辈一起思考慈善项目的设计、挑选和实施，既能学习组织运行规律和管理逻辑，也可以在做事中得到父辈的言传身教。

实际上，在海外的家族中，经常有退休的祖父母积极带领孙辈做慈善的情况。现任领导者如果因为身份感、效用感和安全感而忧心忡忡，就无法以客观的视角评估自己的继任者。对于很多生活的全部就是工作的创始人而言，怎么可能愿意在身强体壮的时候退休呢？唯一的可能就是他发现做另一件事情和创办企业一样有意义，一样激动人心。通过活跃地参与慈善、艺术、社交活动，尤其是在家族慈善组织中担任要职，祖父母辈可以重新感到自身的权威和来自小辈的倾听，帮助其及时放手家族主营产业；对孙辈又弥补了父辈过度繁忙无暇提供的家庭温暖和价值观传导，是凝聚家族精神的好方法。

李嘉诚基金会——家族基业长青的秘诀

李嘉诚基金会创立于1980年，主要专注于支持教育及医疗项目，这两类项目是李嘉诚慈善事业的核心，也是李嘉诚非上市资产中至关重要的一环。基金会拥有李嘉诚约1/3的财产，资产规模在千亿港元以上，主要通过维港投资的收益拨入，支持慈善事业。截至 2020 年，李嘉诚基金会已捐出 260 多亿港元，项目遍及全球 27 个国家及地区，其中约 80% 的项目在大中华地区。

2020 年，新冠肺炎病毒肆虐全球。据基金会公开数据，李嘉诚基金会在全球捐赠资金及高规格防护物资，力撑各地医护人员，基金会迄今已用大约 1.8 亿元支援全球抗疫，其中包括用一亿元支持武汉医护、支持疫苗和快速测试的各项研究等。

2006 年，李嘉诚先生向公众阐述基金会是他“第三个儿子”。“支持教育及医疗发展，启动世界向前”，是基金会的创办理念及愿景。在教育方面，基金会相信，教育是一个富有创造力、关爱和重视技术发展的社会的基石。育才树人，众所周知，捐资创办汕头大学，也是李嘉诚基金会在教育方面的投入之一。

从家族精神传承的角度看，传宗接代是一种责任，李嘉诚呼吁亚洲有责任的人士，“只要在我们心中，能视帮助建立社会的责任有如延续一样重要，选择捐助资产如同分配给女儿一样，那我们今天一念之悟，将会为明天带来很多新的希望”。

从财富传承的维度来看，李嘉诚基金会属于家族基金会，是促进家族永续、基业长青的秘诀之一。

慈善，是设立家族基金的一项传统功能。事实上，家族基金、家族信托、家族办公室等财富配置途径，除了从事慈善公益外，还关注财富管理、财富规划、信托及公司服务、税务、家族治理等多个维度。

在西方，家族基金会除了慈善公益的功能外，还有一个最重要的功能，就是处置家族财富、实现代际传承。

李嘉诚基金会今后会由谁来主导，是观察李嘉诚家族第三代接班规划布局的重要窗口。2020 年 9 月，李嘉诚长孙女李思德，第三代年龄最大的家族成员，出任李嘉诚基金会董事，进入接班人培养过程中，展现了李家人在慈善事务上的代代接力。

企业家如何有序地做慈善

台湾前首富王永庆将价值1 000亿新台币的台塑股份注入长庚医院，坚持非营利原则，但以市场化手段运营和管理医院，将医院运营的所有利润设为公益资金，用来滚动发展，继续壮大医疗事业。数十年下来，成绩斐然。2012年美国《国家地理》推出的纪录片《亚洲新视野：台湾医疗奇迹》中，就将中国台湾地区人民健康状况领先全球的医疗奇迹，归功于这家民营医院的推动。企业家战略慈善之高效可见一斑。

充分运用境内外慈善信托、捐赠者服务基金、教育基金会、海外基金会、一路一带慈善、影响力投资等国内外公益组织架构，可以最大限度地满足捐赠人的国际与国内慈善需求，并保持资金可控性和安排灵活性。区别于传统的零散捐赠，系统化慈善体系可以借助专业的结构和框架，主要有以下几种。

家族慈善基金会

在海外，家族慈善基金会已经成为绝大多数美国财富家族行善的标配。在我国，蒙牛创始人牛根生、美的集团创始人何享健、宁夏宝丰集团总裁党彦宝、卢德之等改革开放后的第一代创富者，带着回馈社会的初心，也已经逐步建立起以基金会为主要形态的家族慈善体系。

家族慈善基金会在国内主要由1988年颁布的《基金会管理办法》和2004年颁布的《基金会管理条例》界定，这两部法规明确了基金会内部治理、财务会计制度和善款使用等内容。区别于一般非营利性组织，家族慈善基金会主要有公益性、非营利性和基金信托性三大特点。具有免税资格的慈善基金会可以开具免税发票，个人年收入的30%可以税前列支，企业年利润的12%可以税前列支，并可递延3年抵扣。

家族慈善基金会并非法律概念，各国对这一组织的判断标准各有不同。美国基金会中心对于家族慈善基金会的判断标准是：由单一家族成员出资设立的独立私人基金会；家族成员常常在基金会任职或担任理事，并在资助决定时扮演显著角色。美国基金会理事会的判断标准是：由单一家族的成员出资；有至少一位家族成员在基金会任职或担任理事，并在控制（和/或）运营中扮演显著角色。澳大利亚、英国、中国对家族慈善基金会的界定与此类似。根据深圳公益研究院的数据，截至2018年年底，中国家族慈善基金会共有268家，获得公益性捐赠税前扣除资格的有93家。

相对于一次性的捐赠，基金会的架构更具连贯性，对慈善项目的筛选、执行、效果监督可以做更长期、更具系统性的规划。在人员方面，可以聘请更多专职人士长期从事相关工作，有机会建立完善的法人治理结构和机制，包括决策机制、问责机制、执行层激励和约束机制等，并搭建沟通渠道，促进基金会有效且可持续地践行使命、创造社会价值。家族慈善基金会治理模型如图11－1所示。

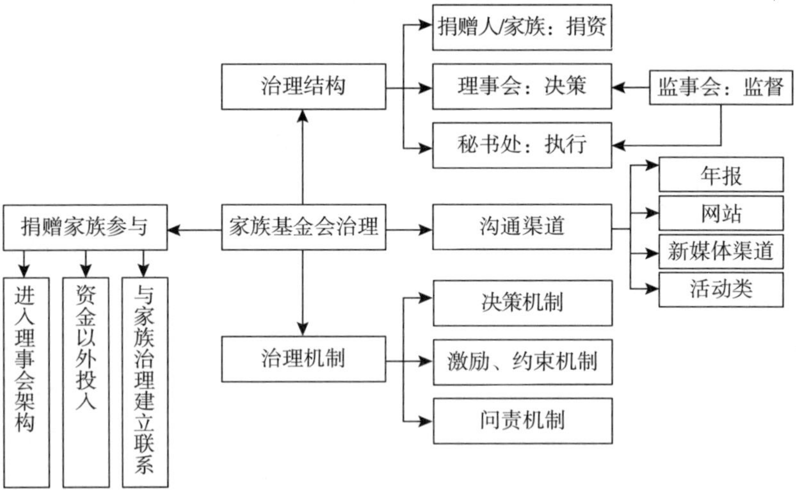

图11－1　家族慈善基金会治理模型

家族慈善基金会治理结构的主体包括理事会、监事会、顾问委员会。其中，理事会肩负决策职能，监事会是决策机制的制衡元素，顾问委员会为基金会的发展提供外部支持。厘清所有权、控制权、监督权、管理权“四权”的边界及重心所在，明确各自的权利，是完善基金会法人治理结构的重要途径。以香江社会救助基金会为例，其组织架构如图 11 -2 所示。

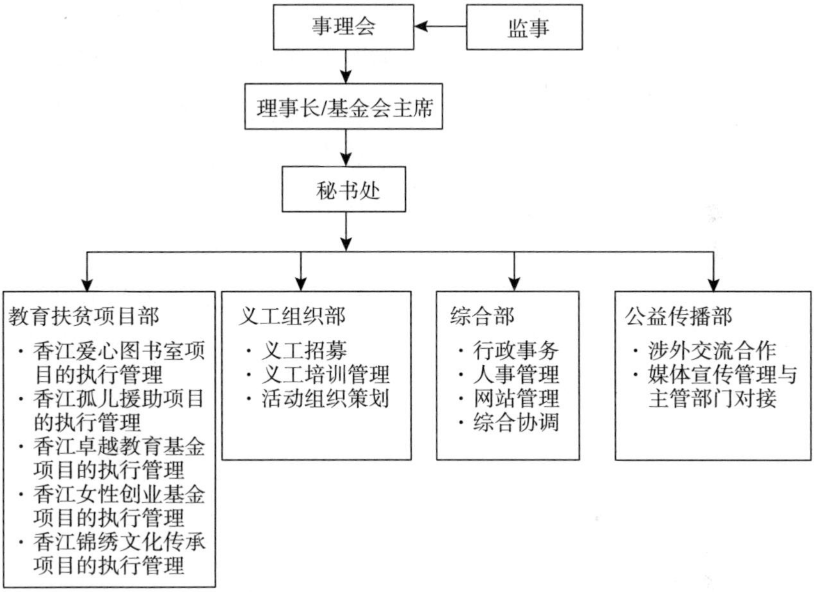

图 11 -2　香江社会救助基金会组织架构

慈善基金会从慈善效果上看更加持久、深远，对所关注的领域产生巨大的影响和推进作用。从关注领域看，根据所有已公开的家族慈善基金会的数据，教育领域受关注最多（基础教育占 43%，高等教育占 17%），文化（9%）、社会（老人服务占 5%，艺术占 5%）也是家族慈善基金会的关注重点。

马云乡村教师计划

2015 年 9 月 16 日，马云公益基金会正式发起“马云乡村教师计划暨马云乡村教师奖”。自此，马云公益基金会为乡村教育的改变和建设找到了一个支点——乡村教师。

“马云乡村教师计划”每年举办一届，每届寻找 100 位优秀的一线乡村教师，给予连续 3 年总计 10 万元/人的现金奖励与专业发展机会。这是一个倡导和赋能相结合的项目，通过大范围的评选和盛大颁奖典礼，使得帮助乡村儿童健康快乐成长的乡村教师走向台前，让公众了解这个群体，让乡村教师收获尊重。现金激励和培训赋能，帮助改善乡村教师的生活，提升教育水平。而“马云乡村校长奖”在 10 年内投入 2 亿元，每位获奖校长将得到 50 万元的实践经费以及赴国际知名学府学习的机会。

经过几年的发展，马云公益基金会立足于乡村教育发展的需求，以“一名教师影响一个班级，一位校长影响一所学校”的理念打造独特的教育公益生态，进一步形成马云乡村示范生计划、马云乡村寄宿制学校计划等；完成了从人才培养到学生生活起居建设的系列项目，让乡村儿童健康生活、阳光成长。截至目前，马云乡村教育计划已经累计影响到 8 万名教师和 100 万名学生。

家族慈善信托

根据《慈善法》的规定，慈善信托“是指委托人基于慈善目的，依法将其财产委托给受托人，由受托人按照委托人意愿以受托人名义进行管理和处分，开展慈善活动的行为”。家族慈善信托通常被认为是，针对家族客户的慈善需求，结合家族信托、慈善信托、慈善基金会等法律架构所设立的整体架构。

相对于慈善基金会，慈善信托有多方面的优势，主要体现在以下3个方面。

第一，家族控制力更强。根据我国《基金会管理条例》的规定："用私人财产设立非公募基金会，相互间有近亲属关系的基金会理事，总数不得超过理事总人数的三分之一；其他基金会，具有近亲属关系的不得同时在理事会任职。"而美国家族慈善中心的报告显示，美国家族慈善基金会的"管理通常仅限于家族成员。如果董事中有非家族成员，那么他们通常都是家族律师或财务顾问"。在慈善信托中家族可以实现接近美国家族慈善中心规定的这种，仅限家族成员，或者主要由家族成员控制的状态。

第二，在资金使用上，慈善信托更具灵活性。慈善基金会要求非公募基金会每年支出不得少于捐赠额的8%，而公募基金会每年支出不少于70%。这就意味着一笔捐款，最多可以在基金会中运营12年，资金无法实现永续传承。更重要的是，捐赠流入时间和慈善项目支出时间被迫匹配，例如，某一年慈善基金会获得过亿元的大额捐赠，第二年就要支出70%等，但实际上往往没有那么多需要支出的慈善项目。

第三，在投资上，慈善信托有更大的操作空间。2018年11月5日，民政部发布《慈善组织保值增值投资活动管理暂行办法》，对慈善组织的投资活动提供了遵循依据，未来慈善组织与金融机构有了更大的合作空间。慈善信托的受托人通常具有较为专业的资产管理能力。银保监会颁布的《关于加强规范资产管理业务过渡期内信托监管工作的通知》规定："公益（慈善）信托、家族信托不适用《指导意见》[①]相关规定。"在投资上，作为两者的结合的家族慈善信托具备同样的投资范围。涉及现金类管理的，可以参见现金类家

① 《指导意见》指的是《关于规范金融机构资产管理业务的指导意见》。

族信托的方式。在装入股权等资产时，则需要同证监会等有关部门做进一步的沟通。

同时，家族慈善信托的设立相对慈善基金会更便捷、成本更低，无须新设法人主体。信息披露需要遵循信托合同约定，对监察人、委托人、受益人的权利的监督执行更充分。

鲁冠球三农扶志基金慈善信托

鲁冠球三农扶志基金是为了纪念万向集团创始人、董事局主席鲁冠球，并遵循他的情怀境意，依据《慈善法》和《信托法》设立的，在杭州市民政局备案，并在中国信托登记有限责任公司登记。

2018 年 6 月 27 日，鲁伟鼎签署《鲁冠球三农扶志基金宪章》《鲁冠球三农扶志基金章程》《鲁冠球三农扶志基金慈善信托合同》等信托文件。慈善信托设置董事会、受托人、信托监察人。

鲁冠球三农扶志基金的初始信托财产是万向三农集团有限公司的全部股权。后者是两家上市公司承德露露、万向德农的最大股东，持股比例分别是 40.68%、48.76%，并且持有航民股份 6% 的股份，同时是网商银行的主要发起股东，持股 18%，绝对控股大洋世家等多家非上市公司。

2018 年 6 月 29 日，万向信托完成全部信托文件的签署，鲁冠球三农扶志基金成立，并完成民政部门的慈善信托备案。

2018 年 6 月 29 日下午收盘后，万向德农、承德露露披露《关于公司实际控制人设立慈善信托的提示性公告》；航民股份披露《关于公司股东设立慈善信托的提示性公告》。航民股份因权益变动超过 5% 但不足 20%，已于同日公告《简式权益变动报告书》。

2018年7月2日，万向德农、承德露露因权益变动超过30%，分别披露《上市公司收购报告书摘要》。鲁冠球三农扶志基金向证监会提交关于万向德农、承德露露的《要约收购义务豁免核准》行政许可申请。

2018年9月1日，万向德农、承德露露分别披露《鲁冠球三农扶志基金要约收购义务豁免申请文件一次反馈意见》的回复。

2018年9月19日，万向德农、承德露露分别披露《鲁冠球三农扶志基金要约收购义务豁免申请文件一次反馈意见》的回复（修订版）。

2018年9月29日，鲁冠球三农扶志基金获得证监会关于承德露露和万向德农的《关于核准豁免鲁冠球三农扶志基金要约收购股份义务的批复》。万向三农集团有限公司完成工商变更登记，万向三农集团有限公司的全部股权过户至鲁冠球三农扶志基金慈善信托。

2018年10月8日，承德露露和万向德农分别披露鲁冠球三农扶志基金"豁免要约收购义务获得中国证监会核准"及"万向三农集团有限公司完成工商变更登记"的事项，同时公告《收购报告书》及券商顾问报告和律师事务所法律意见书。

至此，鲁冠球三农扶志基金慈善信托的设立工作全部完成，标志着国内最大规模的慈善信托成功落地。

慈善信托有很多架构创新，独立设立的家族慈善信托主要有以下几种模式。

1. 信托公司与慈善基金会"双受托人"模式。由慈善基金会负责慈善事务的管理，信托公司负责将资金划付到慈善基金会中用于慈善项目的执行，信托资产用于保值增值。信托公司和慈善基金会彼此监督资金使用情况。

2. 客户担任捐赠人，由慈善基金会接受捐赠并出具免税发票。慈善基金会担任委托人发起设立慈善信托，客户在信托层面担任监察人或担任董事会控制席，由慈善信托进行慈善资金划付和保值增值。

3. 客户担任委托人，慈善基金会担任受托人，信托公司担任转受托人设立家族慈善信托，在家族慈善信托层面完成慈善事务的管理和资产的保值增值。

以上几种模式都可以在慈善信托层面设立监察人角色、决策委员会或董事会等治理结构，可以充分满足捐赠人的慈善意愿，适合高反馈需求的企业家和富豪。

另外，还有一些银行、信托公司提供成熟的慈善项目，允许在自家机构设立家族信托的客户，在家族信托项下设立慈善信托，将一部分资金，比如每年的利息收入等，划付到慈善信托中机构提供的慈善项目里。好处是设立门槛低，并且由金融机构做筛选，慈善项目执行方通常有较好的信息披露报告，可以省去很多的麻烦，轻松做慈善。

捐赠者服务基金会

捐赠者服务基金会又称捐赠者建议基金会，起源于美国，是一种捐赠者开设专属账户、享受税收优惠、让捐赠者在善款使用和投资方面长期享有建议权的基金会。其具体运作方式是，在符合慈善组织宗旨、业务范围和相关法律的前提下，捐赠者在捐赠者服务基金会管理方（即慈善组织）开设子账户，将现金、股票或其他资产捐赠至该账户并享受税收优惠；这笔不可撤销的慈善捐赠归捐赠者服务基金会管理方所有；捐赠者对捐赠者服务基金会账户的投资方式、捐助方式、受益对象等享有建议权；根据捐赠者的建议，捐赠者服务基金会管理方可将账户中的资金捐赠至捐赠者推荐的合格受赠组织，在未进行捐赠之前，该账户内的资金可以进行投资，实现慈善资产的保值增值。

近年来捐赠者服务基金会模式在美国发展迅速，2017 年美国公益机构年度收入排行榜前 10 名中就有 6 家机构为捐赠者服务基金会，其中富达、高盛、嘉信、先锋等由金融集团发起的全国性捐赠者服务基金会尤为瞩目。

我们以美国规模最大的捐赠者服务基金会管理方富达慈善捐赠基金会为例来介绍这一捐赠结构。富达慈善捐赠基金会 2017 年年度报告显示，其管理着 160 亿美元，已与近 18 万捐赠者共同开展慈善工作，并在全球范围及美国各州内支持超过 23.5 万个慈善组织。在 2017 会计年度，富达慈善捐赠基金会共获得 68 亿美元的捐赠款，是获得捐赠金额仅次于美国盖茨基金会的第二大慈善基金会。同时，富达慈善捐赠基金会通过将捐赠者捐赠的资金进行有效投资，已获取超过 45 亿美元的投资收益。该投资收益作为捐赠者慈善账户中的资金，进一步被捐赠到慈善项目中。2017 年，富达慈善捐赠基金会的捐赠者通过其账户共向 127 000 个国内和国际非营利组织提供了约 45 亿美元的资助。捐赠者服务基金会俨然已成为美国个人慈善捐赠最流行的工具之一。

捐赠者服务基金会能够快速推广，有赖于其账户操作的便利性。

第一，为捐赠人省去流程上的麻烦。捐赠者服务基金会可以帮助客户建立独立账户并独立命名，便捷地操作投资、捐赠、资助等过程，传统所需的申请流程可以由捐赠者服务基金会管理人代为完成，省心省力。

第二，提供慈善项目库与专业慈善咨询。捐赠者服务基金会管理人面向众多捐赠人，可以设立更为广泛的慈善项目库，批量化降低捐赠人的信息搜集成本，并提供便利的投后执行查询方式。基于平台提供更为专业的慈善咨询，可以获取比大多数捐赠人自行安排更专业且低成本的慈善设计方案。

第三，准入门槛低且具有家族传承功能。在美国，一个独立的捐赠者服务基金会账户额度从1 000美元到5 000万美元不等，部分捐赠者服务基金会账户的捐赠门槛为100美元，便于大众参与。同时捐赠者服务基金会管理人都是专业的投资机构，资产配置业绩可观，账户还可以世代传承，同家族基金会和家族慈善信托一样具有凝聚家族精神的作用。

目前捐赠者服务基金会在国内尚不普及。

国内外企业家慈善实践前沿

企业家们的慈善实践逻辑严谨、计算精密、效能非凡，不靠眼泪和悲情，而是展示成长的可能。在能够监管资金的流向及使用方式时捐赠大量财富，意味着捐赠人可以筛选有效的方式实现自己的慈善构想，而非简单地寄希望于未来的基金会负责人。除了传统的大额捐赠，有许多市场化技术乃至盈利模式可以与慈善理念相结合，破除隔离商业、慈善和政府的传统屏障。慈善的结构正在不断被优化。

根据国家统计局发布的数据，2019年GDP达到14.4万亿美元，人均GDP首次突破1万美元大关。财富量的增长，使财富的生产从解决有与没有、多与少的问题过渡到好与更好的问题，中国客观上进入了社会价值引领经济价值的“善”经济时代。2019年，我国已有社会组织超过86万家，慈善组织7 680家，年捐赠额持续破千亿元。亿元级支出越来越多。建立绝对透明的财务，国内企业家慈善正在成为许多地方政府的合作伙伴和大量公共资源的接入口，并开始形成自己的打法和特点。

第一，模式上国际化、科技化。

在研究学习欧美国家慈善领域的先进经验上，已经有许多企业家做了积极尝试。2013年马云加入国际生命科学突破基金会，该基金会的其他3位捐助人都是全球新经济顶尖商业巨头：俄罗斯的尤里·米尔纳（DST Global创始人）、美国的谢尔盖·布林夫妇（谷歌联合创始人）和马克·扎克伯格夫妇（脸书联合创始人）。类似的合作、交流、学习能够帮助中国企业家打开思路看到更多选择，从而机构化、专业化、系统化、持续化地做慈善。

科技赋能慈善的力量也非常强大。蚂蚁森林是很多人日常的娱乐工具，便捷的入口甚至能让人在上下班之余在库布齐沙漠“种树”。腾讯发起的“99公益日”活动每年都要刷爆朋友圈，网络平台给更多慈善项目以机会。深耕素养教育的真爱梦想基金会，2018年通过互联网平台获得了29%的捐赠——累计1 040万人次，捐赠额超过4 800万元。这不仅意味着募资额的增加，更重要的是，还可以帮助更多人了解慈善的价值，分享成长的快乐。

第二，领域上细致化、多样化。

在慈善相关的环保、医疗、教育、扶贫等领域，都有民营企业家的智慧绽放。

上市公司碧水源是净水设备细分市场的龙头企业，由于行业本身，碧水源文剑平家族能非常直观地感受到各地饮用水质量问题。早在十几年前，家族就开始在农村捐赠大型净水站。一台造价几十万元的净水设备可以解决一个村子的饮用水卫生问题，迄今已经有数百个村子得到过该家族的帮助。

碧桂园创始人杨国强发起的国强公益基金会自2010年起，帮助乡村发展绿色产业。在支持乡村修路建房、完善基础设施的同时，引进专家给村民送技术，以市场价提供种苗引导村民成立合作社，“授人以渔”，形成一个年销售数千万元的致富产业。

这折射出作为一线接触、解决各类问题的人，企业家们往往有细致的观察和思考。2017年笔者帮内蒙古一位企业家设计并成立的首单家族慈善信托就是在一个非常细致的领域上资助艺术家成长。有不止一位企业家咨询过，如何通过寺院捐赠资助慈善项目。在那些我们不了解的角落，有许多企业家在殷殷记挂、拳拳相助、默默帮扶。

第三，人群上年轻化、专业化。

国内“善”经济中最为可喜的是，越来越多青年企业家正在将企业家精神与社会责任，作为人生发展与企业经营过程中的重要使命。

2019 年 3 月，在中意两国领导人会晤期间正式发布的“国际创善联盟”，就是旨在陪伴青年企业家创新创善联合行动的专门组织。据老牛兄妹基金会理事长、“国际创善联盟”联合主席牛犇介绍，该联盟的愿景是为中国青年慈善家构建创新向善的社会咨询支持体系，为国际青年慈善家创造最高水平公益创新合作交流平台，为世界青年慈善家构建全球公益慈善新伙伴网络。

无论达成这个愿景需要多久、如何达成，这个组织出现的本身，就是中国青年企业家专业化参与慈善意愿的体现。

在招商银行原行长马蔚华任主席的深圳国际公益学院，50% 左右的学员的年龄为 41 ~ 50 岁，而在美国做公益的人大多为六七十岁。年轻而富有活力的公益人，是中国慈善事业的潜力和未来。

在海外，以技术富豪为代表的一类新慈善家有一些创新的慈善做法蔚然成风。他们所做的事情，有点儿类似于创投项目，只不过是投资到与人类公共福祉相关领域的产品研发上。“像商业一样经营慈善”是 20 世纪 20 年代第一家现代家族慈善基金会洛克菲勒基金会的基本原则。到现代，比尔及琳达 · 盖茨慈善基金会在第三世界致命疾病疫苗的研发上持续领先于公共医疗体系。30 多岁的扎克伯克采用有限责任公司的架构，在公司化运营和前沿技术上进行更为激进的投资。

进行捐赠时，这些技术富豪往往尽力成为合作伙伴，而不是仅仅充当赞助人。通过寻找一个或多个自己最关注的问题，将大“赌注”押在他们视为行之有效的少数几个项目上，并引入绩效测量技术来评估其结果，包括双方商定的时间轴、特定的基准及影响力报告。不是将钱交给别人来花，而是亲身参与关键的资助决策，并将实用的企业管理方法用于捐赠行为。借助这种亲力亲为的方式，他们与接受资助者合作，以帮助他们达成目标，如提供持续的针对各种管理问题，包括战略、组织发展和绩效评估等的咨询。

技术富豪通过种种尝试致力于将企业界的最佳要素应用于其捐赠活动。这类做法更类似于缔结联盟，建构与政府、企业以及其他捐赠者、基金会及非营利组织受助者的合作网络。

家族艺术事业

之所以将艺术与慈善放在一起，主要是因为两者均是家族精神与家族影响力的主要载体。作为事业而言，家族艺术事业首先跟慈善事业一样，可以成为财富家族老一辈领导者“退休”后精神寄托的主要选择。当老一辈越来越多地接触企业以外的活动时，他们对家族企业的情感依赖就会越来越少。享受艺术品带来的精神愉悦可以让他们更容易接受改变。

一方面，艺术品本身具备一定的投资属性。另一方面，更重要的是，中国财富阶层的眼光，正逐渐从别墅、奢侈品等物质层面剥离出来，转向精神文化领域。不可复制的、源自思想灵感的艺术品，就成了他们追逐的目标，这是人性的自然规律。

艺术与审美的滋养

提升艺术修养，关键是要打开艺术与生活的隔阂，让艺术与生活没有距离，甚至使艺术成为家族传承的财富。

绝大多数人追求艺术的起点是追求美。建筑是凝固的艺术，家居布置是一个人审美情趣的体现。每天穿的衣服、背的包是我们触手可及的时尚审美，珠宝则常常可以作为一个时期艺术水平的代表。对于富豪家族而言，根据喜好购置一些艺术品是完全顺理成章的事情。

在海外，美感教育也是精英教育中十分重要的一环。在英国的伊顿公学、哈罗公学等私立中学，一类很重要的课程就是让学生自行设计桌布、托盘等，学生们会自发地从名画、雕塑中寻求灵感，审美品位自然形成，并不会感觉艺术与自己生活多么遥远。“贵族”就这样产生了。

艺术品投资

LGT 家族办公室是欧洲一个拥有 800 多年历史的王室经营的家族办公室，家族现在的领导者是一位王子。合作方问他什么是最好的资产？他说欧洲每两百年就要革命一次，他们家族在德国的土地早就被别人抢走了。黄金虽然可以携带，但非常笨重。他们拥有大量的艺术品、名画，很多艺术家就是在他们的资助下成长、成名的。每当家族面临危难，他们卖一幅名画就够了。既然有购买行为，自然就会考虑价值问题，艺术品投资作为一个非常小众的投资市场，有很鲜明的游戏规则。

首先，毋庸置疑，最好的艺术品一定是最贵的艺术品之一，因为只要它一出现，肯定就有很多人抢着购买。例如，以 4.5 亿美元（约 30 亿元人民币）成交的达·芬奇的肖像画《救世主》，以及拍出 9 亿多元的齐白石的《山水十二条屏》。但是，最贵的不一定就是最好的，这里就需要靠行家的眼光来分辨了。

其次就是性价比最高的艺术品。性价比最高就是说它的价值还没有充分在市场表现出来，这需要非常专业的审美眼光甚至运营能力。前面我们说过，许多王室就是大艺术家最主要的资助方。对艺术品市场的预估和判断是难点之一。艺术品也分一级和二级市场，如果没有长期在艺术品市场摸爬滚打，没有丰富的交易经验且未经常参加拍卖会了解动态的话，最好能找相应的专家及一些专业的艺术品投资顾问寻求帮助。在投资收藏行业，贪便宜捡漏是大忌，是很容易上当的，家族收藏艺术品最重要的是先进行鉴定评估。

越是被藏家长期持有的艺术品越容易实现高倍增值，收藏投资艺术品必须走长期路线，最短也得以 5 年为一个周期。一般人在艺术资产上的配比，建议是总资产的 10% ~20%。不过，对于从事该行业多年，对市场及艺术品来源有很好判断力的行家，可能会达到 50%以上的配置。

最后，就是借助一些金融、法律方面的专业机构和工具做规划，如家族信托，使其传承下去，因为现在好多收藏界大家或者大艺术家的家族遗产都存在纠纷，提前做好规划很重要。

相比房地产、股票，艺术品变现较慢，但是关于股票的风险，大家都知道，而房地产受政策的影响较大。除了变现较慢以外，艺术品是最稳定的投资工具，它主要通过拍卖和私洽来变现，大部分好的艺术品是通过一些大的拍卖公司进行拍卖来变现的。

LGT 家族的投资与艺术

有着王室背景的 LGT 集团成立于 1920 年，管理超过 1 000 亿美元的资产。旗下的 LGT 资本是一个全球最大的完全由家族拥有并管理的私人银行和资产管理集团，是欧洲最大的私人银行和资产管理集团。

LGT 的历史要追溯到 1599 年列支敦士登家族的卡尔一世，他被哈布斯堡王朝的神圣罗马帝国皇帝任命的总督察。卡尔一世收藏了很多无价艺术品，还委托雕塑家塑造了两座真人大小的青铜作品《基督受难像》、《圣塞巴斯蒂安》。列支敦士登家族财富的凝聚点就始于艺术品收藏。

但列支敦士登王室财产和财务在第一次全欧洲大战“三十年战争”中受到重创。幸好卡尔之子深谙艺术品交易之道，他明确了一件事——钱才是真正能够让这些完美的艺术品永留于世的关键。

真正将列支敦士登家族推上财富王座的人是卡尔一世的孙子约翰·亚当，他以财政专家的身份担任神圣罗马帝国皇帝的顾问，并为自己的家族积累了大量财富。

1920 年，列支敦士登银行组建并召开首次股东大会。1930 年，列支敦士登王室收购了列支敦士登银行的大部分股权。1970 年王室家族基金成立，并拿下了列支敦士登银行的股本。

目前，列支敦士登王室发展成为巨大的商业帝国，横跨银行、金融、房地产、林业、酒庄、农业等行业。但公认的是，LGT 是最具核心价值的部分。

艺术品市场原来基本上都是一级市场。因为中国艺术品市场的特殊性，拍卖公司 20 世纪 90 年代初才恢复。恢复以后拍卖公司是重要的艺术品交易场所，尤其是大宗艺术品拍卖，实现其价值的最好方式就是拍卖会，拍卖公司恢复后基本上大部分拍卖品都在拍卖会上出现。再有就是画廊和艺术博览会交易了，现在画廊和艺术博览会交易有其局限性，但是也有它的优点——如果发现有问题可以退，而拍卖公司是不能退货的。现在又出现了一些新的交易市场，比如说网络拍卖、微拍、电商等。

在一些国家和地区，关于艺术品税收有很多优惠政策，比如免税或减税，例如，香港就是一个免税的自由港。2020 年诺兰的电影《信条》中，核心场景之一就是用于藏女主名画的挪威奥斯陆机场的免税仓库。目前，如果你从海外购买艺术品进关，按照现在的政策，关税是比较高的，会达到 20% 以上。然而在国内购买艺术品是没有税的，只需缴纳出售艺术品成交价 3% 的个人所得税。

总结而言，直接投资艺术品应该选择自己或者所信赖的投资顾问擅长的品类，鉴别真伪、好坏，了解市场尤其是价格，确认买卖双方的渠道。应当说艺术品投资需要很强的专业性。

除了直接持有艺术品以外，艺术品投资基金也是一个很好的模式，它的操作方式有很多种，如理财产品、信托产品、PE 产品等，这种模式适用于不了解艺术品，但想通过这种另类投资来获得收益的人。通常情况下，艺术品投资基金是由专业机构和专业人士去打理的。

艺术与影响力投资

从更长远的角度看，家族慈善事业还可以影响一个家族的“运道”。纽约的地标建筑之一古根海姆博物馆就是一个实例。古根海姆家族最早是依靠墨西哥、阿拉斯加的矿山，与摩根大通一起获得了富可敌国的巨大财富。在其后的近百年里，虽然没有出现像先辈一样具有雄才大略的商业“枭雄”，但由于古根海姆家族追求艺术、学术的传统，每一代成员都保持了良好的素养。每一个试图了解当代艺术的人，都绕不开古根海姆博物馆的藏品，古根海姆家族成员发掘阿佛洛狄忒神庙这样的壮举也是全人类共同铭记的丰功伟绩。因为这个充满设计感的博物馆，古根海姆家族始终作为美国一流贵族屹立不倒。

目前国内也开始有越来越多的家族关注资助和传播艺术。《慈善法》实施以后首个家族慈善信托乐淳家族慈善信托就致力于此。乐淳家族慈善信托如图 11－3 所示。

成立于 2019 年 6 月的乐淳家族慈善信托生动地展现了家族自下而上做慈善的主观能动性。在项目选择上，设立信托的家族成员倾注了大量心血，主要致力于整理敦煌散落的文献、文物，尽心尽力，效率非常高。

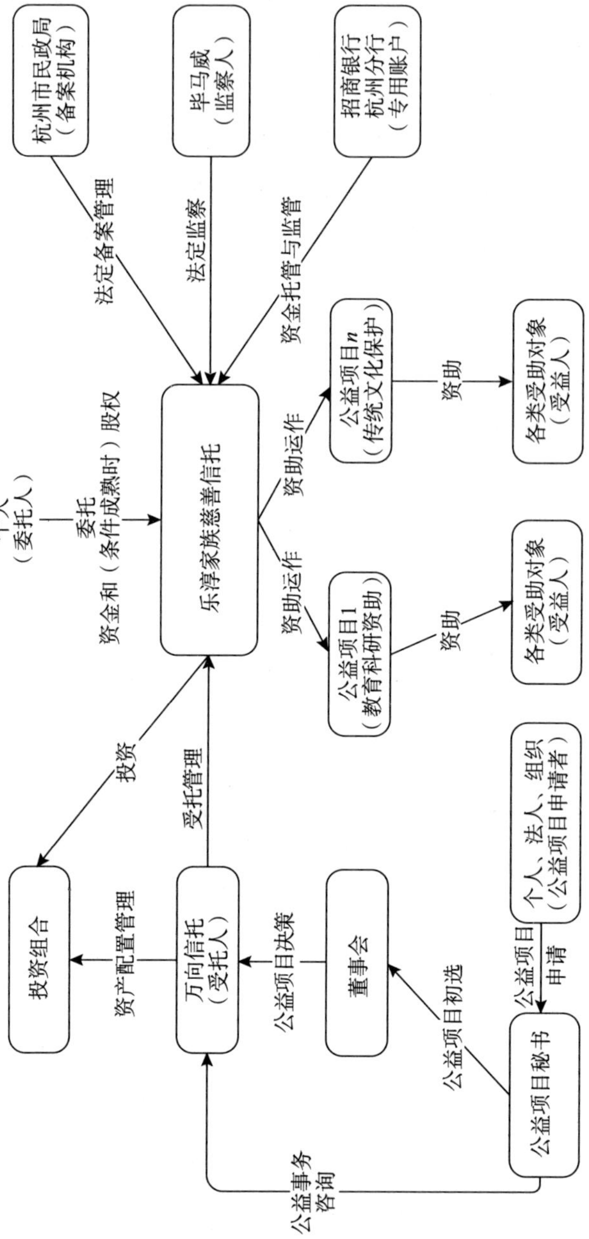

图 11－3　乐淳家族慈善信托

在设置上，将家族传承与慈善事业结合，一半资产做慈善，一半资产用于家业永续。在董事会中，两名子女列席，另外聘请了外部知名企业家担任独立董事。秘书处设一名专职秘书和三位志愿者。在治理结构上，由家族控制，专业人士执行。通过信托公司聘请研究团队，家族参与整个流程把控，对每一笔经费的支出和每个项目的工作人员都有深入的接触和把控，其间管理非常到位，也能够充分满足家族高反馈诉求。目前，乐淳家族慈善信托正在整理各项研究成果，拟于2022年出版成册。

在艺术推广上，目前国内也有许多尝试。广东省和的慈善基金会下设“和艺术专项基金”，初始规模为300万元，来源于和的慈善基金会主席何剑锋的捐赠，主要资助当代青年艺术家及团体的艺术创作与实践，同时资助社会组织开展各项社会类艺术项目，积极推进在地艺术文化的可持续发展。

2018年，青年公共艺术资助计划（第一期），在艺术治疗、赋能和教育、公共艺术、青年独立艺术等领域，资助了28个项目。同时基金会还为何享健家族投资、安藤忠雄设计的大型公益民营美术馆提供支持，为公众提供知识、教育和欣赏机会，推动文化、艺术和教育的传播。

通过一代代人的努力，一个个家族的集思广益，中国自己的艺术文明可以得到更好的传承和发扬。

第十二章

家庭继承人培养与家族发展基金

“对一个人好不仅仅是给他全部，更重要的是让他过好这一生。”家族的传承，归根结底是想要延续家族的福泽。财富的传承是一方面，后辈的幸福才是所有父母最为关心的问题。

笔者在从事家族传承相关工作的过程中，见证过很多家庭和家族的演进。虽然一些家族后辈存在纨绔、挥霍、眼高手低等问题，但是也有相当多的优秀继承人。他们从小就唾手可得的国际化视野、高质量资源是父辈奋斗的结果。他们中的大部分人对父母非常崇敬、钦佩和爱戴，有教养，关心他人，希望让父母也为自己感到骄傲。

对于重视教育的中国家庭，家族继承人培养的重要性不言而喻。在家族继承人的培养上，有几个方面的问题需要考虑。

预期管理规划

人的因素是最不可控的，但往往也最容易有惊喜。如果能早做准备，未雨绸缪，很多事情的应对会更加从容。

二代培养的预期管理

在所有问题中排在第一位的，应当是树立合理的预期，再考虑根据子女的特质加以引导。有两种子女的发展路径是比较典型的。

一种是，子女有持续创造财富的能力，有企业家精神和坚韧不拔的意志力，在这种情况下，可以将家族企业做大做强，或者做家族企业的战略调整，使家族财富不断增加。这方面的案例有将 Canada Goose 从加拿大小众精品品牌推进为世界品牌的三代继承人。国内有台湾 HTC 的李雪红使家族企业再放异彩。这些案例是激动人心的，但并不常见。

另一种是，使子女成为皓月高朗、人品端正的人。我很喜欢的一位客户，现在也是我的朋友，其家族企业是在国内做科研起家的，在相应的细分领域做到了世界顶级，有多项专利技术。创始人如今已是耄耋之年，二代兄弟姐妹中的第一家，有一个独生女儿（三代家族成员）也在做科研，就读于世界顶尖高校。虽然是企业家，但有一股浓浓的书香气。用父母的话来说，女儿（三代）既然做科研就不希望给她资金上的压力，在她二三十岁这个阶段更是如此。但是这种工作有意义，女儿有能力也有兴趣，那么在家族有实力的情况下应当支撑女儿从事她喜欢从事的事业，并保证其生活品质。李锦记家族宪法在总纲领上有“接班人约法三章”：不准晚结婚、不准离婚、不准有婚外情。前面的是责任，后面的是道德。对于是否接受家族生意，下一代拥有自主选择权。

诺奖得主罗杰·彭罗斯

以 2020 年诺贝尔物理学奖得主罗杰·彭罗斯教授为例，他获得诺奖并非偶然。罗杰的爷爷是一位爱尔兰画家，奶奶是英国贵族、银行家、一等男爵的女儿。其父亲莱昂内尔·彭罗斯，是英国知名的遗传学专家、精神病学专家、儿科医生、数学家，曾获拉斯克医学奖——该奖有诺贝尔风向标之称。莱昂内尔对自己的 4 个儿女都进行了良好的教育，儿女都是各自领域内的世界级“大牛”。

这次荣膺诺奖的罗杰教授，在家中排行第二。哥哥奥利弗·彭罗斯是英国赫瑞瓦特大学的数学教授，以提出非对角长程序的概念而闻名，是国际知名的理论物理学家。弟弟乔纳森·彭罗斯是英国国际象棋大师，赢得了10次英国国际象棋锦标赛冠军，被授予特级大师称号。妹妹雪莉·霍奇森是英国知名的医学科学家、遗传学家，在伦敦大学任癌症遗传学教授。这样具有优质贵族基因的家族，在经过数代沉淀后，培养出了举世闻名的诺贝尔奖获得者。

实际上欧美许多国家从事科研、艺术等领域工作的人都是有殷实的家庭在支持的，艺术、学术、神学等领域的学生也大多非富即贵。欧洲历史上有名的科学家、艺术家大部分都是家境殷实的，从笛卡尔到门德尔松，他们的经济基础一定程度上为他们的成果提供了助力，这样的成长路径是有说服力的，也是非常值得骄傲的。与“成就一番事业”这样传统意义上的目标相比，做一个有修养的人、做喜欢的事、幸福快乐地生活这样的目标显得更加从容，也被越来越多的中国家庭、中国财富家族所认可。

避开财富的阴暗带

国内屡次有对80后、90后、00后的探讨，仿佛每代人都会有引人侧目之处，其中不乏先行者难以接受的地方，不禁引为怪事，啧啧称奇。人性就是如此，即使天生的性格上不会有太多突变，只不过环境不同、经历不同，就会产生不一样的三观与表现。对于财富家族来说，基于“有钱”这一背景，孩子成长难免会有一些共性的问题。这在海外其实更为明显，几代传下来，很多人不了解财富从何而来，不知该如何运用，既没有压力也没有动力去做事情。很多中彩票的人最后还是归于赤贫，就是由于没有财务技能、没有正确的金钱观，相关的一些心理小陷阱被称为“财富的阴暗带”。然而，财富家族不是中彩票者，不会对子女不闻不问。大部分传承问题，是可以预测的，不妨早做安排。

第一，工作的需要。

对于工作的兴趣，中国的情况还是比海外好很多。有相当多的海外继承人以“一辈子不用工作”为骄傲和幸运。在聚会上问到一个家族继承人“你最近在干什么”很可能是尴尬的，因为他们什么也没有做。而在国内这样的人会被大部分人认为是“混吃等死”、“迷失自我”，大部分年轻人即使家里有钱，通常也还是希望“证明自己”。通过自己的努力获取财富，以及与之相伴的成就感，而这对一个人的内心满足是极为重要的。

与之相对的另一种典型心理是，巨大的压力。财富家族的子女们经常生活在焦虑和压力之下，奋力去达到父辈们所创建的那种高标准。并且在这些子女的心中，对自己的能力通常都有一种超然的自大认定，达到这些标准一定程度上是为了掩盖他们自己对这种自大的不安全感。当然更多的时候是在这两者之间摇摆。一方面想在自己所从事的领域中表现出色，另一方面又有种优越感，认为这个至高职位是专为他们准备的。这种感觉通常又会被极度的雄心和不安全感所加剧。哪怕是第二名都会情绪十分低落甚至痛苦不已。对此正确的做法是给予爱、支持和接纳。让他们相信，只要追求卓越，就一定能创造辉煌。

这种心情还有个变种，就是超越父辈的渴望。国内有二代在访谈中说“身为富二代最大的悲哀就是永远没法成为富一代了”。基辛格曾经在他的《白宫岁月》中评价小布什总统，“过于在意，想要证明自己不止是因为来自布什家族才能成为总统”，并且基辛格认为这“并没有什么所谓”。反而这种过于在意的情绪会对一些做法产生影响，甚至有一些不理智的行动。

第二，正确的金钱观。

掌握一些财务技能对于继承人而言，显然比一般人更有必要。海外一些继承人完全不想“操心”金钱的打理，那么所托付的人是否专业、是否值得信赖就非常重要了。即便如此，掌握一些基本的判断能力依然非常有必要。

金钱不过是我们作为社会存在的一种资源。而财富远远不止于金钱，它还包括健康、精神生活、家庭，甚至一份“好”工作。对于“很多钱”的定义，每个人的理解显然也各有不同，一切都是相对的。运用“金钱”把自己的生活带向何方，是每个人都要考虑的问题。拥有资产，却被绝望、愤怒、危机、恐惧、猜疑所引领，那么金钱可能就成为痛苦的根源。财富意味着权力，还是自由、安全、掌控、爱、独立、幸福、圆满，是需要自己去评判、排序和安排乃至争取的。

第三，学会感恩。

大部分财富家族的继承人都有很多选择。一部分甚至表示羡慕那些可以把赚钱作为动力工作的人，或者把赚钱作为忍耐的理由的人。我非常理解那些将工作划分为感兴趣、不感兴趣，值得做、不值得做的人。不过现实中每一份工作都有它不完满的地方，克服或者解决这些问题往往会带来成长。在艰难时刻坚持到底的能力，其实也是工作或者说事业中很美好的部分。

从继承人的成长经历看，他们很容易在潜意识里认为，自己的每一个需求都会被满足或者很容易被满足，这是他们与生俱来的权利。习惯了所有需求都能得到及时满足，当他们的某个需求不能及时得到满足，就会陷入一种焦虑不安的情绪。事实上国内甚至不止在财富家族，很多中产家庭也会对孩子有求必应，这样的结果可能会是，他们在进入社会后很难面对挫折、失败，或者某个需求没有得到满足的情况。避免这种问题的可能方式是，在孩子小的时候，让他们为目标多付出一些努力。经历一些挫折，能够促进孩子心智的成熟，深化他们的自我满意度。

第四，应对“市井智慧”。

有不少一代企业家曾反复提及，担心继承人“太过天真”的问题。其实我个人是非常喜欢这种“天真”的，“知世故，不世故”是一种未成熟的善良，在种种竞争和取舍中保持一份初心、保有一些坚守是非常高级的。不过对于继承人自己，这可能意味着他们实在对他人缺少一些防备之心。

我们来看一个案例：小王在一家500强公司的核心部门工作。他了解到某个同事是一个非常“社会”的人，套路多小算盘也多的时候，已经是与对方共事几个月之后了。尽管他感觉到这位同事工作挑肥拣瘦，也从其他同事的口中听到过对方的一些不良行为和“很复杂”之类的判断，小王却对此很迟钝。尽管小王是一个很聪明的人，但是，他从小到大都有一种认知倾向——认为领导在任何时候，都应当公平处事，给出正确激励。

显然小王的主要问题在于缺少“市井智慧”。对于对方行为的错误预期，显然会使小王经历一些坎坷，比如被抢走升职机会，无法从事感兴趣的工作等。同时，“为什么会这样”、“凭什么如此”的情绪会反复萦绕在小王的心头，甚至一定程度上动摇他的世界观。这种愤恨的情绪、对他人的不信任会持续相当的时间并可能带来很多不利的影响。

让这种不良的情绪过久地影响自己的判断显然并没有益处，对他人完全防备和不信任会令人很难再建立关系。“市井智慧”并不能支撑人走很远，即使永远不会也不必成为“市井之徒”，但建立一些对它们的合理认识、了解和应对方法，是非常值得付出努力的。

第五，建立亲密关系。

温暖、含蓄又舒服的关系是人生旅途中的绿洲，它给我们以无尽的滋养。亲密关系则是人生中真正深刻、持久幸福感的来源。

自尊常常是我们探索与他人关系的最好起点。后者还有两个重要的元素，信任和沟通。自尊与自我认知和自我评价有关，对于家族继承人来说，找到自己的兴趣、专长所在，而不是把父辈的成就当作自己的成就是十分重要的。通过一步步设定合理目标并加以实现，积累起属于自己的理性的自尊，对于对他人的态度、与他人的互动方式影响很大。持有财富某种程度上与拥有美貌相似，人们往往会怀疑，身边交往的对象到底是因为我的“内在”而喜欢我，还是因为我的“财富/美貌”。这其实在他们的日常语言、态度、行为以及选择的方方面面都有显示，基于本质建立信任关系是一个既艰苦又微妙的过程，需要每个人去找到自己的节奏。《心灵捕手》中的主人公威尔则展示了由于智商高于常人，难以沟通所带来的孤独。而打破这一切，需要从向导师、女友倾吐自己的心声开始。

接手家族与另起炉灶

当家族选择让子女进行企业经营，虽然有许多问题需要解决，但也非常令人振奋——整个家族都可以将家族的核心价值观运用到企业经营中，通过一份事业凝聚整个家族。那些一代倾向于由二代接班的家族，通常会让子女先做接班尝试，毕竟兴趣其实是可以培养的。但另起炉灶和接手家族并不是绝对分割的，经常是继承人不同阶段的选择，可以互相转化。

李锦记家族的家族宪法规定，后代要进入家族企业，必须符合3个条件：

- 至少要读到大学毕业，之后至少要在外部公司工作3~5年。
- 应聘程序和入职后的考核必须和非家族成员相同，必须从基层做起。
- 如果无法胜任工作，可以给一次机会，若仍没有起色，一样要被炒鱿鱼。如果后代在外打拼有所成就，可将其“挖”回。

背后的逻辑是，首先必须让继承人变成个人精英，在外面公司锻炼3～5年，然后通过应聘的方式回到本家族企业，这样其才有机会做接班人。在回到本家族企业时，一定要接受同样的考核，这个时候让后代成为家族精英，再教授家族文化，即“永远创业的家族文化”，然后慢慢让家族成员变成一个社会精英。这也体现了财富不能单独传承。

几个简单的条件可以清晰地传达出李锦记家族鼓励家族成员参与企业经营的总体方向，又显示出在继承人选择上的慎重、培养上的用心，这也是一个华人家族能够富过5代的重要助力。

备受关注的新希望集团继承人在接班过程中也经历了对养猪的嫌弃、独立门户开服装企业，再到回归乳业公司的过程。社会是最好的老师，实践出真知。前前后后七八年，公司内外、市场学校、境内境外，几轮下来，38岁的刘畅已经完全接手集团，担任董事长了。心学大师王阳明说“人要在事上磨”，执行、眼光、格局都是在点滴中逐渐积累和提升的。

对于企业需要转型，或者二代明确不想接班的家族，顺势而为是第一位的。过去40多年中国社会经济发生巨变，加上二代留学的比例非常高，两代人可能从根本上就有不同的价值观。不同的经历让彼此坚持各自的观点，认识问题才能解决问题，“经验派”和“学术派”合作面临的挑战不小。对于两代人理念不一致的家族，选择另起炉灶是一个不错的选择。对于已经有“第一桶金”的继承人，学以致用，从事投资、互联网等“新潮”领域的工作，非常容易理解。例如，美的家族何享健之子何剑锋成立盈峰投资，七匹狼集团二代独立成立投资公司，业绩非常优秀。对于大部分经营实业的家族企业，插上金融的翅膀，整合资源妥善进行资本运作，大有裨益。无论选择接手家族企业还是另起炉灶，“创二代”都可以发挥非常积极的作用，主要看其感兴趣和擅长的领域在哪里，要知道堵不如疏。

接班人的培养

生于大富之家，必须进行的是财务知识方面的学习，甚至可以说这是生存技能之一。无论是否参与企业经营，在各自风险接受程度下，如何控制支出，选择怎样的投资，保持怎样的现金流，相关的技巧和知识积累都是必不可少的。在具备识人能力的基础上，家庭成员基于兴趣和能力，参与金融投资，艺术品收藏、慈善等活动，就可以幸福一生。

接班人的培养既包括接受企业的能力塑造、接受企业的意愿培养，还包括辅助继承人接班的环境、人事的安排。首先，是使命和承诺。一个家族一定要建立家族文化，家族因什么而存在，可以解决二代接班人是否愿意接手家族企业的问题。其次，只是子女愿意接还不够，要建立家族文化中最重要的制度和流程，以解决“我允不允许你接”的问题。最后才是能不能接。

企业家精神的培养

产业转型升级的挑战，是摆在大部分民营企业面前的重要问题。经济形势的变化，市场需求的升级，意味着想要做大、做强、做久都需要专业化的管理制度、标准化的生产流程，升级内部信息系统、强化监控体系、建立绩效评估体系、改善激励方式、向上下游延伸转移乃至更换行业。这个过程，不亚于一次站在前人积累基础上的创业，有人称之为“1.5 代创业”。

打造家族文化

一度国内企业避称自己是“家族企业”，后者仿佛是规模小、不规范的代言词。在海外，人们普遍认为，家族企业是世界上一股重要的经济力量。美国学者克林·盖尔西克认为，“即使最保守的估计也认为家族所有或经营的企业在全世界企业中占65%～80%。世界500强企业中有40%由家族所有或经营”。洛克菲勒家族产业怕是没有人能够数尽，而这个家族确实是享誉世界的。财富家族也以自己的姓氏、家族为荣，誓死捍卫其尊严。《蝙蝠侠》中富二代男主角最大的心理陷阱就是担心死去的爸爸说“我以你为耻，你不配成为家族的成员”，一定程度上正是欧美富豪家族继承人心理投射的一面。这背后有复杂的社会、历史，乃至政治原因。国内几千年一直珍而重之，被习近平主席反复提及的“家风”，正是家族价值观、家族品牌的体现。

经营企业的家庭中，家人在浓厚的家庭感情和事业牵绊下一直相互依靠，同甘共苦。在这样的家庭中成长起来的二代，对于家庭和企业的荣誉感和投入感都会非常强。在家族企业这个矛盾体中，凝聚力强、集权、决策快、沟通成本低、奉献精神强、向心力强等，都是无可比拟的优势，是重要的“家族资本”。企业家精神就是根深蒂固的财富，也是一些家族企业文化和家族价值观的基础。

王永庆家族

这种动力从何而来呢？我们可以从王永庆的儿子王永祥的自传中略窥一二。

我从小就觉得爸爸是我的英雄和偶像，所以爸爸做这个，我也想做这个（指接班）。小孩子的想法是很单纯、很天真的。我看爸爸很辛苦，就希望自己能够为公司出一份力。我哥哥博士毕业后回公司，也是从基层做起，对此我们也不会有抵触和抱怨情绪。

爸爸很少称赞人，通常爸爸没有批评的话，就表示做得很不错。

爸爸是个注重传统的严父。他很看重我们开口讲什么话，所以有时候有人讲错话，爸爸会马上纠正，不留情面。但他也有亲切的一面。在美国那段时间，晚饭后，有时候我们会唱卡拉 OK，爸爸很会唱歌，也喜欢听我唱。我觉得我能做他的儿子很有福气，我这几年到了国内之后才知道人们对他多么佩服，我希望有一天，我能做到让爸爸在天堂看到我说："文祥你做得不错，我对你很满意。"

字里行间我们可以看到子女其实对父母的一言一行都多有揣摩和模仿，他们是子女做事的动力和范本，这样的感情令人动容。这些对家人的敬佩、景仰会被后代铭记并影响其言行，这些"家族故事"就是家族文化的重要组成部分。

在交接班的过程中，企业中的家族成员对接班人的信任支持非常重要。家族成员间的亲密度、情感交流程度是巨大的向心力。拥有明确价值观的家族，其共同的愿景、价值观和承诺能够使家族企业越来越成功。特伦斯·E. 迪尔和艾伦·A. 肯尼迪在《新企业文化》一书中指出："长期表现出色的企业，是那些有信仰的企业。"詹姆斯·柯林斯和杰里·波拉斯在《追求持久》一书中则说："有远见的企业会追求一系列的目标，而赚钱只是其中之一而已……他们会接受一个核心价值形态的指引——除了赚钱以外的核心价值观和目标。"2021 年年初，以探索宇宙为使命，推动电动车行业变革的特斯拉创始人埃隆·马斯克成为最新世界首富，被许多人认为是价值观的胜利。

作为一个整体，家族在解决困难时的灵活性、对变化做出调整的准备程度以及决策制定是否有一套办法，甚至形成一套规范，决定了其是否能开放有序地适应变化。家庭和睦、家族认同感、归属感乃至协调机制等，是家族文化的重要组成部分。财富积累越多，越应该注重感情、亲情和身心平衡。海外一些家族建立家史馆，传颂家族故事，跨代成员共同梳理家族成长史等，都是明确和传递价值观的好方法。每代人都会怀着新的热情来看待家族企业，不仅能激发新能量，还会点燃新观点。这些家族成员能够从家族共同的价值观中汲取养分，培育不断变化的企业战略优势。

丰田家族

丰田家族是一家典型的日本家族企业，在近百年的创业历程中，从丰田佐吉 1918 年创办丰田棉纱纺织公司开始，在四代家族成员与七任职业经理人的共同努力下，成就了今天庞大的丰田集团。丰田家族的业绩百年传承，最值得学习与借鉴的是“一代一业”理念的传承与践行。丰田家族事业的第一代创始人丰田佐吉，主要致力于织布技术的改良与发明，曾经成功研制了自动换梭织机，成为日本织机制造技术赶超世界先进水平的标志。

家族二代丰田喜一郎则引领着家族事业向汽车制造领域挺进。1937 年由他创立了丰田汽车工业株式会社，才有了后来的丰田汽车。

家族三代丰田章一郎则把丰田的事业拓展到了住宅业。在“彻底改变日本的居住条件”的口号的引领下，先后开发了钢价单组、钢架轴组等施工方法，并形成了以公寓为代表的住宅商品阵容；丰田住宅根据生活方式、地形特点、气候差异设计住宅方案的做法，也使其住宅品质有口皆碑。

家族四代丰田章男则开创了丰田的网络通信行业，并于 1998 年创立 Gazoo. com 网战。该网站成为后来 e-TOYOTA 系统的基础。正是在丰田章男的手中，丰田实现了 IT 改造，使得成品汽车配送到经销商的时间由一周缩短为 3 天。

对于亚洲尤其是中国境内的华人家族而言，谈永续传承还为时尚早。一代到二代的交接班，扶上马送一程的平稳过渡就是一大批企业家面前的“大考”。创始人需要转变自己家长式的作风，为家族成员提供充分的信息，用激动人心的机会和企业的新方向将家族成员团结起来。创始人把重心从自己身上转移到继承人身上，协助继承人规划未来职责和挑战的应对，培养他们成为家族遗产的出色守护者。年轻一代如果能从如何更好地为企业战略目标服务的角度出发来审视并培养自己的技能和经验，就可以很快成长。继承人的自我培养方向见表12－1。

表12－1　继承人的自我培养方向

企业能为你做什么	你能为企业做什么
给我工作	自我教育，帮助企业发展
给我资金	管控生活方式，避免挥霍
给我认可	增进家族成员间的信任
给我权力让我做我想做的事	通过了解企业了解家人的需要
给我安全感	帮助企业发展使更多人有安全感

资料来源：阿伦诺夫，沃德．家族企业战略转型［M］．张晓初，李海铭，译．北京：电子工业出版社，2016。

只要子女有意愿，家族领导者有很多线索和路径，就可以帮助子女去加强相应的能力。

“摄政王”的选择

在子女接班，或集团内独立创业的过程中，“老臣”与接班人的关系往往非常微妙。年轻的继承人往往觉得“老臣”们难以调动乃至难以沟通。培养新团队、建立新机制和文化是很多继承人希望也应当去做的事情，这个时候节奏的把控就非常重要了。授予“终身荣誉奖”、给予一部分股权但剥离所有权和经营权等都是相对两全的解决方式。

而另外，“摄政王”或“临终托孤”又是很多家族的选择。聘请一些没有血缘关系的外部独立董事，能够很好地借鉴他们丰富的经验。如果能够说服他们成为一名合适的导师辅导二代接班，则常常能起到事半功倍的效果。

国内常常被人讲起的新希望集团刘畅的接班案例中，父亲刘永好为刘畅精挑细选，聘请了职业经理人陈春花担任集团的联席董事长兼 CEO，以及刘畅接班路上的导师。陈春花曾担任六和集团总裁和多家知名企业顾问，她跟总裁李兵以及刘畅一起，操刀了新希望六和集团的核心管理层转型。从以饲料销售为主的商业模式，转变为以商品猪销售为主的商业模式，即“内部饲料、种猪和猪苗的高效生产 + 种养一体化家庭农场合作放养为主、部分配套保育育肥场自养商品猪”；中长期，成为鲜肉和肉制品的提供商。在产业链的上下游做了打通和梳理，并进一步优化了集团的定位。

在第二章中我们提到意大利阿涅利家族交接班的案例。2005 年，在三代长老相继去世，四代成员早夭等大背景下，家族五代成员约翰·埃尔坎 27 岁就临危受命。更令人震惊的是，当时集团的 CEO 朱塞佩·莫尔基奥在内忧外患之际趁火打劫，要挟家族任命自己为董事长兼 CEO。面对前期生产线太分散、银行将基于债务控股集团的危机情况，年轻的埃尔坎顶住了压力，只用了 6 年就化解了危机掌控了大局，将菲亚特转亏为盈。家族企业的架构也经历了重塑——通过控股型家族办公室 EXOR 集团持有家族实业和投资组合。EXOR 集团的股价上涨了 7 倍。

经过多次的家族会议讨论，阿涅利家族也甩开了趁火打劫的莫尔基奥。埃尔坎秘密飞往日内瓦，说服对汽车行业毫无经验的塞尔吉奥·马尔乔内接任 CEO。马尔乔内当时是 EXOR 集团控股的一家瑞士上市公司 SGS 的 CEO 及菲亚特集团董事，这两个人最终成为日后的最佳组合。

新的家族企业治理架构就此形成：时任法拉利主席蒙特泽莫罗担任菲亚特集团董事长，约翰·埃尔坎和兄弟拉波·埃尔坎担任副董事长，而马尔乔内担任 CEO。在约翰和马尔乔内之间，“存在着一种互补的默契模式，约翰管理战略，并不插手集团的日常运营。”

对于这次“摄政王”更迭，用埃尔坎自己的话说：“在当时的情形下，我们能够快速改正错误。重要的不是如何避免出错，而是如何尝试修复。在那些年里，这就是我们所做的。在组织上最重要的决策就是人——我们幸运地任命了塞尔吉奥·马尔乔内，他随后成功地对企业进行了深度改造。我们最大的经验就是正确地选人，而不是快速地选人。”

家族顾问

相对于“摄政王”在家族企业中承上启下的地位，家族顾问是个更加温和的角色。在中国历史上，李世民“创业”时有“秦王府十八学士”，当政治国时又有“凌烟阁二十四功臣”，如果我们把李唐政权看作一个家族企业的话，那么这些大臣就是第二代接班时的“家族顾问”。为继承人凝聚家族顾问也可以成为创始人交班后的新事业，这与创始人或财富家族中的长辈将注意力转移到慈善事业有异曲同工之意。例如，方太家族一代茅理翔先生创立的传承学院，多年来接待全国各地的企业家、高净值家族，在分享自己家族交接班的经验的同时，也广结善缘，交了一大批朋友。一些在区域乃至全国有影响力的企业家“半退休”后在商会中担任要职，也可以为家族聚集大批顾问。

在现代社会，“拟似家人”的具体表现形式往往有互认“兄弟”、“干亲”等。无论继任者多么智慧超群，他们的成功与否都取决于他们从众人当中广泛征集意见的能力。对于这些家族顾问，双方歃血为盟也好，称兄道弟也罢，只要彼此把对方当作自己的兄弟、家人，双方之间就从利益关系上升到亲人关系。双方之间适用的关系准则也往往会从利益交换准则上升到“人情法则”，甚至是家人间才适用的“需求法则”。

利益交换准则，往往是相互之间明码标价，赤裸裸地进行利益谈判和利益交换，谈判中往往能多争取一点好处就多争取一点。人情准则则多了一些温情，对很多事情不再斤斤计较，碍于感情，相互之间往往也不好意思寸步必争，而是能让一点就让一点。“需求法则”则强调有福同享、有难同当、绝不背叛、高度亲密。

首先，在签订合约时，双方就不用对所有的合作事项进行事无巨细的商业谈判，一些商业公司之间可能要谈判一个月才能敲定的合同，企业家“兄弟”之间也许只用一句话就能解决，从而有效地降低了沟通成本。

其次，在协议的具体执行中，也保留了一定的弹性空间。在出现问题时，也会以最大的善意来解决问题，而不是非得按照契约进行责罚。

最后，这种亲密关系使得外包中的“插单”、“赶单”成为可能。以外包交易为例，如果合作双方拥有较为亲密的“拟似家人”关系，往往就可能拥有良好的额外服务与合作，这不是简单的书面协议能够实现的。

正是由于这种关系的存在，中国制造的弹性与快速反应才会存在，靠着“拟似家人”的信任，采购方可以根据需求，快速增加或减少供应，快速改变产品内容，而不被合同和制度约束得紧紧的，有更大的自由空间，供应方也会为了一些兄弟企业额外加班加点赶工期。在每季度一次的议价环节，信任关系可以作为润滑剂，降低撕破脸的可能，双方让步的空间更大。

对于家族而言，家族创始人和每一代领导者的个人魅力和智慧非常宝贵，但是随着世界的不断发展和企业的不断壮大，企业应该让自己的边界具有一定的渗透性。不断接受来自企业外部的信息，也向外界传达自己的理念和声音，从而实现更好的成长和发展。这当中包括其他企业，还包括政府、新闻媒体、公众和金融机构。

从采购外部服务的角度来看，一些国际领先的家族办公室可以帮助富豪家族制定家族发展愿景、治理框架，理顺股权结构，招募专业人员、明确风险偏好、落实投资战略。欧洲有许多规模非常小的家族办公室长期为几个家族服务，最为典型的是为英国皇室长期服务的一个家族办公室，它们古朴大方的笔记本甚至是上流社会人人看中的伴手礼。金融机构中的家族办公室服务财富家族，更多的是提供一种服务方案和相应的资源供家族选择。但在与高净值家族长期合作的过程中，家族办公室对家族的整体风格、历史、人际关系有了相当深刻的把握，可以基于服务众多家族的经验对该家族的发展提供战略性的参考意见。一些优秀的多家族办公室可以与家族形成几乎牢不可破的合作关系。

行为引导方案

古驰家族的分家悲剧

创始人古驰夫妇于 1921 年创业，开了一个自制皮件的小工作室。随着二战后经济快速复苏，小店的皮件生意大好。

古驰夫妇育有三男一女。创始人老古驰还在世时，三个儿子分工清楚，合作尚算融洽。次子奥尔多管理海外业务，三子瓦斯科管理工厂，四子鲁道夫管理国内渠道。

创始人老古驰去世后，古驰家族正式由第二代接班，三兄弟各掌一方、分家不分业。三子瓦斯科的过世，引发了股权的变化。奥尔多、鲁道夫合力劝说其遗孀出售股权，自此兄弟二人各持有古驰 50% 的股权。

20 世纪 70 年代，家族势力倒向奥尔多。奥尔多育有三子。

他积极拓展海外市场，成效卓越。古驰在奥尔多的领导下，在欧、美、亚三大洲都设立了专卖店。而弟弟鲁道夫膝下只有一子马里齐奥，且父子冷战多年，马里齐奥迟迟没有回归家族工作。

后来弟弟鲁道夫与哥哥奥尔多的长子保罗发生冲突，最终以鲁道夫强悍解雇侄子保罗收场。在1982年，众人商议决定，合并古驰香水公司及古驰集团旗下所有业务的股权，整合后的家族企业将于米兰上市。

鲁道夫过世后，其儿子马里齐奥接手了古驰集团50%的股权，成为公司的单一最大股东，改组董事会后，把其伯父奥尔多轰下台，自己成为家族企业的董事长。马里齐奥得到私募基金Investco的帮助，陆续买下家族各成员手中剩余的50%的古驰股权。后马里齐奥与私募基金合作，但此时古驰营运欠佳，双方经营理念不同，争执加大。马里齐奥因个人债台高筑，需拍卖资产还债。在双方争执不休之际，没钱、无权以及公司的各种问题不断夹击马里齐奥，他最终被迫以1.2亿欧元低价卖出50%的股权，1993年，私募基金持有全部古驰股权，彻底终结了家族治理公司的时代。

我们从古驰家族纷争个案中，得到两点启示。第一，家产平分法在实务上看似公平，其实后患无穷。即使创办人生前早已做出分产安排，但是接班人过世后，计划仍赶不上变化。可见针对家族治理，只能制定原则性规定，以诚意协商，无法事事在预料中。

第二，面对家族纷争，求助外援，不失为一条可行的道路。委托专业机构，提供不同方案处理家族纷争，甚至与私募基金合作重组股权比例，都是选项之一。但寻求外援前，一定要有心理准备，天下没有免费的午餐。

家族发展基金

家族发展基金是家族成员事业起步的支持工具。古驰家族的二代和三代都不乏有才能的成员。二代幺子鲁道夫早年投身演艺界，后来回归家族企业，并设计出品牌经典 Flora 丝巾；三代的保罗曾经用双 G 图标替换了之前的钻石纹，形成了品牌代表性纹样和腋下包的经典款。这也许同老古驰在家族中强调的追求竞争、力争上游的理念有关。

但老古驰对于竞争之后的结果，在分配上却没有一个恰当的安排。在家族二代中，性格自由傲慢、整天无所事事的瓦斯科被另外两个兄弟联手排挤出企业管理，虽然是家族内部安排的优化，但以这样的方式进行，还是因为老古驰给儿子们留下了不和谐的种子。

家族鼓励创业，为不想创业或者参与企业经营的家族成员按生活保障需求提供分红制度，但要从家族获得创业发展基金，需要拿相应的企业股权做担保，假如创业失败了，股权有可能就要被没收，风险更大、收益更高。在海外还有一种非常重要的专门主体——家族银行。它的主要作用是为有创业精神的家族成员提供资金，可以认为是家族为成员提供的私募。事实上，在美国私人投资协会针对下一代创业融资组织的网络研讨会上，20% 的与会者表示他们已经创建了家族银行。

家族银行被认为是培养家族成员创业精神的最好方法，而这正是家族历史、家族企业和家族财富的基石。它实质上是一个可持续的家族企业，资金的支取需要事先申请并根据家族银行的标准、政策和流程予以审核。有些家族银行具备硬性约束，要求投资回报率最大化，有些家族银行的约束相对软性，更在意为人力资本提升创造机会，而事先的规划能够帮助家族设立更适合自身情况的约束规则，以及对企业的未来控股权做公平合理的事先安排。这种市场化标准的好处是，给继承人一个参考线，避免不知感恩和挥霍无度。

在美国，家族银行具有多种总体目标，其中包括：

- 自主经营，自负盈亏。
- 构建健康的家庭关系。
- 发展家族的人力和财务资本。
- 为个人资产、风险企业及其针对性项目提供资金支持。
- 鼓励和支持家族成员创业。
- 从家族内部获得资金，并不产生税务问题和债务。
- 理解资金的价值、规划、金融及投资。

在美国，对于家族银行还有税收优惠。美国国税局要求家族银行所有的融资活动都必须遵循税法准则，利率也必须等于或者高于“适用的联邦利率”。如果融资活动没有合法文件，美国国税局可将其认定为“赠与”，从而不允许扣减或产生将来应纳税额。国内目前还没有这种税务规定，但不排除作为未来的考量方向。借助法律工具达成税收安排，实现家族意志，培养接班人的能力，正是家族办公室的意义之一。

股权有序交接

在股权有序交接的问题上，古驰家族可谓负面典型。每代、每次权杖交接必然是一次大型争斗现场。弱肉强食、适者生存或许是老古驰的理念，但在家族传承问题上，影响一个人是否胜出的远远不只是能力。家族最终失去对公司的控制，财富由四代两个女儿掌控，且不说对与错，但显然与老古驰的希望相悖。

那么系统性、更稳健的安排是怎样的呢？

第一，从所有权到经营权。

企业接班人接班，包括两个层次，一是接收股权，成为股东；二是承接企业的权力，成为决策者和管理者。通常接班人在企业中的发展路径是：董事—总经理—董事长—子公司总裁—集团总裁。从 A 股上市的家族企业来看，53% 的二代已经担任董事，27% 的二代出任总经理。

在这个过程中，完善企业专业化、规范化的治理结构，可以在接班的同时完成企业的升级。在“创二代”继承人中，如果考虑逐步把控管理权，势必要有自己经营理念的实践。对于人力方面，可以把员工分成四大类：实施变革的员工、协助变革的员工、批评变革的员工以及阻碍变革的员工。找出那些心态开放、愿意接受拟议变革的早期支持者至关重要。

鲁伟鼎 21 岁就担任万向集团副总经理，到 2017 年其父亲去世，已经稳稳地完成了交接，并且在 2018 年操刀了国内最大规模的家族慈善信托——鲁冠球三农扶志基金慈善信托，将拥有 200 亿元资产的企业装入慈善架构系统性地做慈善。大部分继承人都是回国后去其他企业工作或者直接到家族企业基层实习一段时间，获取经验，挣扎着接班。像新希望的刘畅、娃哈哈的宗馥莉从企业内部的基层岗位做起，在学习熟悉家族企业的基础上逐步成为继承人，已经是最顺利的道路了。

第二，内部股权分配。

目前能够存活下来的规模以上企业，大都经历了股份制改造、管理层收购或者股权收购等，理顺了企业的产权关系，确保了创始人家族对企业的控制权。这其中包括与地方政府的产权关系梳理，与其他创业元老的产权梳理。

目前国内独生子女较多，兄弟姐妹不和的风险几乎没有了，但母亲等家人受人情所累干涉企业人事、政策的情况屡见不鲜。前面我们讲过三圈模型，家族中处于不同位置的人往往有各自的诉求，但家族作为一个整体是否要统一话语权呢？过于分散是否会导致家族无法保持对企业的控制权?

美的集团创始人何享健先生提出的“集权有道、分权有序、授权有章、用权有度”的授权体系值得借鉴。职业化的管理体系和企业文化有利于在内部培育出优秀的职业经理人团队。创始人的 3 个子女除了拥有盈峰投资的何剑锋，还有拥有合肥百年模塑科技有限公司的长女何婧，拥有合肥市会通新材料有限公司的次女何倩兴。两个女儿的公司从事的都是美的的上游产业。并且，大女儿在儿子和小女儿的公司都持有股份。

美的的做法是直接把股权在子女间划分清楚，杜绝后患。这种做法的弊端是一旦子女彼此意见相左，手中的所有权就会成为争斗的工具。

基于国内的特定环境，还有另一种非常有“中国特色”的做法，是在家族成员间不分割所有权，而是采用家族宪章等契约的方式形成合力。比如李锦记家族，家族对公司 100% 控股，所有意见都先在家族内部讨论完成，对外是统一的声音。我在日常工作中接触过潮汕的一些家族，往往家族中一代八九十岁都还是名义上的族长，股权挂在一个人名下，大事都要一起商量。但家族宪章等契约毕竟不是法律，存在不稳定因素。

具体模式的选择并无绝对的优劣，关键要看每个家族自身的情况。施华洛世奇创始人有 3 个儿子，每个人分管一块，合作性和执行力都非常强；当然这还需要 3 个儿子彼此信赖、默契配合。后代理念不一导致争执不休甚至相逢陌路的案例也曾长期霸占娱乐版头条。可见家族成员之间的亲密程度、彼此交流的深浅和效果都十分重要，凝聚家族精神才是长期发展最大的关键。

第三，早行动，早见效。

在古驰家族第一次传承中，老古驰的理念影响了后来的结果，但他没有事先布置，虽然结果尚可，但也直接导致了后来的兄弟相争。在二代向三代传承中，前面埋下的不稳定因素则成倍放大，严重影响了企业的经营。传承是个复杂的系统性工程，要想传承有序，至少要留好几年的过渡期。国内很多二代的内心独白往往是“从小只知道我比别人有钱，别的一无所知，后来去国外读书，再后来回国打工工作，突然有一天接到家里电话，说你爸让你回家族企业接班，就这样稀里糊涂地回来了”。对于接班这件事，大家的准备往往是不足的。

大多创一代正在践行的领导人终身制需要具备杰出的领导力，积威日久。新一代继承人刚上位时往往生活在前任领导的阴影下，压力巨大，要建立自己的权威尤其是做出有说服力的业绩需要时间。而且，当唯一一位领导人发生意外时，很容易对家族企业造成重大的冲击。

当然，国内很多企业家的创业过程非常辛苦，并没有太多时间与子女相处，在同子女沟通上慎之又慎。但是言传身教的作用是潜移默化的，“我爸妈做了某事”的示范作用是巨大的。如果能够适当引导，在一些问题上稍加留心，就会得到非常正面的结果。

家族信托设计

前面在家族信托的相关章节有提到，一个水龙头般的调节架构可以渐进地控制继承人所能掌握的财富规模。古驰家族在失去对企业的控制之后，就通过家族信托中的财富增值来保证后代成员的生活。如果他们的投资没有出大问题，在可以预见的一段时间里，家族成员仍是众多悠闲的贵族子弟之一。但其实，家族信托作为家族办公室的骨架，能发挥作用的领域远不止于此。

通过信托条款的设计，除了我们在第五、六章中介绍的家族信托对股权、财富传承的作用之外，父母还可以从以下几个方面对后代施加影响：

第一，表达期待，寄托感情。

家族信托是委托人意志的法律化。通过控制财富，长辈可以表达对后辈整个生命周期的期待。

目前国内家族经常在信托中规定“考取一类大学奖励×××万元”“独立创业资助×××万元”“与某类女子结婚赠送×××万元”等类似事项。这样的信托规定，可以根据委托人的意愿有选择地披露给受益人，作为对受益人行为的引导和委托人意愿的表达。戴安娜王妃的家族信托中对两个儿子的重大人生节点也有非常暖心的安排。其中一点就是给两个儿子的妻子留下了不少珍贵的珠宝，既价值连城，又非常有纪念意义，令人追思不已。

借助法律架构和工具，可以使父辈意志绵延，感情传递，不缺席子女的每一个重大人生时刻。

第二，仪式感带来荣誉感。

很多财富家族的继承人在金钱的使用上有非常宽松的预算，对于获取和使用金钱往往没有太多兴奋的感觉。但以奖励的形式给予就又有所不同。

家族办公室中类似的处理很多：当信托受益人取得某项成就触发奖励条款时，由家族办公室安排组织小型家庭颁奖仪式，邀请全体家族成员和一些关系十分密切的亲友来共同见证，哪怕金额不是十分巨大，仪式感带来的荣誉感往往远胜金钱。

第三，规则带来约束。

李锦记家族从家族宪章到家族信托，都包含了一些家族内部规范，我们可以从中理解家族信托对后辈的约束方式：“不要晚婚，不准离婚，不准有婚外情；如果有人离婚或有婚外情，则自动退出董事会；如果有人因个人原因退出董事会或公司，股份可以卖给公司，但仍然不离开家族，仍然是家族委员会成员，参加会议。”

这样的规定也许稍显严格，但体现了非常浓重的家族意志。至少表达了期许，是一个行为引导的方向——后辈当然可以选择离婚，但是既然与家族理念相悖，就请放弃家族财富。

从古驰家族发迹和转衰的整个演变过程不难看出，家族文化、父辈的言传身教是一切的根源，财富只是把这些影响放大了。贪婪、对抗、阴谋、暴力这些人性投射到内斗、举报和仇杀上，似乎每一个都能够从老古驰教育子女的行为上找到苗头。这些理念、做法开始只是一些小恶，不加节制之后很快就酿成了惨剧。道家讲由盛转衰皆出于“幽微”，多在家族文化中注入“正能量”、“释然达观”，方能“道德传家，十代以上”。2021 年 1 月 1 日起，《民法典》正式实施，中国家族成员间的人际关系正在被重塑，财富家族的传承道路也越来越清晰。越来越多的中国家族意识到，家族传承的不仅是财富，还是品格、能力和幸福。

对于一个大家族而言，想要每位后代成员都能幸福生活，需要对具有企业家精神和才能的后代给予支持，妥善平衡家族成员间的关系；建立健康的内部沟通决策机制，促进整个家族平稳地向积极的方向发展；让变化成为传统，不断创造新的传统。采用系统性、制度化、有步骤的方式，借助前面章节提到的家族治理之“道”，企业传承、财富传承和精神传承之“法”，金融、法律、税务工具之“术”，就能更好地预见并管理传承的跨期不确定性，应对变化有序发展，为一个家族的福祉绵长创造更大的胜算。